编辑委员会

主 任

贺小荣

副主任

耿宝建 马怀德

编 委（以姓氏笔画为序）

于立深 于 泓 王晓滨 王敬波 刘 涛 李国慧
李 莉 杨科雄 杨 奕 何海波 余凌云 郑春燕
郭修江 章志远 阎 巍 梁凤云 臧 震

执行编委

谭 红 章文英

总第99集

行政执法与行政审判

中华人民共和国最高人民法院行政审判庭 编

中国法治出版社
CHINA LEGAL PUBLISHING HOUSE

图书在版编目（CIP）数据

行政执法与行政审判. 总第 99 集 / 中华人民共和国最高人民法院行政审判庭编. -- 北京 ：中国法治出版社，2024. 12. -- ISBN 978-7-5216-4805-8

Ⅰ. D922.11-55；D925.318.2-55

中国国家版本馆 CIP 数据核字第 2024T8P825 号

责任编辑　周琼妮　　　　　　　　　　　　　　　　封面设计　杨泽江

行政执法与行政审判（总第 99 集）
XINGZHENG ZHIFA YU XINGZHENG SHENPAN（ZONG DI 99 JI）

编者/中华人民共和国最高人民法院行政审判庭
经销/新华书店
印刷/三河市紫恒印装有限公司
开本/710 毫米×1000 毫米　16 开　　　　　　　　印张/18　字数/250 千
版次/2024 年 12 月第 1 版　　　　　　　　　　　　2024 年 12 月第 1 次印刷

中国法治出版社出版
书号 ISBN 978-7-5216-4805-8　　　　　　　　　　　　　　定价：68.00 元

北京市西城区西便门西里甲 16 号西便门办公区
邮政编码：100053　　　　　　　　　　　　　　传真：010-63141600
网址：http：//www.zgfzs.com　　　　　　　　编辑部电话：010-63141807
市场营销部电话：010-63141612　　　　　　　印务部电话：010-63141606

（如有印装质量问题，请与本社印务部联系。）

目 录

【权威观点】

1　全面落实罚款设定与实施的指导意见　依法独立公正
　　审理罚款处罚案件　　　　　　　　　　　　　　　　　郭修江

【专题研究】

11　重作判决解纷能力弱化的困境审视与解决路径
　　——以具体判决的适用为重心　　　　　　　　　陈焱　徐威
29　确认违法判决的实证检视与优化路径　　　　　　　　　龚瑜
47　论确认违法判决中情势判决的适用　　　　　　　　　陈云龙

【理论与实践】

63　行政非诉执行案件司法审查的规范与完善　　　　　　崔吟楠
88　行政规范性文件附带审查的困境及其突破
　　——以572份行政判决书为分析样本　　　　　张庆庆　詹亮
101　被征地农民养老保障履责之诉中可诉行政行为的识别　黄影颖　李慧
119　党政联合发文信息公开的司法裁判实证研究
　　——以91份行政裁判文书为例　　　　　　　　　　赵宇航
142　政府会议纪要的司法规制
　　——以最高人民法院裁判为样本的分析　　　　王和平　朱启骞
164　行政复议申请期限中"知道或应当知道"标准的适
　　用性审视　　　　　　　　　　　　　　　　　　　　魏清

【案例分析】

180　股东代表诉讼、民法中合同条款在行政协议案件中的
　　运用　　　　　　　　　　　　　　　　　　　董巍　秦翠
189　诚实信用原则在行政协议中的适用　　　　　　林劲标　严崇哲

198 轻微违法经营行为不予行政处罚的司法审查 　　　　　　　张祺炜
207 "首违不罚"的适用标准 　　　　　　　　　　　　　　　耿　立
215 虚开发票违法行为的认定 　　　　　　　　　　　　　　励小康
222 人民法院在裁判时机成熟时可直接作出认定工伤判决　花小敏　李　昂
229 不具有制裁性的停止办学通知的性质 　　　　　　　张高英　蒋春晖

【调查研究】

237 市场监管行政案件裁判规则研究　　江西省高级人民法院行政庭课题组
268 农村宅基地审批及确权行政案件村委会法律地位问题
　　 研究 　　　　　　　　　　　　北京市高级人民法院行政庭课题组

【行政审判动态】

280 河北省高级人民法院关于行政诉讼司法建议工作的报告

【规范性文件】

282 最高人民法院行政审判庭关于第三人善意取得的抵押权能
　　 否阻却人民法院判决撤销房屋所有权登记请示的答复

权威观点

全面落实罚款设定与实施的指导意见
依法独立公正审理罚款处罚案件

郭修江

2024年2月9日，国务院发布《关于进一步规范和监督罚款设定与实施的指导意见》（以下简称《指导意见》），明确要求行政机关行使罚款职权，必须坚持以习近平新时代中国特色社会主义思想为指导，把坚持和加强党的领导贯穿于规范和监督罚款设定与实施工作的全过程和各方面；坚持以人民为中心，努力让企业和群众在每一个执法行为中都能看到风清气正、从每一项执法决定中都能感受到公平正义；坚持依法行政，按照处罚法定、公正公开、过罚相当、处罚与教育相结合的要求，依法行使权力、履行职责、承担责任；坚持问题导向，着力破解企业和群众反映强烈的乱罚款等突出问题；努力实现罚款设定更加科学，罚款实施更加规范，罚款监督更加有力，全面推进严格规范公正文明执法，企业和群众的满意度显著提升的目标。《指导意见》的发布，将会对行政机关依法公正高效行使行政罚款职权，强化罚款对违法行为的预防和惩戒作用，提升政府治理能力，维护经济社会秩序，切实保护企业和群众合法权益，优化法治化营商环境，推进国家治理体系和治理能力现代化，发挥重要作用。同时，在近年来一些"小过重罚"行政罚款案件引发热议的背景下，《指导意见》的出台，也将对人民法院依法独立公正审理行政罚款案件，维护公民、法人和其他组织的合法权益，实质化解行政争议，具有十分重要的指导意义。人民法院贯彻落实《指导意见》，依法独立公正审理好行政罚款案件,应当从以下几个方面努力。

一、坚持正确的政治方向,做到"从政治上看,从法治上办"

《指导意见》要求行政机关行使罚款职权必须坚持以习近平新时代中国特色社会主义思想为指导,深入学习贯彻习近平法治思想;坚持以人民为中心,努力让企业和群众在每一个执法行为中都能看到风清气正、从每一项执法决定中都能感受到公平正义。这同时也是对人民法院相关案件审理工作的政治要求。

(一) 人民法院审理罚款行政案件必须考虑厚植党的执政根基

罚款是行政机关常用的对违法行为人进行行政管理的法律制裁手段,与基层群众的切身利益密切相连,关系到老百姓对行政机关是否严格依法行政的直观感受,关系到党的执政根基,关系到国家的长治久安。近年来,为了加强社会管理,相关行政机关加大对食品安全、市场营销、文化娱乐、网络平台等领域行政违法行为的惩治力度,行政罚款案件在行政诉讼案件中的占比有所上升。人民法院审理罚款处罚案件,要站在厚植党的执政根基的高度,全面审查被诉行政罚款决定的合法性,切实维护被处罚人的合法权益,支持行政机关依法对各类违法行为作出公正合理的罚款处罚,维持正常的社会经济管理秩序,维护国家利益、公共利益和个人合法权益。

(二) 人民法院审理罚款行政案件要做实"从政治上看,从法治上办"

所谓"从政治上看",就是法官审理罚款行政案件要提高政治站位,办好关系到人民群众生产经营生活的每一个罚款"小案",让每一位当事人确实感受到司法的公平正义,感受到司法的温度。罚款行政案件与征收、拆迁等案件相比,通常都属于"小案"。但是,每一个"小案",对于当事人而言都是一座山。法官不能就案办案,不能因为案小而敷衍。一旦考虑不周延、处理不恰当,就有可能使一个殷实幸福的家庭陷入贫困的泥潭,长期信访,甚至演变为我们党和政府的对立面。为此,人民法院审理行政罚款案件,都要把贯彻党的路线方针政策,维护党和国家大局,"以人民为中心"的政治理念,贯彻落实到每一个"小案"之中。所谓"从法治上办",就是法官要严守法律的底线,严格依法审判,在法律规定的自由裁量权范围内,寻求案件办理的最佳政治效果、社会效果。法官不能逾越法律的边界,放纵违法行政罚款行为,对于"小过重罚"、罚款处罚显失公正等侵害老百姓合法权益的行政决定要坚决予以改判,还百姓以公正;不能对行政相对人的违法行为视而不见、听之任之,发现行政机关"大过轻罚"甚至以罚代刑等违法行政行为的,要坚决依法予以纠正,还万民以正义。

二、坚持依法审判底线,全面审查罚款行为的合法性

《指导意见》要求行政机关在行使罚款职权过程中要坚持依法行政,全面落实处罚法定、公正公开原则。这就要求人民法院在审理罚款行政案件时,严格依据《行政处罚法》和相关部门法律、法规以及合法有效的规章规定,根据具体案件的违法事实、主观过错、情节轻重、危害后果等,全面审查被诉行政处罚行为的合法性。人民法院审查罚款行为合法性,应当注重审查以下几个方面内容。

(一)注重违法事实客观性的审查

人民法院审查罚款案件的事实是否客观真实,主要是审查被告作出罚款决定认定事实所依据的证据,尤其是原告认为有争议的事实,被告是否有确凿充分的证据支持其主张。为此,人民法院在法庭调查阶段,要根据《行政诉讼法》规定的被告对作出的行政行为负举证责任的原则,要求被告行政机关就其认定的被处罚人违法事实进行举证。为简化庭审程序,集中力量审查有争议的事实,对于各方当事人无争议事实,经合议庭审查确认后,法庭不再进行举证、质证。法庭应当针对各方争议的与被诉罚款行为合法性直接相关联的争议事实进行举证、质证和认证。对被告、原告、第三人而言,庭前准备阶段弄清对方的事实争议焦点,围绕事实分歧的焦点问题进行庭前证据的收集和整理,十分必要。案件疑难复杂、分歧较大的,法官应当召开庭前会议,组织各方确定争议焦点,为聚焦争议焦点开展庭审活动做好充分准备。法庭审查的焦点问题,其实也是行政执法部门在执法活动中应当关注的重点,应围绕焦点进行调查取证工作。

(二)注重法律适用正确性的审查

人民法院依据法律法规,参照规章审查被诉罚款行为的合法性。正确适用法律是对行政相对人违法行为正确定性的前提。定性准确,罚款行为才有可能合法。实践中,人民法院审查罚款决定适用法律法规是否正确,主要根

据《最高人民法院关于审理行政案件适用法律规范问题的座谈会纪要》，解决行政案件的审判依据、法律规范的冲突适用、新旧法律规范的选择适用等突出问题。为此，各级行政执法部门遇到相关法律适用问题，也应当依照该文件的精神依法适用相关规范。否则，在未来的行政诉讼中有可能因为违反该文件确立的法律适用规则，而被认定为适用法律、法规错误。

（三）注重罚款程序合法性的审查

行政处罚程序规则主要在《行政处罚法》中作出规定，同时也有一些国家部委和地方人大、政府制定出台有关落实《行政处罚法》的实施细则对行政处罚程序作出更加具体细化的规定。这些法律、法规、规章有关行政处罚程序的规定，都是各级行政机关作出罚款决定时应当遵守的程序规则，人民法院应当严格依照有关法律规范的规定，审查被告作出罚款行为程序是否合法。需要注意的是，违反法定程序构成行政违法的罚款决定，并非都应当被撤销。罚款行为程序轻微违法，但是对原告权利不产生实际影响的，或者罚款行为违法应当撤销，但撤销会给国家利益、社会公共利益造成重大损害的，人民法院都应当依法判决确认罚款行为违法，保留效力，不得判决撤销或者撤销重作。行政执法人员如果存在故意或者重大过失造成罚款行为程序违法的，可以依法追究其法律责任。

（四）注重罚款结果合理性的审查

行政机关作出行政罚款决定存在滥用职权、明显不当情形的，罚款行为违法。所谓"滥用职权"的罚款行为，是指行政执法人员主观上出于挟私报复等不当动机，违反立法目的、立法宗旨，或者考虑不相关因素、未考虑相关因素作出的有失公正的罚款行为；所谓"明显不当"的罚款行为，是指客观上表现出专断、反复无常、违反比例原则，或者强人所难作出的有失公正的罚款行为。滥用职权和明显不当的处罚行为，在结果上都表现为罚款数额明显不公。根据《行政诉讼法》第七十七条的规定，行政处罚明显不公，人民法院可以判决变更。为此，人民法院不仅要审查被诉行政行为的合法性，还要审查其合理性。建议明确人民法院审理案件时认定裁量基准。

三、坚持教育与处罚相结合，罚款要有力度也要有温度

《指导意见》要求行政机关在行使罚款职权的过程中坚持《行政处罚法》

规定的教育与处罚相结合原则。该原则的基本要义是：行政机关实施罚款处罚，重点是要对被处罚人进行说服教育，确需作出罚款处罚决定的，目的也是通过罚款惩戒，教育被处罚人和社会公众自觉遵守法律规定，绝不是为了罚款而罚款。根据此项原则，人民法院审理罚款行政案件应当注意审查以下几个方面。

（一）注重审查罚款依据是否公开

国家制定法律，目的在于公民的一体遵循，而不是对违法者的制裁。对违法者实施法律制裁，仅仅是法律实施的手段，目的在于监督促进法律规则得到普遍遵守。为此，法律规范的公开是前提。国家通过公开法律规则，让社会广泛了解、共同遵守。《行政处罚法》第五条第三款规定，对违法行为给予行政处罚的规定必须公布；未经公布的，不得作为行政处罚的依据。第三十四条规定，行政机关可以依法制定行政处罚裁量基准，规范行使行政处罚裁量权。行政处罚裁量基准应当向社会公布。经审查，罚款决定所依据的法律规范未向社会公开的，人民法院应当认定罚款决定没有法律根据。

（二）注重审查是否停止违法行为

《行政处罚法》第二十八条第一款规定，行政机关实施行政处罚时，应当责令当事人改正或者限期改正违法行为。责令改正，要求被处罚人纠正违法行为，是行政机关作出的停止违法行为的行政强制措施，同时是对违法行为人的一种教育手段。被告行政机关仅仅作出罚款处罚决定，没有责令停止违法行为、纠正违法后果的，罚款决定程序违法。

（三）注重审查是否落实首违不罚

《行政处罚法》第三十三条第一款后半句规定，初次违法且危害后果轻微并及时改正的，可以不予行政处罚。首违不罚体现的就是教育为主、教育先行，处罚不是目的的行政处罚基本原则。违法行为人符合首违不罚法定条件，行政机关作出罚款处罚决定的，人民法院应当依法判决予以撤销。

（四）注重审查是否存在处罚过轻、以罚代刑问题

法律规定的包括罚款在内的各类惩戒措施，目的在于通过对违法者施以适当的惩戒，威慑那些以身试法的人，让他们认识到法律是长"牙齿"的，违法将受到法律的制裁。如果行政机关作出的罚款处罚不痛不痒，不仅没有

起到惩戒的作用，反而让违法行为人获利，甚至以罚款等行政处罚代替刑事处罚，法律的权威将不复存在，社会普遍不遵守法律可能成为常态。为此，人民法院审理罚款行政案件，发现行政机关作出的罚款处罚过轻的，可以根据受害人的起诉，判决变更，加重处罚；没有受害人一方起诉，处罚过轻严重损害国家利益、公共利益的，可以通过司法建议等方式，建议行政机关自我纠错；构成犯罪的，依法移送。

四、坚持过罚相当原则，严格防止"小过重罚"

针对一些"小过重罚"问题，《指导意见》要求行政机关必须坚守《行政处罚法》规定的过罚相当原则。审判实践中，人民法院对于判断罚款决定是否违反过罚相当原则，可以从以下几个方面考量。

（一）注重审查是否适用《行政处罚法》

一些地方的行政执法人员认为，《行政处罚法》与诸如《食品安全法》等部门法律之间是一般法与特别法的关系。作为特别法的部门法律没有规定从轻、减轻、免除处罚的，不能适用一般法《行政处罚法》中有关从轻、减轻、免除处罚的规则。这种认识是错误的，必须注意克服。所谓"特别法优于一般法"，是指"同一法律、行政法规、地方性法规、自治条例和单行条例、规章内的不同条文对相同事项有一般规定和特别规定的，优先适用特别规定"。《行政处罚法》确定的相关规则是对行政处罚的设定和实施一般原则、处罚规则和处罚程序的规定，相当于刑法总则的法律地位；而《食品安全法》等相关部门法律中有关行政处罚的规定，是对特定领域违法行为构成和处罚种类、幅度的专门规定，相当于刑法分则的法律地位。两者并非"对相同事项"作出的不同规定。《行政处罚法》规定的从轻、减轻、免除处罚的规则，在相关部门法中没有规定，适用部门法时，必须同时适用《行政处罚法》的相关规定。否则，构成适用法律错误。

（二）注重审查是否有从轻、减轻、免除处罚的情节

行为人有违法行为，并具有法定从轻、减轻或免除处罚情节的，行政机关应当依法从轻、减轻或者免除处罚。《行政处罚法》第三十条、第三十一条、第三十二条、第三十三条规定了几种从轻、减轻、不予处罚的情形。一是从轻、减轻处罚的情形：对已满十四周岁不满十八周岁的未成年人，应当

从轻或者减轻处罚；尚未完全丧失辨认或者控制自己行为能力的精神病人、智力残疾人，可以从轻或者减轻处罚；对于具有主动消除或者减轻违法行为危害后果、受他人胁迫或者诱骗实施违法行为、主动供述行政机关尚未掌握的违法行为、配合行政机关查处违法行为有立功表现，以及法律、法规、规章规定的其他应当从轻或者减轻行政处罚情节的当事人，应当从轻或者减轻处罚。二是不予处罚的情形：不满十四周岁的未成年人；精神病人、智力残疾人在不能辨认或者不能控制自己行为时有违法行为的；违法行为轻微并及时改正，没有造成危害后果的；当事人有证据足以证明没有主观过错的。人民法院审理行政罚款案件，应当对案件是否存在前述各类情形进行全面审查。罚款决定未考虑相关情形的，行政处罚显失公正。

（三）注重审查是否违反过罚相当原则

行政机关实施行政处罚，即便不存在法律规范明确列举的从轻、减轻或者免除处罚的情形，处罚决定违反《行政处罚法》第五条第二款规定的过罚相当原则，实施行政处罚未以事实为依据，处罚结果与违法行为的事实、性质、情节以及社会危害程度不相适应，也属于行政处罚违法情形。安徽、上海、江苏、浙江四省（直辖市）市场监督管理局发布的《长三角地区市场监管领域轻微违法行为不予处罚和从轻减轻处罚规定》已经明确将"轻微违法"纳入从轻减轻处罚的范围。行政机关如果按照一般处罚基准作出处罚决定，属于机械执法，违反行政处罚法基本原则。人民法院可以认定行政处罚显失公正，依法作出变更判决，减轻处罚。

（四）注重审查是否违反一事不再罚原则

《行政处罚法》第二十九条规定，对当事人的同一个违法行为，不得给予两次以上罚款的行政处罚。同一个违法行为违反多个法律规范应当给予罚款处罚的，按照罚款数额高的规定处罚。前述规定包含两层含义：一是同一违法行为不能进行两次以上罚款处罚，又称"一事不再罚"原则，是指行政机关不得就相对人的一个违法行为进行重复的罚款处罚。通常理解，违法行为由主体、主观方面和客体、客观方面四要件构成。符合一个违法构成，就是一个违法行为。二是在法律竞合的情况下，应当根据从一重原则选择适用法律，由有权的行政机关依法作出罚款处罚决定。人民法院要根据前述规定，审查被诉罚款决定适用法律、处罚主体是否正确，处罚结果是否公正合法。

五、坚持公正文明执法，树立良好执法形象

针对当前行政执法领域执法问题突出、行政机关执法形象不佳、人民群众反映强烈的现实，《指导意见》要求行政机关要严格规范公正文明执法。对于人民法院而言，审查行政处罚案件要重点审查以下几个方面。

（一）注重审查宽严相济执法是否落实到位

《国务院关于进一步贯彻实施〈中华人民共和国行政处罚法〉的通知》提出，坚持行政处罚宽严相济。所谓"宽严相济"，就是要从区分违法行为的社会危害程度入手，对不同性质、不同情节、不同后果的违法行为，依法分类处置，该宽则宽、当严则严，切实做到罚当其所，处罚结果能够被各方当事人、社会各方面普遍接受、认可。实施罚款处罚过程中，行政机关要综合运用听取陈述申辩、证据分析、法律释明、说服教育、告诫引导等非强制执法方式，依法作出符合事实和法律、公正合理、当事人可接受的罚款决定，切实防止重罚轻管、以罚代管、机械执法、一罚了之等问题。人民法院审查行政罚款行为合法性，就是要引导行政机关在执法过程中落实好宽严相济政策。

（二）注重审查类案同罚

公正文明执法要求行政机关在作出罚款决定时，公平对待每一位违法行为人，努力做到同类案件同样处理。审判实践中，一些当事人不服罚款决定提起行政诉讼，核心的问题就是认为行政机关没有做到类案同罚，基本相同的情况，对有的违法行为人处理重，有的则处理轻，甚至不予处理。尽管人民法院不能根据另案的处理判断本案罚款是否公正合理，但是如果另案处理确实比较公平合理，本案处理存在滥用职权、明显不公情形的，就应当依法对本案的处罚作出变更判决，实现公平公正。如果是另案处罚过轻，存在放纵违法行为损害国家利益、公共利益情形的，应当通过司法建议等方式，监督行政机关自我纠错。

（三）注重审查文明执法作风建设

行政诉讼中，在人民法院对被诉行政罚款行为的合法性进行审查时，执法人员的工作作风确实不是人民法院司法审查的重点。但是，行政执法人员

的工作作风可能会对原告是否息诉服判产生十分重要的影响。行政执法人员作风亲民、文明执法，即便被处罚人对处罚结果有不同意见，人民法院居中解释说明，也更容易让当事人接受处罚，息诉罢访。为此，人民法院在审查被诉罚款行为合法性时，发现行政执法人员存在野蛮粗暴、不文明执法情形的，应当通过司法建议等方式建议行政机关予以教育批评乃至依法依纪作出处理，促进行政执法作风转变。

六、坚持府院联动源头治理，推进国家治理能力现代化

针对当前罚款领域存在的"以罚增收""以罚代管""逐利执法"等突出问题，《指导意见》要求行政机关对于社会关注度较高、人民群众投诉密集的罚款事项，要综合分析研判。人民法院审理罚款行政案件，减少行政争议发生，需要从以下几个方面努力。

（一）加强府院联动化解和预防行政争议发生

人民法院行政审判工作是国家治理的重要一环，单打独斗不能从根本上解决行政争议，更不能有效预防行政争议发生。为此，人民法院必须发挥我国体制优势，在各级党委、政法委的领导之下，开展府院联动，通过提供法律咨询意见，促进政府出台规范性文件、作出重大行政决策、开展公共项目开发建设等事项依法规范运作，通过行政争议调解中心平台、诉前和诉讼调解和解、行政负责人出庭应诉、依法作出判决等方式，监督和促进行政争议实质化解，通过行政审判白皮书、司法建议等方式，提高行政机关依法行政能力和水平，从源头上预防行政争议的产生。

（二）加强行政执法监督与行政诉讼的衔接配合

减少行政争议的发生，核心是促进行政机关依法行政。人民法院不仅要通过审理行政罚款案件，依法纠正违法的行政罚款行为，还要积极依法司法，发挥行政诉讼"审理一案、规范一片"的预防作用，助推行政机关堵塞执法漏洞，防止类似违法行为再次发生；要与行政执法监督部门、行政复议机关密切配合，统一执法监督、行政复议与行政诉讼的罚款法律适用标准，形成监督合力，促进行政机关依法规范行使罚款职权；要支持和鼓励行政机关自我纠错、依法主动纠正违法的行政罚款行为，维护公民、法人和其他组织的合法权益；要充分发挥行政复议化解行政罚款纠纷的主渠道作用，引导当事

人通过行政复议等诉前纠纷解决机制，实质化解罚款争议；要积极发挥行政执法监督部门、行政复议机关的监督职能，督促行政执法部门依法及时全面履行行政判决，落实司法建议。

（三）引导公民、法人和其他组织自觉守法、合规经营

根据"谁执法谁普法"普法责任制的原则，人民法院在审理行政案件的同时，要主动担负起宣传《行政诉讼法》《行政处罚法》等法律的义务。要通过公开开庭、裁判说理、判后答疑，以及深入机关、学校、工厂等开展普法宣传，发布典型案例等多种形式，广泛宣传行政法治，促进全社会守法践约，形成良好的法治氛围。

（作者单位：最高人民法院）

专题研究

重作判决解纷能力弱化的困境审视与解决路径
——以具体判决的适用为重心

陈 焱 徐 威

【摘要】 以原则判决和答复判决为主流,以具体判决为例外的重作判决方式,对行政机关重作行为的拘束力不足,重作实效欠佳,容易忽视原告的实质诉求,弱化了实质化解纠纷的能力,存有部分"虚置化"的风险。欲破解重作判决解纷能力弱化之困境,应致力于"实质性裁判",探索以重作判决的"具体判决"为重心的解决路径。从方法论角度构建具体判决"符合撤销重作条件、案件事实清晰、裁量权收缩至零、二元维度审查原则"的四要件裁判路径;同时,完善具体判决"促进裁判时机成熟、赋予限定重作期限权力、具体判决适用的反向场域"的裁判规则;通过审理、执行建立起重作判决化解纠纷的三维立体模式,实质性化解纠纷。

【关键词】 重作判决 实质性裁判 合法性审+根本诉求审

重作判决制度确立于 1989 年《行政诉讼法》,该制度初始设计的理想图景是因应当时的法治环境,弥补撤销判决效力之不足,实现司法权对行政权的有效监督。然而,理想预期遭遇了现实适用的"背离",在司法实务中,重作判决实效欠佳,行政机关拖延重作、拒绝重作、重复重作抑或违背司法意旨重作等现象时有发生,难以发挥重作判决的"原始初衷与制度价值"。"重作—撤销—重作"的循环诉讼现象屡见不鲜,弱化了重作判决实质化解纠纷的能力,损害了司法权威和公信力。近年来,国内对重作判决已有相关著述研究，但为数不多，主要针对重作判决的存废、适用范围、适用方法等基础理论问题，鲜有问津对提升重作判决解纷能力的实务性探索。[①] 本文通过实证分析和法解释方法分析，结合案例，解析重作判决解纷能力弱化的类型化问题，透视问题成因，求证重作判决的"具体判决"可行性，重构以"合法性审+根本诉求审"的二元审查原则为重心的解决路径，并提出一些具有实践操作性的意见和建议。

一、重作判决解纷能力弱化的实践困境

一次性实质化解行政纠纷，是重作判决无法回避的价值牵引。如何破解重作判决解纷能力弱化的困境，也将成为重塑重作判决裁判方式的重要靶向。本文从 J 省中级法院和基层法院自 2013 年 1 月至 2023 年 6 月审结的案件中，随机抽取 588 件重作判决案件作为分析样本，经查阅部分样本案件的电子卷宗，或者询问承办法官、当事人、行政机关，对 588 件样本案件的判决方式及重作实效进行深入的类型化统计（见表 1）。

表 1 重作判决方式和重作实效

判决方式	判决数量	及时重作	拖延或拒绝重作	未再进入诉讼	再次进入诉讼
原则判决	274 件	58 件	216 件	28 件	246 件
答复判决	306 件	89 件	217 件	37 件	269 件
具体判决	8 件	8 件	0 件	7 件	1 件

重作判决作为撤销判决的补充形式，立法原旨是辅助撤销判决实现对行政机关后续行为的拘束，防止其消极对抗撤销判决，维护客观法秩序。[②] 然

[①] 笔者于 2023 年 9 月 6 日在中国知网按照"篇名"搜索"重作"，自 2001 年至 2019 年共有 32 篇，研究的重点是重作判决的存废、适用条件、适用价值、立法完善等基础理论问题。相关文章主要有石佑启：《判决被告重作具体行政行为探析》，载《上海市政法管理干部学院学报》2001 年第 5 期；张宏、高辰年：《反思行政诉讼之重作判决》，载《行政法学研究》2003 年第 3 期；罗英：《行政诉讼重作判决的比较及其启示》，载《湖南科技大学学报（社会科学版）》2008 年第 6 期；甘尚钊：《行政诉讼责令重作判决之反思与重构——以行政权与司法权的关系为视角》，载《辽宁行政学院学报》2012 年第 10 期；孙建伟：《重作判决的立法思考与司法适用——以行政权和司法权的关系为视角》，载《行政与法》2013 年第 11 期；张平、周小晖：《拒绝抑或谨慎——论重作判决的未来之路》，载《时代法学》2017 年第 4 期。

[②] 参见梁凤云：《行政诉讼判决研究》，中国政法大学 2006 年博士学位论文。

而，在司法实务中，重作判决的主要方式原则判决①和答复判决②，实际上是将原初行政争议的解决权交还给行政机关，导致部分案件重新回到行政程序后，行政机关依然按照自己的意图重新作出行政行为，原告对重新作出的行政行为仍不满意，再次提起行政诉讼。③ 而具体判决④作为重作判决的例外方式，适用范围过窄，难以充分发挥其"判决到位、救济到位、监督到位"的裁判功能。以致行政机关拖延重作、拒绝重作、重复重作或违背司法意旨重作的现象高发，当事人陷入循环诉讼的怪圈，弱化了实质化解纠纷的能力。

（一）拖延重作抑或拒绝重作

行政机关应当受到法院重作判决既判力的拘束，否则不仅有损司法权威性和公信力，也难以实现实质化解行政纠纷的立法目的。重作判决的既判力首先体现在被诉行政机关不得拒绝重新作出行政行为。但现行法律未赋予法院在作出重作判决时，对行政机关重作行为的内容、方式和期限作出明确具体的指令的权力，这为行政机关怠于重新作出行政行为提供了制度空间。

例如，福建厦门市市场监督管理局不履行法院生效判决行政检察监督案，⑤ 在福建高院判决撤销市场局处理决定并责令其重作处理决定后长达五个月，该局仍未重作决定，后原告请求检察监督，检察院向该局发出检察建议，该局才重新作出处理决定。

---

① 原则判决，一般由法院概括性的责令行政机关重新作出行政行为，但对重作行为的内容和方式均未作要求，甚至不设定重作期限。原则判决对行政权的介入程度最低，适用于行政机关有较大裁量判断空间的情形，对行政机关行使裁量权几乎不作限制。参见周佑勇：《行政不作为判解》，武汉大学出版社2000年版，第134—135页。

② 答复判决，《德国行政诉讼法》第113条第5款规定了这种判决方式，一般适用于法院审理后认为原告诉请的理由成立，在判决理由部分肯定了原告的诉求，但由于行政机关对相应的行政事项还有一定的裁量判断空间，法院在判决理由部分表明自己的裁判意旨，并交由行政机关在其职责范围内和裁量判断空间，按照司法意旨重新作出行政行为。参见［德］弗里德赫尔穆·胡芬：《行政诉讼法》，莫光华译，法律出版社2003年版，第444—446页。

③ 参见梁凤云：《行政诉讼法司法解释讲义》，人民法院出版社2018年版，第239—240页。

④ 具体判决，又称"实体性判决"，是在行政机关无裁判余地时，法院不仅在判决理由部分表明裁判意旨，而且直接在判决主文中指令行政机关重新作出内容特定具体的行政行为。参见周佑勇：《行政不作为判解》，武汉大学出版社2000年版，第134—135页。

⑤ 最高人民检察院于2021年4月25日发布的2020年度检察机关保护知识产权典型案例，参见最高人民检察院官网，https：//www.spp.gov.cn/spp/xwfbh/wsfbt/202104/t20210425_516525.shtml#3，2024年11月18日访问。

（二）违背司法意旨的重作

重作判决带有一定的科罚性，当法院判令撤销原行政行为后，实际上表明法院已经在判决理由部分对行政机关的重作行为明示了"司法意旨"或者"判决之法律见解"。即在判决说理中肯定了原告的诉讼请求，否定了被告的原行政行为，并交由被告在其裁量判断空间内，按照法院的司法意旨重新作出行政行为。但在实务中，部分行政机关违背重作判决的司法意旨或者法律见解，重新作出行政行为。

（三）重复的重作

重作判决的既判力还体现在重新作出的行政行为要受到法院重作判决所认定事实和阐述理由的约束，即不得以同一事实和理由作出与原行政行为基本相同的行政行为。① 虽然重作判决仅对原行政行为的合法性作出否定性司法评价，但是基于重作判决具有"禁止反复"的应然效力，若行政机关在主要事实和理由未改变的情况下，重新作出与原行政行为基本相同的行政行为，亦应给予否定性司法评价。在司法实务中，大量案件因行政机关违反"禁止反复"条款，诱发诉讼程序空转。

例如：某市某气体分滤厂诉某市住建局燃气经营许可案，② 某市住建局在市政府复议和市法院判决撤销其不予行政许可行为的情况下，以相同理由重作不予许可决定，严重违反"禁止反复"条款，浙江高院再审认定该局浪费司法资源、滥用职权。

通过统计分析及案例分析方法，重作判决实质化解纠纷的能力与社会公众对司法需求的认知和预期之间，毋庸置疑存在较大的落差，这一问题若不能得到正视与解决，恐将难以实现重作判决实质化解纠纷的立法宗旨。③

二、重作判决解纷能力弱化之根源

重作判决解纷能力弱化的根本原因是司法权与行政权的边界不明晰，在

---

① 全国人大常委会法制工作委员会行政法室编著：《中华人民共和国行政诉讼法解读》，中国法制出版社 2014 年版，第 198 页。

② 参见《最高人民法院公报案例》2022 年第 2 期。

③ 参见郭修江：《监督权力 保护权利 实质化解行政争议——以行政诉讼立法目的为导向的行政案件审判思路》，载《法律适用》2017 年第 23 期。

当前我国权力配置的格局下，两权之间的关系仍未完全厘清。①但本文无意探讨顶层设计和立法论的问题，而是立足于在司法权限内，从法定依据缺位、片面合法审查、过度司法谦抑、执行实效不彰四个维度，深入剖析重作判决解纷能力弱化之根源。

（一）现行法中未言明"具体判决"的立法原旨

1. 适用具体判决有僭越法律之嫌和侵越行政之虞

在司法实务中，因为法官追求个案正义，法院基于对原告权利救济的有效性和诉讼经济原则，在撤销重作时例外地适用"具体判决"。但在《行政诉讼法》和《最高人民法院关于适用〈中华人民共和国行政诉讼法〉的解释》（以下简称《行诉法解释》）中，均无关于重作判决的"具体判决"立法原旨，法院在重作判决中适用具体判决存在僭越法律之嫌和侵越行政之虞。故此，具体判决适用范围过于狭窄，作为重作判决的例外方式存在，重作判决的解纷能力相应受限。

2. 现行法未明确重作行为的具体内容和方式

《行政诉讼法》和《行诉法解释》对行政机关的重作行为缺乏精细化的规则指引，对重作行为的内容、方式等重要问题未作规定，不利于贯彻法院裁判意旨和保护原告权益。一般认为法院原则上只能对羁束性行政行为的重作作出具体指示，而对于裁量性行政行为的重作应当保持谦抑，尊重行政机关的首次判断权。因此，对重作判决适用何种判决方式，法定依据缺位。

3. 未赋权法院设定重作期限

2000年《最高人民法院关于执行〈中华人民共和国行政诉讼法〉若干问题的解释》（以下简称《执行解释》，现已失效）第六十条规定，法院可以在作出重作判决时设定被告重作的期限，但后出台的《行诉法解释》删除了这一内容。《行政诉讼法》和《行诉法解释》均未规定法院可以设定被告重作期限，这就加剧了被告拖延重作或者拒绝重作的问题。

---

① 德国法哲学家古斯塔夫·拉德布鲁赫称："行政是国家利益的代表，司法则是权利的庇护者，同一官署忽而忙于维护国家利益，忽而又将国家利益弃置一边，忙于维护正义，显然极不协调。"参见［德］古斯塔夫·拉德布鲁赫：《法学导论》，米健、朱林译，中国大百科全书出版社2003年版，第100—101页。

(二) 片面强调合法性审查易致机械司法

1. 片面合法性审查偏离多元化利益诉求期待

现行行政诉讼审查原则，与1989年《行政诉讼法》的原则并无本质变化，以合法性审查为原则，行政诉讼的核心任务为撤销不合法的行政行为。随着经济社会发展，法律关系越发复杂多元，行政相对人基于经济活动和社会活动多样化，而产生的多元利益诉求未能在诉讼中得到充分回应，行政诉讼实质化解纠纷的现实能力与公众的期待之间渐行渐远。

2. 片面合法性审查背离彻底裁判的司法理念

"实质解决行政争议"作为行政诉讼制度的首要功能，目的是要求法院在司法权范围内，谋求将行政纠纷实质化解、彻底判决。基于此，实现对公民权利的救济是行政诉讼的基本目的和核心要义。法院在处理行政纠纷时，如果片面强调合法性审查，撇开原告的实质诉求，止步于对被诉行政行为合法性的审查，就背离了彻底裁判的司法理念。

3. 片面合法性审查停留于纠纷的表层处理

合法性审查原则，往往使行政审判权运用的重心局限于行政争议的表面处理，未能拓展到对相关争议的一揽子解决。[①] 法官们不敢轻易突破合法性审查原则，造成法院对行政机关滥用裁量判断权的司法控制成效降低，停留于对行政纠纷的表层处理。

(三) 过于强调行政裁量权压缩司法审查空间

1. 司法审查强度标准和界限的阙如

重作判决三种判决方式的核心区别就是司法权对行政权审查强度的不同，司法权在何种条件下可以增强对行政权的干预度，何种条件下应当尊重行政裁量权，在《行政诉讼法》和《行诉法解释》中难觅其标准和界限。如果过度强调行政裁量权，势必压缩司法审查空间，无法达致对实质正义的追求。

2. 过度司法谦抑梗阻公民权利救济渠道

从辩证法的角度分析，司法谦抑应保持在一个合理的区间内，维持司法权与行政权的动态平衡。司法权过度谦抑、克制，有可能损害司法权威，减

[①] 参见章志远：《行政诉讼实质性解决行政争议之实践检视——以上海法院32个典型行政案件为分析样本》，载《苏州大学学报（哲学社会科学版）》2022年第6期。

损司法谦抑原则的应然效能，影响对行政权的有效监督和对公民权利的切实救济。

（四）重作判决的执行措施实效不彰

1. 以执行罚为核心的执行措施收效甚微

重作判决的执行标的系要求行政机关重新作出行政行为，法院对此一般无法代履行，而只能对行政机关采取执行罚等执行措施。相对于代履行来说，执行罚的效率较低，且法院对使用此类惩戒手段往往也是顾虑重重。从司法实践来看，法院一般不会采取拘留这类严重的执行罚，常用的执行措施是对被告的主要负责人处以罚款，但罚款的效果不尽如人意。

2. 被告易以事实理由改变为由规避执行

《行政诉讼法》第七十一条对重复重作的认定标准为"以同一的事实和理由作出与原行政行为基本相同的行政行为"，这堪称"实体方面的最低要求"。[①]《行诉法解释》第九十条进一步解释"主要事实或者主要理由有改变"不属于重复重作。但"主要事实或者主要理由"属于不确定法律概念，内涵与外延并不周延。《行诉法解释》亦未明确何种"改变"不属于重复重作，似乎稍加改变，即不属于重复重作。此类模糊的行为界限自然容易被行政机关逾越，难免其重复作出相同行政行为后，以事实或者理由改变为由规避执行。

三、重作判决的"具体判决"理论争鸣

根据司法权对行政权的干预程度，从纵向救济程度上可以将重作判决方式分为原则判决、答复判决和具体判决。从实质化解行政纠纷的视角，下文以重作判决的"具体判决"论证为重。

（一）具体判决的理论基础

1. 具体判决论

具体判决，又称"实体性判决"，是在行政机关已无判断余地，裁判时机成熟时，法院不仅在判决理由中表明裁判意旨，并且在判决主文中指令被

[①] 参见全国人大常委会法制工作委员会行政法室编著：《中华人民共和国行政诉讼法解读》，中国法制出版社2014年版，第199页。

告重新作出内容具体特定的行政行为。最高人民法院通过制定《关于审理行政许可案件若干问题的规定》,[①] 正式确定"具体判决"方式。《行诉法解释》第九十一条[②]借鉴上述司法解释的立法精神,对《行政诉讼法》第七十二条规定的履行判决进行细化,履行判决的"具体判决"因此取得效力来源。重作判决的"具体判决"虽无效力来源,但在司法实务中不乏个案先例。

例如:贺某某诉某县人社局案,[③] 法院对该案作出两次重作判决。第一次为答复判决,法院认定某县人社局应为贺某某办理入编聘用手续,撤销某县人社局不予办理的决定并责令其重作决定。但是某县人社局重新作出了与原决定相同的不予办理决定。

贺某某不服某县人社局第一次重作的处理意见,再次起诉。法院第二次作出具体判决,在判决主文中责令某县人社局为贺某某办理入编、聘用手续,直接实现了贺某某的实质诉求。

2. 司法实务中对具体判决的回应

从实质化解纠纷的视角分析,具体判决具有以下实务上的功能价值:

(1) 充分回应原告诉求。具体判决重点不在于督促被告重新作出行政行为,更侧重于针对原告的诉求,指令被告重新作出内容特定的行政行为。

(2) 有效避免循环诉讼。具体判决主文中指令被告作出特定的行为,能够有效规制被告在答复判决中常见的故意背离司法意旨的行为,避免当事人陷入循环诉讼。

(3) 一次性化解行政纠纷。具体判决具有彻底判决的特性,对被告的重作行为更具有拘束力,对于一次性实质化解行政纠纷的积极意义不言而喻。

由此,应着眼于实质化解纠纷,探索以具体判决为重心的重作判决进路。

[①] 参见《最高人民法院关于审理行政许可案件若干问题的规定》第十一条规定:"人民法院审理不予行政许可案件,认为原告请求准予许可的理由成立,且被告没有裁量余地的,可以在判决理由写明,并判决撤销不予许可决定,责令被告重新作出决定。"

[②] 参见《行诉法解释》第九十一条规定:"原告请求被告履行法定职责的理由成立,被告违法拒绝履行或者无正当理由逾期不予答复的,人民法院可以根据行政诉讼法第七十二条的规定,判决被告在一定期限内依法履行原告请求的法定职责;尚需被告调查或者裁量的,应当判决被告针对原告的请求重新作出处理。"

[③] 重庆市第四中级人民法院(2021)渝04行终56号行政判决书,第五届全国法院"百篇优秀裁判文书"。本书参考的裁判文书,除另有说明外,均来源于中国裁判文书网,2024年10月24日访问。

（二）重作判决的"具体判决"可行性求证

为了达成"具体判决"裁判逻辑的自洽，本文依据法解释学的司法论证解释理论，从立法目的、权力平衡、效力来源及域外视野四个方面综合考量，强化重作判决"具体判决"的正当性和可取性。

1. 立法目的——契合实质化解行政纠纷的立法意旨

（1）实质化解行政纠纷位列行政诉讼三大功能之首。高上诉率、高申诉率、低服判息诉率是我国行政诉讼的普遍现象，"两高一低"现象是多因混合所致的结果，但行政诉讼化解纠纷能力的弱化，则是直接原因。为此，在2014年修正《行政诉讼法》时，新增"解决行政争议"功能作为行政诉讼三大功能之首，同时删除维护和监督行政机关依法行使职权中的"维护"，保留了"监督"，凸显司法监督的重要性，目的亦为实质解决行政纠纷，保障公民权利获得有效救济。[①]

（2）具体判决的"具体性"契合实质化解纠纷的目的。"为改革开放和经济建设的大局服务，是人民法院必须始终坚持的指导思想和政治方向。"[②]这表明法院不仅承担司法审判职能，还承担着促进经济增长和维持社会稳定等服务大局的政治职能。[③] 法院行使行政审判权妥善化解行政纠纷，应为最基本的为大局服务。具体判决是判决到位、救济到位、监督到位的判决方式，契合实质化解纠纷的立法目的，符合"为大局服务"的司法政策。

2. 权力平衡——"行政首次判断权"的规范与控制

（1）"首次判断权理论"应与国家权力结构特性相兼容。"首次判断权理论"的背后潜藏着司法谦抑性理论。[④] 虽然我国也将司法权和行政权分配给不同的国家机关行使，但我国的司法权和行政权更符合"监督与分工"的关系，这和域外强调司法与行政"分权和制衡"的关系根本不同。在将"首次判断权理论"本土化时，应将之与我国的权力分配格局和司法权运行规律相

[①] 参见姜明安主编：《行政法与行政诉讼法》（第7版），北京大学出版社、高等教育出版社2019年版，第401页；胡卫列：《行政诉讼目的论》，中国检察出版社2014年版，第157页。

[②] 参见《最高人民法院关于充分发挥审判职能作用为经济发展提供司法保障和法律服务的意见》第二部分"人民法院为经济发展服务必须坚持的基本原则"：第四，必须坚持紧紧围绕大局全面开展各项审判工作。

[③] 参见宋亚辉：《经济政策对法院裁判思路的影响研究——以涉外贴牌生产案件为素材》，载《法制与社会发展》2013年第5期。

[④] ［日］藤田宙靖：《行政法总论（下）》，青林书院2020年版，第28页。

融合，基于为公民提供更有力的救济和更有效化解纠纷的原则，规范运用"首次判断权"。①

（2）通过限缩解释"首次判断权"规制行政裁量权的滥用。一是法院尊重的是行政机关的首次判断权，而不是尊重其首次作出的行政行为。行政机关首次作出的行政行为是建立在其已经进行首次判断之下作出的，该行政行为已不属于"首次判断权"的范畴。二是部分行政机关虽未作出首次行政行为，但其在行政诉讼答辩、应诉过程中，明确表示其对某一行政行为的意见，在一定程度上也表明其已行使过首次判断权。

（3）小结。在当前司法大环境下，追求法的安定性价值，控制行政权的恣意扩张，不宜机械照搬"首次判断权理论"，而应适度规范并控制行政首次判断权，在行政裁量空间压缩至零的情况下，尽可能判决到位，适用具体判决一次性化解行政纠纷。

3. 效力来源——"类推适用"消弭法律缺位与司法需求冲突

（1）法律缺位与司法需求间存在冲突。《行政诉讼法》及《行诉法解释》中均无关于重作判决的"具体判决"立法意旨，此系法律缺位与司法实务间的冲突。然而，法官们不能因等待立法者补充重作判决的"具体判决"规定而拒绝裁判，而应立足于司法权限内，采取漏洞补充方法，补充法律之不足。

（2）类推适用《行诉法解释》第九十一条有关履行判决的"具体判决"规定为重作判决的"具体判决"适用提供效力来源。重作判决与履行判决的核心要素相似，具备类推适用的条件：一是被告对原告诉请事项均具有法定职权；二是均属于对被告"施加义务"的判决；三是均指令被告围绕原告的诉讼请求作出相应的行政处理行为。法官可以通过类推适用，完成"法律内法的续造"工作，廓清重作判决的"具体判决"立法供给不足的障碍。②

4. 域外视野——比较法视角下类似制度的观察

（1）英国的撤销令。英国的撤销令对行政权的介入程度更深。撤销令不仅可以撤销原行政行为，并可针对实质问题责令行政机关重新作出一定的行政行为，也可明确要求行政机关具体如何重作，该指令内容非常细致且操作性较强，司法机关对行政机关重新作出的行政行为仍享有审查权。③

---

① 参见黄先雄：《行政首次判断权理论及其适用》，载《行政法学研究》2017年第5期。
② 参见［德］卡尔·拉伦茨：《法学方法论》，陈爱娥译，商务印书馆2003年版，第249页。
③ 张平、周小晖：《拒绝抑或谨慎——论重作判决的未来之路》，载《时代法学》2017年第4期。

(2) 日本的课予义务诉讼。为了破解撤销诉讼的权利救济不力、诉讼程序空转的困境，日本《行政事件诉讼法》第 37 条之 3 第 1 款规定，针对拒绝申请行为提起的课予义务诉讼必须与原行政行为的撤销诉讼同时提起，原告可以请求法院撤销原行政行为并指令被告作出一定的处分或者裁决。

(3) 德国的"具体判决"。德国《行政法院法》第 113 条第 5 款规定，若拒绝或不作为违法且损害原告权利，则在裁判时机成熟时，法院判决被告履行被申请的职责；在其他情况下，法院判决被告遵照法院的法律观点对原告作出决定。前款规定涵盖"具体判决"和"答复判决"两种判决方式。

通过梳理英、日、德三国相关制度，其中英国的撤销令与我国的重作判决高度近似。英国的撤销令、日本的课予义务诉讼和德国的"具体判决"，均具有实体法规范基础，强调指令行政机关作出具体行政行为，指令的可操作性和拘束力较强，可供我国重作判决的"具体判决"参考适用。

四、具体判决的裁判路径及裁判规则

重作判决面临解纷能力弱化的困境，倒逼法院树立一次性解决行政纠纷的司法理念，既要尊重行政裁量权，又要回应原告的实质诉求，构建以"具体判决"的适用为重心的解决路径。

（一）具体判决的裁判路径

基于具体判决体现了一次性化解纠纷的审判理念，本文从具体判决的适用前提、证明标准、裁量收缩及审查原则四个方面，构建具体判决的"四要件"裁判路径（见图 1）。

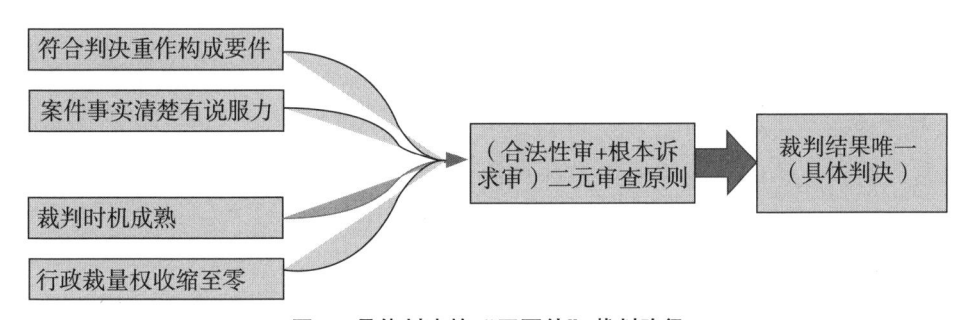

图 1 具体判决的"四要件"裁判路径

1. 前提要件：符合重作判决的适用条件

在重作判决案件中适用"具体判决"，首先要符合判决撤销重作的适用条件，此为"具体判决"的前提要件。这个前提要件关乎保护规范理论下原告所主张的权益是否属于系争行政处分所依据的行政实体法律规范所保护的个别利益，[1] 还关乎原行政行为被撤销后，是否还有未尽事宜需由行政机关重新作出处理。

（1）存在一个撤销判决。重作判决不是独立的判决，而是对撤销判决的补充判决，存在一个撤销判决是作出重作判决的先决条件。

（2）被撤销行政行为处理的事项需要得到重新处理。主要包括：一是授益性行为。如果赋予原告的权益因此消灭，或免除原告的义务因此恢复由其负担，基于信赖利益保护原则，应再次赋予其利益或免除其义务。二是依原告申请作出的处分行为。行政行为被撤销后，原告诉请的事项悬而未决，尚需重新处理。[2]

（3）需重新处理的行政行为属于被告职权范围。行政行为被撤销后，被告对需重新处理的问题仍有法定职权，才能判决被告重新作出行政行为。如果要处理的问题超出被告职权范围，或者法院是以被告越权为由撤销原行政行为的，则不能判决被告重新作出行政行为。[3]

2. 实体要件：案件事实清晰+不确定法律概念的排除

（1）案件事实清晰。对作为认定案件事实基础的证据证明标准，可以低于刑事诉讼"排除一切合理怀疑"的标准，但应高于民事诉讼"高度盖然性"的标准，即达到"明显优势证据"证明标准。易言之，法院认定待决事实客观上达到"清楚而有说服力"的程度，案件权利义务关系明确时，才可适用具体判决。

例如：在尹某某诉某国土分局案中，法院确立了一个裁判基准，即在案件事实清晰、法律适用无争议的条件下，判决结果具备唯一性，法院即可得出裁判时机成熟的结论并作出具体判决，直接指令被告作出内容明确特定的

---

[1] 王天华：《行政诉讼的构造——日本行政诉讼法研究》，法律出版社2010年版，第57页。

[2] 参见江必新主编：《中华人民共和国行政诉讼法及司法解释条文理解与适用》，人民法院出版社2015年版，第338—339页。

[3] 参见江必新主编：《中华人民共和国行政诉讼法及司法解释条文理解与适用》，人民法院出版社2015年版，第338—339页。

行政行为。①

（2）不确定法律概念的排除。裁量的客体是法律后果，而不确定法律概念和判断余地的客体则是法定事实要件。②不确定法律概念的内涵和外延的确定，即法定事实要件的确定，亦应作为适用"具体判决"的实体要件之一。在行政机关裁量适用的法律规范结构中，经常出现"重大影响""情节严重""情况紧急"等不确定法律概念。行政机关对这些不确定法律概念的解释，关乎裁判能否具备法定事实要件的问题。

鉴于行政机关拥有独立的自主决定权和具备更专业的知识经验，且直接处理具体行政问题，本文主张法院对行政机关适用不确定法律概念，以有限审查为原则，除非行政机关存在滥用解释权的问题。尤其是行政机关对具有高度属人性的不确定法律概念作价值判断时，享有一定判断余地，法院应给予必要尊重。

例如：医院的医生在评定卫生专业技术职称过程中，会通过专业评审委员会对"专业技术能力强"作出认定，这种专业性较强的判断并非法院专长，原则上应尊重行政机关的"判断余地"。

3. 实质要件：行政裁量空间收缩至零

行政裁量权是否收缩为零直接决定法院能否适用具体判决，即为具体判决的"实质要件"。如果存在行政裁量瑕疵，尽管行政行为是违法的，且侵害了原告的某项主观权利，但只要行政机关尚且存在其他合法的选择，其就能够借此在其继续拥有的裁量余地范围内作出决定。③此时判决结果不具有唯一性，不能因为需要全面满足原告的诉求，就逾越司法权的界限，作出具体判决。

德国行政法学家哈特穆特·毛雷尔在其著作《行政诉讼法学总论》中论

---

① 参见罗智敏主编：《行政法案例研习（第一辑）》，中国政法大学出版社2020年版。
② ［德］哈特穆特·毛雷尔：《行政诉讼法学总论》，高家伟译，法律出版社2000年版，第132—133页。
③ ［德］弗里德赫尔穆·胡芬：《行政诉讼法》，莫光华译，法律出版社2003年版，第444页。

述了"裁量压缩至零"或"裁量收缩"理论。① 本文从"裁量收缩"理论延伸至对"裁判时机成熟"原理和"判决结果唯一性"原理的探讨。上述二原理亦为判断行政机关是否存在行政裁量判断空间的重要因素。据此,"具体判决"的实质要件又可细分为二:

（1）裁判时机成熟。裁判时机成熟意味着,作出一个具体的、全面满足原告诉讼请求的判决,所依据的所有事实和法律上的前提都已具备,已经到达裁判的时间点。如果裁判时机不成熟,诉就不具备理由。在重作判决中,如果被告的行政裁量判断余地已经收缩至零,案件即具备作出具体判决的实质要件。德国《联邦行政法院法》第113条第5款提出"裁判时机成熟"概念,② 本文借鉴德国的"裁判时机成熟"原理作为具体判决的裁判基准,当裁判时机成熟时,即达到可以作出具体判决的裁判基准。

例如：王某某诉某县社保局工伤认定案③,法院判决撤销某县社保局作出的不予认定工伤决定并责令重新作出认定王某某为工伤的决定。该判决就是法院认定裁判时机已经成熟,达到具体判决的裁判基准的情况下作出的具体判决。

（2）判决具备结果唯一性。如果案件事实属于享有裁量判断权的行政机关独占管辖权而不适合诉讼裁判,法院只能判决给予答复,而不能判决采取特定的措施;如果案件事实的诉争时机已经成熟,只有一种判断是合法的,

---

① 毛雷尔认为,裁量意味着行政机关可以在不同的处理方式之间选择,但是,在具体案件中,选择余地可能压缩到一种处理方式。易言之,只有一种决定无裁量瑕疵,其他决定均可能存在裁量瑕疵,行政机关有义务选择剩下的决定。这种情况称为"裁量压缩至零"或"裁量收缩"。参见［德］哈特穆特·毛雷尔：《行政诉讼法学总论》,高家伟译,法律出版社2000年版,第132页。吴庚也提出：行政机关于作成裁量处分时,本有多数不同之选择,若因特殊之事实关系,致使行政机关除采取某种措施外,别无其他选择,称为裁量萎缩或称裁量缩减至零。参见吴庚：《行政法之理论与实用》,中国人民大学出版社2005年版,第79页。

② 在德国,裁判时机不成熟的情形主要包括：一、裁量决定,即行政机关尚有裁量余地。二、无管辖权的原行政机关,复杂的事实情况,即无管辖权的行政机关已经作出决定,但是有管辖权的行政机关尚未接手该案。还包括事实情况复杂,或者有赖于进一步的特定的专业性调查结果。三、权衡决定。原告所追求的某一决定有赖于对若干被触及的利益方面的权衡。那么,法院虽然有可能确认行政机关的某个权衡瑕疵,但通常却不可能进行"彻底裁判"。四、带有评判余地的决定。对于那些拒绝性的考试决定或其他评价决定,法院只能审查程序瑕疵和特定的根本性评价的瑕疵,而不能用自己专业上的评价,取代行政机关的评价。［德］弗里德赫尔穆·胡芬：《行政诉讼法》,莫光华译,法律出版社2003年版,第444—446页。

③ 参见《最高人民法院公报》2011年第9期。

则已不存在判断余地,法院可以判令被告采取特定措施。① 申言之,如果被告已经行使行政首次判断权,没有进一步裁量判断的空间,此时被告重作行为的结果应该是唯一的,即符合"判决结果唯一性"的实质要件,法院可以作出具体判决,指令被告重新作出某一特定行为。

例如:武某某诉某大学不履行授予学位职责案,② 法院认为是否授予学位属于高校学术自治权,应尊重高校的"裁量判断权",判决结果存在复数的可能,不具备唯一性,法院只能作出一个原则判决,责令高校对是否颁发学位重新进行审查。

另一案例谢某某诉某大学不履行颁发毕业证职责案,③ 法院查明谢某某已完成学业,符合颁发毕业证的条件,高校对是否颁发毕业证已无裁量判断余地,判决结果具备唯一性,法院作出具体判决,直接责令高校向谢某某颁发毕业证。

4. 审查要件:重塑"合法性+根本诉求"二元维度审查原则

(1) 围绕根本诉求审查行政行为的合法性是诉判一致原则的内在要求。重作判决的目的是实质化解纠纷,而实质化解纠纷取决于法院适用的具体判决方式能够直击原告的实质诉求并作出切实回应。换言之,法院适用的具体判决方式应与原告诉求对应一致,这也是"诉判同一原则"的内在要求。如果撇开原告诉求,片面奉行合法性审查原则,原告的诉求无法拘束法院对判决方式的选择适用,最终判决的效力直接指向被诉行政行为,无法有效回应原告的根本诉求并解决诉讼背后存在的实质争议。

(2) 重塑"行为合法性审+根本诉求审"二元维度审查原则。为提升具体判决解纷能力,本文建议针对具体判决的特点,结合"诉判同一原则",重塑具体判决的司法审查原则,由传统的行政行为合法性审查嬗变为"行为合法性审查+根本诉求审查"的二元维度审查原则。即以原告的根本诉求为基点,锚定纠纷背后的实质争议,围绕实质诉求审查行政行为的合法性,适用与原告诉求对应的判决方式,实现彻底裁判。

---

① [德] 汉斯·J. 沃尔夫、奥托·巴霍夫:《行政法》,商务印书馆 2002 年版,第 357—360 页。
② 参见最高人民法院行政审判庭编:《中国行政审判指导案例》(第 1 卷) 第 9 号案例,中国法制出版社 2010 年版。
③ 参见最高人民法院行政审判庭编:《中国行政审判案例》(第 2 卷) 第 77 号案例,中国法制出版社 2011 年版。

(二) 具体判决的裁判规则

在审判实务中，基于合目的性考量及对个案正义的追求，兼顾司法权与行政权的界限，对具体判决裁判规则作出相应的优化和完善。

1. 法院通过补充调查、厘清法律问题创造成熟的裁判时机

在德国，法院应当审查并且在必要时创造所有事实和法律上的条件，以使案件中的裁判决定成为可能，也就是说，法院一方面通过行政机关补作所欠缺的事实调查，另一方面通过自己判定不清楚的法律问题等途径，促使裁判时机成熟。[1] 本文建议，借鉴德国《行政诉讼法》第113条的规定，法院通过对案件的调查审理，促进案件事实进一步清晰，通过对不确定法律概念的具体化，厘定法定事实的争议，促使裁判时机成熟，促使适用具体判决的事实和法律上的前提全部具备。

2. 完善重作判决化解纠纷的三维立体模式

从行政判决执行的角度出发，一般认为重作判决不具有可执行内容，原则上，司法权不能直接代替行政权，但在某些特殊情况下，司法判断可以替代行政判断，直接实现原告的诉求。例如，在特定执法领域，如果被告拒绝履行具体判决，原告穷尽执行措施等权利救济手段后，被告仍不履行的，结合前文所述的"行为合法性审+根本诉求审"二元维度审查原则，当符合"判决结果唯一性"的实质要件时，法院可以作出具体判决，指令被告重新作出某一特定行为，不具有可执行内容的行政重作判决转化为具有可执行内容的重作判决，进而完善重作判决执行程序的适用范围，通过审理、执行建立起重作判决化解纠纷的三维立体模式，从而实质性化解纠纷。

主要有以下几点法理依据：

（1）司法最终原则赋予法院对纠纷的最终裁断权。法院对行政行为进行司法审查，表明司法最终原则已在行政诉讼中确立，法院对行政纠纷及关联的法律关系具有最终的裁断权。例如英国，在特殊情形下法院在使用调卷令撤销原行政决定时，可就行政案件的实体问题作出一个替代行政行为的判决，直接满足申请人要求。[2] 对调卷令虽有不同声音，但英国并未废止该种裁判形式。

---

[1] [德] 弗里德赫尔穆·胡芬：《行政诉讼法》，莫光华译，法律出版社2003年版，第443—444页。
[2] 张越：《英国行政法》，中国政法大学出版社2004年版，第788页。

（2）司法对资格权利及法律关系具有确认的权能。例如，在民事一般程序中，法院有权确认劳企双方之间是否存在劳动关系，确认物权的归属；在民事特别程序中，法院有权认定公民有无民事行为能力，确认选民资格，宣告公民失踪、死亡等。法院对上述事项作出的裁判文书具有终极效力。行政诉讼脱胎于民事诉讼，不妨借鉴民事诉讼中法院对资格权利、法律关系的司法确认原理。

（3）公民穷尽救济手段后被告仍拒不重作的，视为行政判断权"让渡"由法院行使。在具体个案中，为了强化司法监督和权利救济，可以允许司法权对行政权的"正当干预"。如果法院采取执行措施后，被告仍拒不履行具体判决，应视为其放弃行使行政权，相关权力让渡由法院行使。

（4）适用范围应予严格限制。这种以司法判断直接替代行政判断的行为，应予严格的限制，原则上只能适用于行政确认类案件重作判决的"具体判决"，如工伤保险资格认定、基本医疗保险资格认定、最低生活保障资格认定等确认权利或者资格类案件。对行政机关享有较强裁量判断权的行政行为，应排除适用。

3. 具体判决适用的反向场域

（1）行政机关在专业技术领域具备比法院更具优势的裁量判断条件。如果行政机关对重新作出的行政行为仍有较大裁量空间，尤其是涉及行政机关对其所属的自然科学、经济领域等较强的专业判断问题，法院不得以司法判断代替行政机关的专业技术判断。比如，有关考试作弊、税务征收稽核、专利问题、社会稳定风险评估等，应承认行政机关享有较高层次的裁量判断权，不宜适用具体判决。

（2）法院"创造成熟的裁判时机"的例外情形。如果判决的基础事实或者法律前提尚不具备，裁判时机尚不成熟，且行政机关保有独立的裁量余地，则促使裁判时机成熟的权力应由行政机关独占行使，法院不再享有此项权力。如果法院仍要求全面满足原告诉求，而促使裁判时机成熟，则有僭越行政权的嫌疑。德国《行政诉讼法》第113条规定的"裁量决定、无管辖权的原行政机关、复杂的事实情况、权衡决定、带有评判余地的决定"，堪为认定法院"创造成熟的裁判时机"例外情形的参考。

4. 设定重作行为的实施期限

建议恢复《执行解释》第六十条的规则，赋予法院为被告重作行为设定期限的权力。法院可以根据重新作出的行政行为类型、行政机关履职能力、权利救济紧迫性及是否涉及国家利益和公共利益等因素，合理确定行政机关重新作出行政行为的期限。

(作者单位：海南省高级人民法院
　　　　　江苏省连云港经济技术开发区人民法院)

确认违法判决的实证检视与优化路径

龚 瑜

【摘要】 司法实践中,单一的确认违法判决因其弱救济性,难以对症解决当事人的实质诉求,导致关联案件频发、矛盾化解时间过长,其主要原因在于缺乏现代化司法理念、系统思维和积极意识。从新时代司法的审判理念出发,贯彻司法的人民性,在确认违法判决中应当衔接《行政诉讼法》相关条款,引入赔偿补救、补正制度、追责移送等机制,将之从单一型转变成为集价值衡量、程序判断、权利救济和行政监督于一体的复合型裁判方式,并从规则调适、预防侵害、合作治理的角度延展向度,突破制约行政审判质效的现实困境,实现行政争议的实质性化解。

【关键词】 确认违法判决　判决方式　行政审判　行政赔偿

《行政诉讼法》第七十四条规定了确认行政行为违法的判决方式。[①] 但随着其适用比例日益提高,实践中也逐渐暴露出问题:大量案件采用单一的确认违法判决,使之成为解决纠纷的一个"环节",而非最终结果。

以朱某诉 H 省 Y 市 X 区征收部门房屋行政强制一案为例:该地区自2018年启动国有土地征收,因朱某与征收部门未达成征收补偿协议,征收部门对其作出《房屋征收补偿决定书》。后朱某诉请撤销该决定,2019年法院以作出补偿的依据不足为由判决予以撤销。2020年5月,征收部门尚未重新作出征收补偿决定,即以房屋经鉴定系危房为由对房屋予以拆除,朱某因此提起

[①] 该条规定:"行政行为有下列情形之一的,人民法院判决确认违法,但不撤销行政行为:(一) 行政行为依法应当撤销,但撤销会给国家利益、社会公共利益造成重大损害的;(二) 行政行为程序轻微违法,但对原告权利不产生实际影响的。行政行为有下列情形之一,不需要撤销或者判决履行的,人民法院判决确认违法:(一) 行政行为违法,但不具有可撤销内容的;(二) 被告改变原违法行政行为,原告仍要求确认原行政行为违法的;(三) 被告不履行或者拖延履行法定职责,判决履行没有意义的。"

确认强制拆除行为违法之诉,经历一审、二审,于 2021 年 7 月获得确认违法的终审判决。判决后,朱某与行政机关协商赔偿未果,再次向法院单独诉请行政赔偿,经历一审、二审,于 2022 年 9 月在二审期间与行政机关达成调解,结束诉讼。其间,因该征收行为引发的前后关联案件共计 8 件,解决全部纠纷历时逾五年。

这类案件在行政审判中不胜枚举,行政相对人往往为解决一个根本利益问题衍生出多个诉讼,导致案—件比居高,矛盾愈演愈烈,行政审判质效受阻。因此,如何使确认违法判决真正体现实质性化解纠纷的裁判价值,应是当前行政审判工作中亟待解决的现实问题。

一、确认违法判决的实践样态分析

确认违法判决是法院在不改变因被诉行政行为造成的法律关系的前提下,仅对被诉行政行为的合法性作出否定性评价的一种判决方式。单一的确认违法判决在于解决程序判断问题,并作为行政相对人申请行政赔偿的前提,呈现出严格适用性、宣示性、阶段性和弱救济性的特点。为直观展现适用确认违法判决的司法实践效果,笔者选取 H 省 Y 市 2020—2022 年两级法院行政诉讼案件(不含公益诉讼)中的确认违法判决作为样本,加以梳理分析。

(一)实景描摹

1. 适用数量上升,涉及领域集中。三年间,该市以判决方式结案的一审案件共计 1222 件,其中确认违法判决 108 件,数量呈逐年上涨趋势,至 2022 年已经是仅次于驳回诉讼请求的第二大判决类型(图 1)。其中,以单一的确认违法判决为主,有 101 件;确认违法且一并判决赔偿的案件仅 7 件,占比仅 6.5%。可见,确认违法判决的适用是在行政审判前景预判下必须正视的问题。

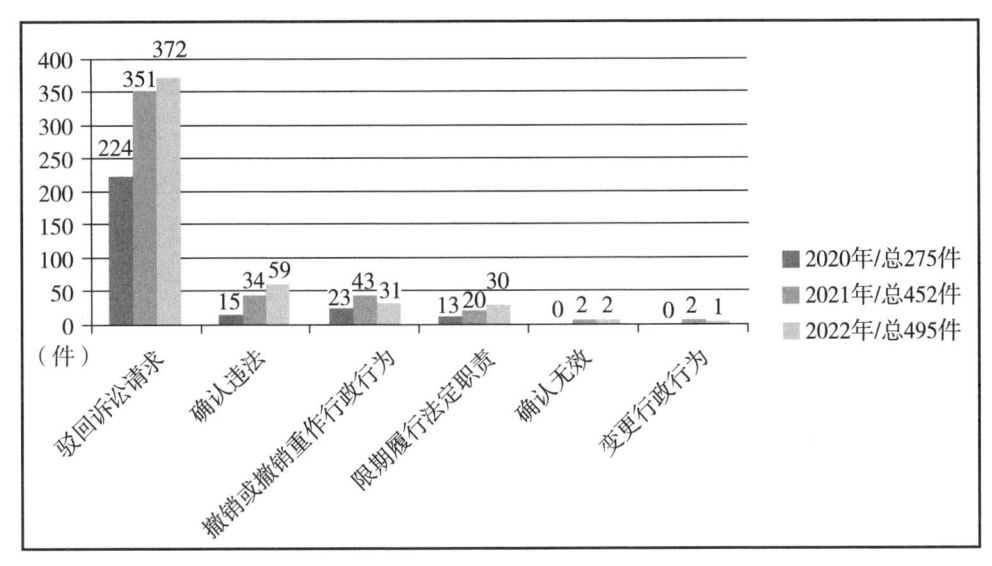

图 1 2020—2022 年 H 省 Y 市两级法院一审判决结果分布图

从案由来看，涉案具体行政行为主要涉及土地征收（51 件）和强制拆除房屋及设施（36 件）；另外，较少涉及的有不履行法定职责 8 件，政府信息公开 4 件，行政处罚、行政登记、行政许可各 3 件。

从违法形式来看，以程序违法为主（91 件），实体违法次之（13 件），极少数为程序和实体均违法（4 件）。

2. 文书说理不足，条款适用不规范。确认违法判决的五种适用情形，在法律效力的认定上又分为两类：对《行政诉讼法》第七十四条第一款规定的情况判决和程序轻微违法的判决，系确认行政行为违法并保留其法律效力；对第七十四条第二款中规定的不具有可撤销内容、继续确认、继续履行没有意义的三种判决情形，系确认违法并否定其法律效力。① 五种情形各有不同，在适用条款时应当严格区分适用情形，作出明确合理的阐述。但在实践中，有 66 份判决书采用了第七十四条第二款不具有可撤销内容条款，在确认违法判决中使用频率最高，占比 63%，但说理部分几乎均使用"因房屋已经拆除无法撤销"的一句话表述。16 份采用了程序轻微违法条款，对行为的违法性进行了阐述，但因何不予撤销却语焉不详。11 份采用了情况判决条款，但对

---

① 参见郭修江：《行政诉讼判决方式的类型化——行政诉讼判决方式内在关系及适用条件分析》，载《法律适用》2018 年第 11 期。

法益衡量的论证过程均无具体说明。7 份采用了继续履行没有意义条款。6 份采用了继续确认条款。另有 2 份没有说明采用的具体款、项，仅表述"依据第七十四条"，说理模糊不清。

3. 化解争议时间长，判决效果不佳。合并 108 份确认违法判决中的同一原告主体，实则仅涉及 98 名行政相对人，再进一步分析每一名原告提起的关联行政诉讼（含行政赔偿）案件的总数（包含一审、二审、再审），解决纠纷的时长（从违法行为发生到最后一个判决生效），可以发现：单一的确认违法判决引发关联案件多，仅 12 名原告一审终结，无关联案件产生；44 名原告有 1—4 件关联案件；35 名原告有 5—10 件关联案件；7 名原告的关联案件在 10 件以上，平均关联案件数为 4.55 件。从服判息讼实质化解争议的时长来看，98 名原告中，仅 21 名原告解决的争议的时间在 1 年以内，63 名原告的解决争议的时间在 1—3 年，14 名原告解决争议的时间在 3—5 年，解决纠纷的平均时长为 2.57 年。如以开篇案例为例，该案结束之后，该地区征收部门仍然以"以解危代征收"的方式为征收工作"收尾"，导致后续十余户被征收人提起同类诉讼，从单一的确认违法之诉再到单独赔偿之诉，每户的关联案件都在 3 件以上，历时 1—5 年不等，个别案件伴生刑事、民事纠纷，甚至引发信访。可见，绝大多数单一的确认违法判决无法一次性解决行政争议，亦无法形成良好社会效果，难以体现司法效率。

而从确认违法且一并作出行政赔偿的 7 件案件的判决效果来看，其中 2 件一审终结，4 件二审终结，仅 1 件引发 3 起关联案件，平均关联案件数为 2 件；其中 4 件的矛盾化解时长为 1 年以下，2 件为 1 年半以下，仅 1 件案件化解时长超过 2 年，解决纠纷的平均时长为 1.2 年。可见，确认违法并同时作出赔偿的判决在缩短化解纠纷时间、减少程序运转和关联案件上具有更加明显的成效，更符合"公正与效率并行"的审判理念。

（二）归因检视

在对确认违法判决进行实证分析的基础上，要探明其优化路径，首先应当厘清其成因、认知其弊端。

1. 忽视诉讼目的导致争议难以及时化解

对行政相对人而言，行政行为的程序价值并不是提起行政诉讼的终极目标，其根本目的仍然是解决涉及自身利益的现实性问题，只是在审查被诉行政行为时，首先要对行为的合法性进行裁判。因此，确认违法判决并非一概以"确认行政行为违法"为诉讼请求，实际上大多数是以撤销行政行为或要求履行某项行政行为为诉讼请求。由于行政诉讼的审查对象是被诉行政行为，法官容易囿于审查对象，却看不到原告更深层次的"诉讼目的"。长期的实践也让大众认为，确认违法判决是申请行政赔偿的前提，是需要单独启动的一个诉讼环节；有的法官也认为，确认违法不代表必然获得赔偿，是否赔偿应是赔偿之诉中解决的问题，而非确认违法之诉中审查的事项，这就使得法官更专注于对行政行为合法性的审查，而忽视行政相对人的根本需求。

但现实中，行政机关和原告很难自行达成赔付，确认违法的形式处分无法给原告带来实质效益，最终还是会继续流转到赔偿之诉。多轮诉讼拉长了解决纠纷的时间，陈年积怨难以化解，法院和当事人都陷入确认之诉——上诉——赔偿之诉——上诉——申请再审——信访等"程序循环"之中。而年复一年的审理，可能使行政相对人将不满转嫁到法院，案—件比不断攀升，甚至因为诉讼时效、行民（刑）交叉、评估时点等问题又引发新的实践难题。①

2. 割裂法条适用导致诉讼请求无法回应

一是行政赔偿同步适用率低。尽管《行政诉讼法》第七十六条作出了确认违法的同时可责令采取补救措施或判决承担赔偿责任的规定，但在原告未自行提出赔偿或补偿要求的诉讼中，法官很少在立案前或庭审中主动提示原告可以申请赔偿或补偿。有的法官认为，确认违法后再申请赔偿是行政相对人的事，也可以通过行政程序完成，并非一定会提起赔偿之诉。因此，关联案件来一件办一件，一个违法行政行为的矛盾化解时间可能长达数年。

二是对惩罚责任人员的诉请消极回应。在请求确认违法或撤销某行政行为的诉状中，经常能看到原告提出对违法行为实施者予以惩处的诉请，但实践中，法官一般会以《行政诉讼法》第十三条公务员奖惩不属于受理范围为

---

① 在判决确认强制拆除行为违法后，行政相对人通过民事诉讼途径诉请第三方给予经济赔偿，再次诉请行政赔偿是按重复起诉或超过行政诉讼时效裁驳，还是进入实质审理，引发实务界的争论。参见盛亚娟：《行政行为被判决确认违法后，再提赔偿之诉如何处理》，载《人民法院报》2023 年 4 月 6 日，第 6 版。另外，由于经过长时间的诉讼，在最后的赔偿之诉中如何确定鉴定评估的时点也是最主要的争议焦点。

由，要求原告撤回或直接驳回该项诉请，却忽略了《行政诉讼法》第六十六条①对主管人员、直接责任人员的违法违纪材料进行移送的规定。法院既不审查也不移送的态度，容易让当事人认为法院是"官官相护"、推诿塞责，进一步引发原告对裁判中立、司法公正的质疑。

三是判决结果难以体现对违法行为的惩戒性。尤其是对公共利益征收、城市建设管理需求下的强制拆除行为，确认违法后的赔偿与正常流程下的征收补偿并没有多大差别，而拆违则因建筑本就不合法而几乎不判决赔偿。确认行为违法却不施以惩戒，行政相对人自然无法体会确认违法判决的裁判价值。

3. 举证不足导致裁判理由难以服人

确认违法判决是一种论证型的裁判方式，重在论证不予以撤销的合情、合理、合法，但实践中却存在规避说理或有效说理不足的问题，无法得到原告对裁判结果的认同，使得上诉、申诉不断，究其根源在于无"证"故而无"论"。

一是利益衡量法难以体现。在情况判决中，以比例原则为基，裁判文书理应对国家利益和社会公共利益作出严格解释，并对不同利益进行衡量，才能根据案件情况严格把握是否导致"重大损害"。由于法律没有对国家利益、社会公共利益作出解释，行政机关在诉讼中也极少对此进行比较举证，往往由法官对利益衡量作出心证判断，而非直观论证，自然减损了说服力。

二是违法程度欠缺分析。《行政诉讼法》对违法程度分为包括"程序轻微违法"在内的三种类型，② 不同的违法程度决定了不同的判决结果，但并没有对违法程度的界限予以明确；同时，实践中还存在"程序瑕疵"的表述。对于"程序瑕疵"的情形，法院并不确认违法，而是在裁判文书中"予以指正"。③ 但无论是哪种程度的违法，都是一句话概括分类，如"该行为确有不当""该情形系程序轻微违法"，而鲜有区分认定违法程度的说理。

---

① 该条第一款规定，人民法院在审理行政案件中，认为行政机关的主管人员、直接责任人员违法违纪的，应当将有关材料移送监察机关、该行政机关或其上一级行政机关；认为有犯罪行为的，应当将有关材料移送公安、检察机关。

② 《行政诉讼法》第七十条、第七十四条、第七十五条将之分别表述为：重大且明显违法、程序违法和程序轻微违法。

③ 参见梁君瑜：《行政程序瑕疵的三分法与司法审查》，载《法学家》2017年第3期；杨登峰：《行政行为程序瑕疵的指正》，载《法学研究》2017年第1期。

三是"不予撤销"的论证缺失。确认违法的不同情形在说理上应有所不同,情况判决是撤销不能,轻微违法是撤销不应,"不具有可撤销内容"是无可撤销,三者在说理上应有所不同,但实践中不论涉及哪一类确认违法的类型,判决书中均倾向于使用"因房屋已经拆除无法撤销"的一句话表述,既不能体现论证过程,也难以规范适用法条。加之《行政诉讼法》中有"采取补救措施"的条款,《民法典》中也有"对不动产损毁采取修理、恢复原状"的规定,故而避谈不予以恢复房屋原状的理由始终难以让人信服。

4. 缺乏约束致使价值导向离弦走板

在确认违法之诉中,即使机关在立案后已经自行纠错,但只要原告不撤诉,法院仍然必须针对纠正前的行为作出确认违法的判决;而调解中的权益让渡,则可能导致追究行政负责人的决策责任。在此情形下,行政机关主动纠错和调解的意愿普遍不高,甚至继续上诉和申请再审,以防止判决即时生效影响当期考评。例如,在征收类案件中,对行政相对人而言,单一的确认违法判决既没有要求行政机关作出补偿,也没有实施约束或惩戒,不能解决利益的根本性问题;对行政机关而言,"先拆后补"的方式虽然多了一份确认违法的败诉判决,却不需要纠正违法行政行为,更像是对行政机关的"变相支持",显然难以形成正确的价值导向。

一个真正发挥裁判价值的行政诉讼,是要引导行政机关复盘成因,规范行政行为,从根源上杜绝违法行为再发生,而不是对问题简单评价,再继续接收相同成因的诉讼案件。同样的违法行为反复发生使判决无法达成行为指引的裁判效果,原告对行政机关和司法裁判都失去信心,自然会采取不断诉讼的方式给行政机关施加压力,旷日持久的对立更加剧了矛盾化解的困难,自然导致上诉率、申诉率、信访率、案—件比居高不下。

二、确认违法判决优化路径之证成

单一的确认违法判决不能实质化解纠纷,亦不能阻断后续发生的行政赔偿之诉,无法体现司法审判"公正与效率"的并行。从提升审判质效和实现裁判效果的角度出发,确认违法这一判决方式自然也应以新时代司法理念重新考量其适用方法。

(一) 回应公众需求是司法实践的价值体现

马斯洛需求层次理论认为,"追求更高层次的需求是驱使行为的动力"。[①] 确认违法判决是根据实践需求不断演进的产物。1989 年制定的《行政诉讼法》中并没有关于确认违法判决的条款,对于无法或不能撤销的行政行为一律以驳回诉讼请求的方式予以处理,但简单驳回的方式无法回应公众对是非对错问题从司法层面认定的朴素期盼。2000 年《最高人民法院关于执行〈中华人民共和国行政诉讼法〉若干问题的解释》第五十条、第五十七条、第五十八条增加相关内容,规定了确认合法或有效判决、确认无效判决和确认违法判决,正式将确认违法判决上升到法律高度。2014 年修正的《行政诉讼法》第七十四条规定取消了确认合法或有效判决,保留了确认违法和确认无效的判决,同时增加了"程序轻微违法,但对原告权利不产生实际影响"的情形,使司法裁判能以看得见的方式宣示司法公正并强调行政程序的价值。因此,从确认违法判决的立法沿革可以看出,人们对司法裁判体现的正义标准的需求是一个逐步提升的过程。随着群众司法需求和民主意识的日益增长,确认违法判决经历了从无到有、从有到细致规范的演进过程。

发展至今,单一的确认违法判决已经被常态化适用,并解决了人们对行政行为的是非对错作出司法认定的基础需求。而在基础需求之上,人们更高的追求是认定行为的违法性后能带来何种实质利益,这一利益既可能是经济上的需求,也可能是精神上的需求。因此,单纯的宣告违法已经不能满足新时代语境下人们对司法裁判提出的更高要求,自然会激励原告对未获满足的利益需求继续诉讼。

要实现行政审判的实践价值,减少行政诉讼案件的增量,就必须使人们在一次诉讼中对更高层次的需求获得基本的满足,确认违法判决的裁判结果就不能仅仅关注程序性问题的认定,而是要以人的需求为导向,进化成为能解决更多问题的复合型裁判,更高效地实现人民群众在行政审判中的获得感,阻断其继续诉讼的动力。从单一到复合,体现的是新时代司法语境下,行政审判对人民群众日益增长的法治新期待、新需求的主动回应,也是司法人民

[①] 马斯洛需求层次理论将人的需求划分为由低到高、由物质到精神、由单一到丰富等五个层次,如果低层次的需求相对满足了,就会向高一层次发展,追求更高一层次的需求就成为驱使行为的动力,而获得基本满足的需求就不再是一股激励力量。

性的最好诠释。

(二) 解决主要矛盾是终结诉讼的决定性因素

唯物辩证法的矛盾论指引我们,"任何过程如果有多数矛盾存在的话,其中必定有一种是主要的,起着领导的、决定的作用,其他则处于次要和服从的地位。因此,研究任何过程,如果是存在着两个以上矛盾的复杂过程的话,就要用全力找出它的主要矛盾。捉住了这个主要矛盾,一切问题就迎刃而解了"。①

在行政执法过程中,一个最终的行政行为需要经过多个阶段的法定程序,在不同阶段可能产生不同的矛盾冲突或可诉的具体行政行为。因此,原告的诉讼请求常常伴随着行政行为的阶段变化而演变,以针对不同行政行为提起多个诉讼的方式,或者同一诉讼中提出多项请诉的方式呈现。但不论案件数量或者诉请事项有多少,原告与行政机关的主要矛盾始终是利益获得这一核心问题。

同时,由于原告的根本目的并不单纯是确认行政行为是否合法,单一的确认违法判决自然也无法解决原告对实质利益的诉求,更无法对诉讼的终结起到决定性作用。

《行政诉讼法》修改后,在第一条增加了"解决行政争议"这一内容,对强化行政诉讼化解行政纠纷的功能提出了明确要求,而"实质性化解纠纷",通过增加"实质性"这一定语,对司法裁判把握主要矛盾提出了新的期待。行政诉讼案件的审查和裁判应当围绕行政争议展开,而不是机械地围绕行政行为的合法性展开,能否实现定分止争的效果是司法救济和诉讼必须考量的因素。加之,《最高人民法院关于审理行政赔偿案件若干问题的规定》第十四条第一款规定,原告提起行政诉讼时未一并提起行政赔偿诉讼,人民法院审查认为可能存在行政赔偿的,应当告知原告可以一并提起行政赔偿诉讼。根据这一规则,在确认违法之诉中法官应当主动释明,提示当事人有一并提起行政赔偿之诉的权利。因此,确认违法判决的进路必然要求法官运用司法智慧把握诉讼行为背后的"根本性"运作逻辑,从解决次要矛盾上升到解决主要矛盾,让裁判效果从阶段性转变为终局性。

---

① 毛泽东:《毛泽东选集》(第一卷),人民出版社1991年版,第322页。

(三) 成本与效益是行政执法和行政审判的重要考量

马克思曾精辟地指出:"人们奋斗所争取的一切,都同他们的利益有关。"[①] 在法经济学领域,每一个纠纷解决中的当事人被假定为理性经济人,根据成本效益原则,其作出决策的标准是实现个人利益最大化,所以行为的成本与效益之比是其确定是否值实施某一行为的主要依据。

对行政机关而言,如果违法行为没有实质性约束或惩戒后果,反而能获得利益,则违法行为就会存在复发的风险。以征收案件为例,如果对被征收房屋实施违法强制拆除的人员不仅没有被追究责任,反而因为提前完成征收工作而获得奖励或晋升,那么,在追责成本为 0 而奖励收益为 1 的情况下,行政机关为追求利益最大化可能继续采用相同的手段违法进行征收,在此情形下,确认违法判决将失去其社会指引价值,也无法实现监督行政机关依法行使职权的行政诉讼目的。但当追责成本和奖励收益比为 1∶1 时,行政机关自然会在行政行为实施前审慎斟酌。而当追责成本和奖励收益比为 1∶0 时,行政机关自然会趋利避害,主动规范执法行为,从源头上避免违法行为。可见,如果不能施以有效的约束手段督促行政机关自我纠错,而是任由其放弃成熟性原则和穷尽救济原则,让大量的纠纷越过非讼解决机制和行政复议,直接来到法院,既浪费司法资源,也无法实现法院监督行政机关依法行使职权的行政审判目的。全面推进严格规范公正文明执法,加大关系群众切身利益的重点领域执法力度,完善行政执法程序,健全行政裁量基准。强化行政执法监督机制和能力建设,严格落实行政执法责任制和责任追究制度,是扎实推进依法行政,实现依法治国的重要内容之一。[②] 因此,确认违法判决只有从宣示性转变为约束性的裁判方式,才能使行政行为通过判例得以规范,进一步减少行政争议的产生。

对法院而言,四级法院的行政审判案件呈倒三角之势,案—件比、上诉率、申诉率居高不下,数个案件才能解决一个纠纷,既让当事人不满,又让法官疲累。如果一个审理程序中可以解决多个问题,避免产生关联案件或同类案件,那么司法投入的成本因诉之合并而降低,法官自然会更加细致地审

[①] 《马克思恩格斯文集》(第一卷),人民出版社 1972 年版,第 82 页。
[②] 参见习近平:《高举中国特色社会主义伟大旗帜 为全面建设社会主义现代化国家而团结奋斗》,载《人民日报》2022 年 10 月 26 日,第 1 版。

理这个案件，追求裁判效益的最大化，诉讼效益和案件的审判质效亦可得到整体提升。

对行政相对人而言，诉讼经济原则强调减少成本以及纠纷的一次性解决，通过顺畅的程序为当事人提供迅速且便利的权利保护，避免不必要的诉讼程序。让确认违法判决实现多渠道一次性化解纠纷，切实回应当事人的利益诉求，才能使之放弃选择继续诉讼、信访等其他费时耗力的解决方式，进一步降低案—件比。

（四）司法裁判应当体现"三个效果"的统一

司法裁判既是体现法律适用的过程，又是发挥法律反作用于政治经济社会并产生效果的过程。裁判方式的优劣，并非取决于这项裁判结果或者选择裁判方式的法官，而在于裁判执行或实施的效果，对结果合理性的要求，就是裁判方式实用主义的体现。人民法院作为讲政治的审判机关，更是讲法治的政治机关，司法裁判应当坚持政治效果、社会效果、法律效果的有机统一，才能体现国法、天理、人情的融合，确保司法裁判的社会可接受性。

以习近平法治思想为指引，行政审判工作也应当"坚持问题导向、目标导向，树立辩证思维和全局观念，系统研究谋划和解决法治领域人民群众反映强烈的突出问题"。[①] 基于化解行政争议的双赢、多赢、共赢的现代化审判理念，将阶段性的确认违法之诉放在解决行政争议的全局性角度去审查，既保证法律规范的稳定适用，也注重不同情形下法律适用的灵活性和应变性，在确认违法行为的同时，积极回应行政相对人的诉求，如要求行政机关赔偿损失、补正行政行为、对违法行为施以惩戒等，是法院应当表达的司法立场，也是实现公众对司法过程和结论认同感的必由之路。只有行政争议及时得到实质性化解，才能不断增加人民群众的获得感、幸福感、安全感。

（五）优化确认违法判决的比较证成

从比较法意义而言，相对成熟的理论和制度可为借鉴。

1. 情况判决应有明确理据。情况判决起源于日本，日本现行的1962年《行政事件诉讼法》第31条第1款规定："在撤销诉讼中，处分或裁决虽然违法，但撤销该处分或裁决对公共利益造成显著损害时，法院在考量原告所受

[①] 习近平：《从全局和战略高度推进全面依法治国》，载《习近平著作选读》（第二卷），人民出版社2023年版，第378页。

损害的程度、损害的赔偿,以及防止的程度与方法等其他一切情事基础上,认为撤销该处分或裁决不符合公共福祉时,可以驳回撤销请求。此时,在该判决的主文中,须宣告处分或裁决违法。"① 2004 年,日本对《行政诉讼法》进行了修改,但仍保留了该条规定。借鉴这一规定,法院对行政机关应当提出举证要求,为利益衡平提供事实依据。

2. 轻微程序违法可治愈。德国《行政程序法》第 45 条将五种行为视为补正的行为,包括:事后补交申请,事后补充说明理由,事后补充听证,事后补充决议,以及其他行政机关补作需共同参与的行为。② 日本《行政诉讼法》中也有通过补正方式将轻微的程序瑕疵转换为无瑕疵的合法行为的规定。③ 行政程序治愈制度体现了法律对程序价值的追求,实施补正行为比单一的确认违法判决更具有实际效益。

三、优化确认违法判决的进路探析

"法与时转则治,治与世宜则有功。"④ 新时代语境下,确认违法判决的裁判方式应当理性改进,在现行法律框架下,将之从合法性评判的单一型裁判方式转变成为集价值衡量、程序判断、权利救济和行政监督为一体的复合型裁判方式。

(一) 推动"确赔(补)合一"的高效审判

诉讼以利益为争,在完成行政行为合法性审查后,无论是当事人还是法官,均须考虑如何对受到损害的合法权益进行弥补,以实现诉讼的根本目的。因此,应当以《行政诉讼法》第七十四条和第七十六条合并适用为原则,以分开适用为例外,尽可能一并解决违法行为所致的救济需求。

就审判经验而言,一个熟悉行政审判的法官在阅卷或者开庭中已经可以确定行政行为是否存在违法之处,是否可能涉及行政赔偿或者补偿问题。但对于当事人来说,是否确认违法在判决作出前仍然具有不确定性,且从行政

---

① 参见王彦:《日本行政案件诉讼法》,载《行政法学研究》2005 年第 1 期。
② 参见应松年:《外国行政程序法汇编》,中国法制出版社 2004 年版,第 181 页。
③ 参见江利红:《日本行政法学基础理论》,知识产权出版社 2008 年版,第 447 页。
④ 出自《韩非子·心度》,意思是法律能随着时代变化而变化,国家就能治理好;治理方式因时制宜,就能收到实际效果。习近平总书记在党的十八届六中全会上就《关于新形势下党内政治生活的若干准则》和《中国共产党党内监督条例》起草的有关情况向全会说明时引用。

调解的司法实践来看，行政机关主动承认错误的仍然是少数，故而对于同步适用的流程应当予以规范，并赋予当事人选择权，使之具有合理性和可操作性（图2）。

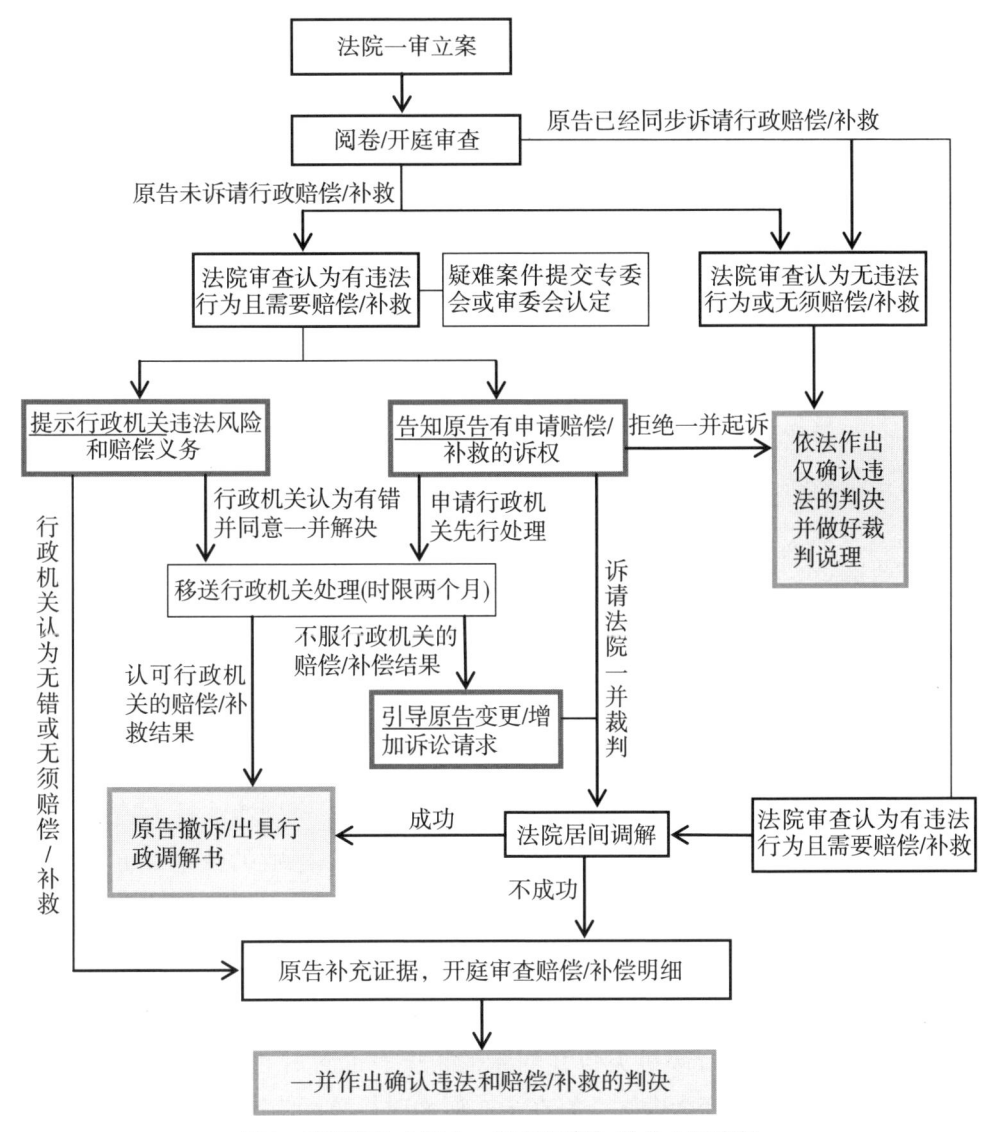

图2 确认违法之诉中一并审查赔偿/补救之诉流程

一是法官释明在先。基于《最高人民法院关于审理行政赔偿案件若干问题的规定》第十四条规定，在作出确认违法的判决前，法官应当行使释明义务，告知原告可以一并提起行政赔偿的申请，并提示被诉行政机关被确认违法的诉讼风险和赔偿义务。当事人有权选择是一并起诉还是分开起诉,法官应当将释明情况和当事人的决定记入笔录或判决中。

二是当事人享有程序选择权。法官释明后,由双方选择处理赔偿的方式:或由行政机关自行调处(避免司法完全取代行政机关自行解决的功能),或依法进入诉讼程序调解、裁判。根据《行政诉讼法》第六十条,行政赔偿、补偿以及行政机关行使法律、法规规定的自由裁量权的案件可以调解。借助调解,不仅可以处理案件审查范围内的事项,也可以协商案件审查范围以外的问题,使纠纷处理得更加圆满。

三是审限适当宽宥。行政诉讼一审审限六个月,一般情况下,该期限可以完成包含法院组织的调解、补充举证、复庭等流程。如行政机关和原告申请在诉讼中自行调处的,可依照《国家赔偿法》第十三条规定,[①] 允许法官根据办案需要以两个月为上限进行审限扣除,避免久调不决。

四是判后救济渠道。当确认违法案件遵循当事人意愿进入不同流转程序后,诉讼结果除了单一的确认违法判决之外,也增加了撤诉、调解和一并判决赔偿(补救)的概率。如一审未告知原告可一并提起赔偿诉讼,经二审释明后原告要求一并赔偿但无法达成调解的,[②] 或一审遗漏赔偿判项导致上诉的,二审应当发回重审,由一审法官对赔偿事项同步审查、判决,既可保障当事人对赔偿判项的上诉权,也能督促法官主动作为。

五是赔偿金额应体现惩罚性。以征收案件为例,征收补偿金额应以征收节点的补偿标准进行计算,但将行政违法行为导致的评估溢价和其他损失作为惩罚性赔偿金额在判项中分项列明,从而可以直观辨别违法行为造成的损失,有效警示行政机关,并作为对相关责任人员予以惩戒的依据;也可以避免给其他被征收人造成"拖得越久、补偿越高"的误导,影响正常开展的征收工作。

(二)以"补正制度"完善行政执法程序

补正制度是给予行政机关自我纠错的机会,通过补正法定程序和要件,使违法的行政行为转变为合法,是在司法层面对行政行为进行矫治。"自我纠

[①] 该条第一款规定,赔偿义务机关应当自收到申请之日起两个月内,作出是否赔偿的决定。
[②] 根据目前的司法解释,一审没有一并提起赔偿之诉的,二审释明时只能告知当事人另行起诉,笔者认为,这一程序设置可能导致"诉赔合一"落空,在一审时已经赋予当事人诉请选择权的情况下,应有强制性手段督促一审法院落实其释明义务。

错是所有行政机关依法享有的一项法定职权，除非法律法规对行政机关自我纠错另有限制性规定，或者自我纠错、撤销、改变原行政行为，可能严重影响社会关系的稳定性，严重损害国家利益、社会公共利益，所有行政机关均有自我纠错的权力，无须法律法规另行特别授权。"①

从现实情况而言，法院无法以一己之力形成补正制度，如何触动政府与法院协作共建尤为重要。对此，江苏省南通市为全国行政审判与补正制度的衔接作出了有效示范：南通法院积极推动南通市委依法治市办出台了《关于加强行政行为自我纠正的实施意见》《南通市行政机关行政行为自我纠正工作指引》等体系化的行政行为补正制度，《江苏省行政程序条例》也将该制度上升为省级立法规定，据统计，该制度实施以来，南通市法院实现行政案件收案数与行政机关败诉率"双下降"、调解撤诉数与服判息诉率"双提升"的良性循环。②

当然，在补正制度的设计中，笔者认为应当规范以下几点：一是启动条件。行政机关主动补正、原告提出或者法院提示补正均可，但不以原告的诉请和同意为要件。二是补正范围。限于程序轻微违法和程序瑕疵且能够补正的行政行为，程序严重违法的一般不适用补正制度，但原告同意且能够补正的除外（以尽快实现当事人的诉讼目的、解决实质争议为出发点）。三是次数限制。严格限制补正期限和次数。补正应当在开庭审理前或法院给予的期限内完成，避免拖延诉讼。同时，法院应建立行政机关补正行为台账，同一案件中的违法行为须一次性补正，且在第一次补正时应向该行政机关明确对同类违法行为一并补正的最后期限，即行政机关应当同时开展全面自查，就尚未进入诉讼的同类违法行为一并补正，在该时点后起诉或新产生的同类违法行为不得再适用补正制度，以防止行政机关重复违法。四是补正方式。违法行政行为在形态和后果上是多样的，补正的方式也应当因案制宜，重在解决问题的效果。比如，行政处罚给企业信用造成损害的，在撤回行政处罚的同时可以给企业提供恢复信用的证明；仅仅是程序瑕疵尚不构成程序违法的，也可以通过消除影响、恢复名誉、赔礼道歉等方式表达态度，使原告能够接受。五是补正后果。对有效的补正行为应在裁判文书中予以体现和肯定，并

---

① 郭修江：《行政诉讼判决方式的适用》，载《法律适用》2023年第6期。
② 参见顾建兵：《助推行政行为自我纠正》，载《南通日报》2023年7月3日，第3版。

排除确认违法，亦可以引导原告按调解或撤诉处理，以鼓励行政机关主动纠错；对不能补正、补正无效或拒绝补正的，以及不再适用补正制度的，仍然应当作出确认违法判决。

（三）衔接对行政主体的追责移送机制

在司法实践中，《行政诉讼法》第六十六条的适用极少，一般认为只有达到足够严重的违法程度，才会移送涉及行政机关人员的违法线索。而让《行政诉讼法》第六十六条发挥效应，不仅能回应原告要求追究违纪违法人员责任的朴素诉求，也是实现对行政行为从惩治到规范的有效路径。但要发挥该条的效力，同样需要法院与检察机关、纪检监察机关、行政机关等合力谋划，共同施行。

从把握责任追究的"度"而言，法院在与其他机关共同形成追责移送机制时，应当考虑以下几点：一是移送线索时，法院应根据审理查明的情况，对违纪违法程度提出意见，这既是法院实施监督的抓手，也便于有关机关对主管人员和直接责任人员作出恰当的处理，以免矫枉过正。二是追责制度应当与前述补正制度、行政机关的纠错容错机制相衔接，进一步鼓励行政机关自我纠错，适当宽宥。三是结合前述惩罚性赔偿金额的分项判决制度，根据《国家赔偿法》第十六条规定，① 对于违法行为轻微，无须作出行政处理的人员，行政机关内部可以依据其过错程度主张由其承担全部或部分惩罚性赔偿。四是对于在行政行为中参与合作或被委托实施具体行为的其他单位人员有违法行为的，可以设立终止合作、违约赔偿、黑名单等惩戒机制，降低行政机关为被委托人的违法行为埋单的风险。

另外，继续通过发布行政审判白皮书、典型案例等做法向政府机关和社会公众通报，及时对行政执法中的普遍性、倾向性问题提出预警，也可以树立行政机关对法治的敬畏之心。

（四）强化举证责任并充实裁判说理

裁判文书本身就是对当事人诉求的一种反馈机制，是司法对外回应的表现形式。判决书的说理部分更是判决的灵魂，体现了法官的办案思路、法律

---

① 该条第一款规定，赔偿义务机关赔偿损失后，应当责令有故意或者重大过失的工作人员或者受委托的组织或者个人承担部分或者全部赔偿费用。尽管该条款设置了故意或重大过失的前提，但针对达不到严重程度的行为，也可以参考该条款酌情承担。

的本义、论证的逻辑和社会生活的经验等，对当事人正确理解并接受判决结果具有重要意义。

然而，举证不能则说理无源。精进的第一步，应当是对行政机关的举证责任提出更高的要求，尤其是对需要作出利益衡平的判决，法院应当要求行政机关提供相应证据，为法院考量原告所受损害的程度、损害的赔偿，以及撤销该行为的成本与国家利益、公共利益的价值提供事实依据。比如：拆除房屋原址上已经重新建设而不能撤销的，应当提供新建项目的相关文件和造价材料；如出于公益事项的征收，应当提供征收地块的用途、发展规划等相应文件，由行政机关在法庭上依据事实自行抗辩。

第二步，才是法官运用说理技巧进行论证。针对不同违法情形，必须结合裁判理由和《行政诉讼法》第七十四条的具体款、项，对违法行为的法律效力作出正确分析、判断，不可混同或随意使用。尤其在情况判决中，应当对国家利益或社会公共利益作出符合公共认知的解释，再通过不同利益的权衡，分析重大损失的认定，这样的说理才具有正当性和公信力。比如：利用成本计算法，直观计算撤销违法行为造成的经济、财产损失；或对民生工程、公益事业、城市建设需要、公共交通发展、改善人居环境等抽象的公共利益和个人利益的衡平进行解释。不以法官的心证为确认违法的理由背书，才能更好地维护审判权的中立性，让裁判结果更具有公正性和说服力。

（五）探索预防和化解行政争议的多重路径

习近平总书记强调："法治建设既要抓末端、治已病，更要抓前端、治未病。"[①] 法官不能只做法律工匠，要真正实现确认违法判决实质化解行政争议的政治效果、社会效果和法律效果，还需要我们继续依法司法，延展新向度。

一是预防侵害向度。实践中，部分案件是行政机关在法院对行政协议或责令改正通知等行政行为效力的审理期间迳行拆除了房屋或设施，导致形成新的可诉的违法强制拆除行为，从而引发行政相对人继续提起确认违法之诉。因此，法官可以通过审判经验预判继发性违法的风险，通过禁止令的方式予以预防。比如：在被诉的限期拆除决定、强制拆除决定或征收补偿决定等取得确认其效力的生效判决之前，禁止行政机关实施强制拆除行为。从源头上

---

① 习近平：《从全局和战略高度推进全面依法治国》，载《习近平著作选读》（第二卷），人民出版社 2023 年版，第 384 页。

减少确认违法之诉的发生。二是规则调适向度。行政争议并非全部基于个别行政行为对相对人权利的影响，也可能根源于地方历史遗留问题、政策缺陷或规则冲突等。个案的提起只是揭开问题的面纱，解决个案也不能阻断其他行政相对人继续提起同类诉讼。因此，在确认违法判决的同时，法院应当指导行政机关通过妥善化解历史遗留问题、修正制度漏洞、补充相关条款等方式，解决纠纷根源。比如：对于审理中发现的行政管理问题、政策问题，通过司法建议书等形式向行政机关提出改进意见。三是合作治理向度。法院无法靠单打独斗解决所有纠纷，还应当与政府职能部门、群团组织等建立多元解纷的合作机制。近年来，各地法院积极探索"府院联动"、"1+N多元解纷"、设立行政争议化解中心等行政争议化解机制，借助多方力量鼓励"官民"之间以最小的成本、最短的时间解决纠纷。在确认违法案件的审理过程中，仍然可以吸纳其他组织积极参与，处理法院无法在确认违法案件之内解决的关联性问题，比如：为行政相对人解决基本生活保障、医疗保障、就学就业影响、其他民事纠纷等，从而实质化解矛盾，达到服判息诉的目的；或针对行政行为违法导致行政相对人利益受损的，对于赔偿部分也可以在法律允许的范围和合理的限度内组织行政调解。

结论

确认违法判决本质上是行政行为矫正方法多元化和满足公众法治期待的产物，其追求的裁判价值也必然不能偏离时代的背景和需求。针对行政审判中面临的新情况、新问题，以行政审判的提质增效为目标，行政诉讼法官不仅应当立足于"有法可依"，更应当提升到"良法善治"的高度，不断规范、完善行政诉讼确认违法判决的适用场景，回应人民群众普遍的、朴素的诉讼需求。现行法律框架下，在确认违法判决中确立"确赔合一"、补正制度、追责移送等必要机制，法院内外共同发力，延展规则调适、预防侵害、合作治理的多重向度，推动政府机关法治意识和执法能力的更迭、提升，正是不断完善行政诉讼确认违法判决的适用场景，使之发挥实质化解行政争议和推动法治政府建设的裁判价值，彰显司法公正与效率的必然之路。

（作者单位：湖北省宜昌市中级人民法院）

论确认违法判决中情势判决的适用

陈云龙

【摘要】 情势判决作为确认违法判决的一种类型，因应实质法治主义而生，其制度正当性已经广受认可。过往研究多集中于对情势判决适用过程中"公共利益"认定以及利益衡量、原告利益保护存在的不足方面，鲜有注意到情势判决被相邻确认违法判决类型侵蚀的情况。本文立基于我国行政诉讼制度兼顾主客观诉讼的制度架构及解决行政争议的立法目的，通过对情势判决基本内涵及适用现状的分析，指明影响情势判决适用的原因及对情势判决适用存在的误解，明确应充分认识行政行为所涉公共利益外延的广泛性及情势判决在解决行政争议中的重要作用，注重个案审理的特殊性，厘清情势判决同相邻确认违法判决的界限，加强说理论证及全面保护当事人合法权益，积极、审慎地夯实、规范情势判决的适用，以充分发挥其制度功能。

【关键词】 情势判决　确认违法判决　公共利益　程序违法　不具有可撤销内容

《行政诉讼法》第七十四条第一款第一项规定，行政行为依法应当撤销，但撤销会给国家利益、社会公共利益造成重大损害的，人民法院判决确认违法，但不撤销行政行为。该条款所规定的判决方式即情势判决，又称情况判决。该条款在适用中除常被指出的问题外，尚存在被相邻确认违法判决条款侵蚀适用空间而未引起重视的情况，以致其制度功能未得到充分发挥。本文立基于《行政诉讼法》，通过对情势判决概念的分析，指出在司法实践中应客观对待情势判决，不能因其适用中存在的固有问题或困难而因噎废食或借相邻条款行情势判决之实，应积极、审慎适用情势判决，以充分发挥其制度功能。

一、情势判决的名理初分

（一）情势判决的确立

1. 制度比较

我国情势判决初由《最高人民法院关于执行〈中华人民共和国行政诉讼法〉若干问题的解释》（以下简称《执行解释》）确立，该法第五十八条规定："被诉具体行政行为违法，但撤销该具体行政行为将会给国家利益或者公共利益造成重大损失的，人民法院应当作出确认被诉具体行政行为违法的判决，并责令被诉行政机关采取相应的补救措施；造成损害的，依法判决承担赔偿责任。"2014年修正时，《行政诉讼法》将上述规定予以吸收并作相应调整，除第七十四条第一款第一项规定外，另于第七十六条规定："人民法院判决确认违法或者无效的，可以同时判决责令被告采取补救措施；给原告造成损失的，依法判决被告承担赔偿责任。"《执行解释》同《行政诉讼法》就情势判决的规定存在一定差异，核心在于人民法院在判决确认被诉行政行为违法时是否应当一并责令被诉行政机关采取相应的补救措施或者判决对造成的损失承担赔偿责任。就情势判决的适用要件，有观点总结如下：被诉行政行为违法已经至应撤销或者变更的地步；撤销或者变更被诉行政行为将发生公共利益重大损害之虞；参酌一切可能导致不利后果的各种情况；撤销或者变更被诉行政行为不符合国家利益或者公共利益。[1]

日本《行政事件诉讼法》第31条第1款规定："在撤销诉讼中，处分或者裁决虽然违法，但将其撤销会给公共利益造成显著损害的，法院可以在对原告蒙受损害的程度、赔偿或者防止该损害的程度与方法以及其他一切情况进行考虑，认为撤销处分或者裁决不符合公共福祉的情况下，驳回请求。此时，法院必须在该判决的主文中宣布处分或者裁决违法。"该条款系日本的情势判决条款，其适用要件有学者总结如下：行政行为被认定为违法；撤销行政行为可能对公共利益产生明显损害；法院须考虑一切情况；撤销行政行为不符合公共福祉。[2]

---

[1] 参见江必新、梁凤云：《行政诉讼法理论与实务（下）》（第三版），法律出版社2016年版，第1723—1728页。

[2] 参见江利红：《日本行政诉讼法》，知识产权出版社2008年版，第450—453页。

我国台湾地区"行政诉讼法"第一百九十八条规定:"行政法院受理撤销诉讼,发现原处分或决定虽属违法,但其撤销或变更于公益有重大损害,经斟酌原告所受损害、赔偿程度、防止方法及其他一切情事,认原处分或决定之撤销或变更与公益相违背时,得驳回原告之诉。前项情形,应于判决主文中谕知原处分或决定违法。"该条款系我国台湾地区情势判决条款,其适用要件有学者总结为:被诉行为违法;被诉行为之撤销或变更于公益有重大损害;经斟酌原告所受损害、赔偿程度、防止方法及其他一切情势,得驳回原告诉请,以免撤销或变更被诉行为显与公益相悖。[①]

2. 概念确定

从上述有关情势判决的规定及适用要件看,有如下共通之处:一是被诉行政行为违法;二是被诉行政行为本应予以撤销,即基于有关撤销判决条款的规定,在不考虑其他法定因素的情况下,被诉行政行为应当撤销;三是基于裁判时的"情势",撤销将会对公共利益造成重大损害。至于责令行政机关采取补救措施或者损失赔偿与否,属于如何对合法权益受到被诉行政行为影响之当事人救济的范畴,虽不可忽视,但并非适用情势判决的要件。基于我国判决方式类型化的现实,违法的行政行为可能适用不同的判决方式。在具体的判决方式上,日本系采取驳回原告诉讼请求,同时在判决主文宣告被诉行政行为违法,故情势判决在日本又被称为特别情况下的驳回判决,[②] 与我国在判决主文仅确认被诉行政行为违法而无须驳回原告诉讼请求不同。在适用情势判决是否需要以行政行为已经执行完毕为前提方面,行政行为效力的实现并非均以执行为必要,尤其是授益性行政行为,如行政许可行为,并不以执行为必要,但存在适用情势判决之空间。另如不动产登记行为,出于保护善意第三人的目的,可以进行情势判决,但登记行为本身并无可据以执行之内容。即使系具有可执行内容的行政行为,在未执行完毕的情况下,是否必须撤销,也殊值争议。

通过上述,并基于我国立法,可予情势判决定义:情势判决系指人民法院经审理认为被诉行政行为违法,本应予以撤销,但撤销被诉行政行为将会对国家利益或者社会公共利益造成重大损害的,不予判决撤销被诉行政行为

[①] 参见陈清秀:《行政诉讼法》,法律出版社2016年版,第649页。
[②] 参见[日]盐野宏:《行政法》,杨建顺译,法律出版社1996年版,第379页。

而确认其违法的判决方式。

(二) 情势判决的两面性

1. 制度正当性

行政行为具有公权力属性，其作出系以公共利益的维护或实现为目的，并在此过程中对行政相对人、其他利害关系人或者社会公众产生影响。撤销诉讼作为一种诉讼类型，在我国台湾地区，系出于当事人处分主义进行的制度设计，[①]日本亦是如此。依照当事人处分主义，"当事人就具体事件是否请求法律救济、就何种范围内请求救济、乃至以何种方式（或诉讼类型）请求救济，原则上均应尊重当事人主观之意愿，亦即法院须受当事人声明或主张之约束，不得再依职权为之"。[②]法治主义要求行政机关应当通过依法行政实现行政实体法所追求的公共目的，行政行为的相对人或者利害关系人应免于非法侵害。从当事人处分主义及形式法治主义的角度看，行政行为违法的，原则上即应撤销。但是过分强调形式法治主义和当事人处分主义，通过撤销诉讼中对被诉行政行为合法性的判定来机械撤销行政行为可能违反行政行为所追求的公共利益目的或其他相关公共利益。出于实质法治主义的考量，考虑机械撤销违法行政行为的不利影响，行政行为瑕疵的补正、治愈已被广泛认可，以免背离行政行为的公共利益目的。情势判决作为更进一步的例外，亦是基于同样道理。

日本学者盐野宏指出，确立情势判决的缘由，系因行政行为作为基础而变更现状，继而形成新的事实性及法律性秩序时，通过撤销判决使既成事实覆没，可能产生不利于公共福利的情况。[③]盐野宏认为，该制度是日本独特的创造，但同时承认关于防止因撤销判决的效果造成混乱的措施，并不是各国都不存在。[④]事实确如上述，如法国越权之诉中，行政法院在行使羁束权利时必须作出某种内容的决定，行政决定符合法律规定，而作为根据的法律条文或者理由错误时，如行政机关无权限时，不撤销原来的决定，而是适用正确的条文或理由代替。[⑤]就日本情势判决存在的理由，阐述如下：以立法

[①] 参见翁岳生编：《行政法》（下册），中国法制出版社2009年版，第1399—1400页。
[②] 参见翁岳生编：《行政法》（下册），中国法制出版社2009年版，第1399页。
[③] 参见 [日] 盐野宏：《行政法》，杨建顺译，法律出版社1996年版，第380页。
[④] 参见 [日] 盐野宏：《行政法》，杨建顺译，法律出版社1996年版，第384页。
[⑤] 参见王明扬：《法国行政法》，北京大学出版社2015年版，第537页、第548页。

将公共利益规定为个人权利的边界在宪法上是可能的；国外法中也有采取措施避免撤销判决带来混乱的先例；以撤销显著妨碍公益为由对行政行为的撤销加以限制的制度，在日本的其他实定法中也有；情势判决制度体现了传统行政诉讼制度与现代行政之间的深刻错位，是一种无奈之举。① 综观理论、立法及司法实践，情势判决系对实质法治主义的因应，其制度正当性已然确立。国内对情势判决的探讨，其着力点主要集中在如何规范情势判决的适用，防止不当适用侵害当事人的合法权益、消解法治方面，鲜有主张取消情势判决。

2. 天然警惕性

对于情势判决的适用应持审慎态度，这是主流认识，主要系基于对情势判决不当适用或者扩大适用可能导致法治虚无主义的担忧，主要集中于三个方面。一是传统理论认为，一般情况下，行政行为的合法性同其有效性一体，行政行为违法，则应予撤销，以消灭其效力。情势判决作为例外，系对违法行政行为效力的认可，对撤销诉讼制度具有消解作用。二是情势判决实质上系对原告诉讼请求的驳回，对当事人合法权益的救济多系通过替代性措施予以补救，一些情况下对受损的当事人权益的补救措施亦未能尽如人意。情势判决要求就公共利益、当事人利益等一切情势进行衡量后作出，但是公共利益作为不确定的法律概念，如何适用存在较大不确定性，对裁判者的法律素养要求较高。三是在观感以及司法实践层面，"由于情况判决具有的较强的保护公益的色彩，以及我国目前行政诉讼面临的各方阻力，情况判决存在扩大适用的风险"。②

故虽然我国情势判决作为确认违法判决之一种，已出于对法律效果及社会效果的考虑，兼顾了对原告诉讼请求的一定程度的满足与对被告行政行为一定程度的否定，③ 但基于情势判决本身所自带的上述特质，应否积极适用情势判决往往存在较多的质疑，多认为应当限制情势判决的适用。

---

① 参见王天华：《行政诉讼的构造：日本行政诉讼法研究》，法律出版社2010年版，第178—179页。
② 参见江必新、梁凤云：《行政诉讼法理论与实务（下）》（第三版），法律出版社2016年版，第1722页。
③ 参见江必新：《关于执行〈中华人民共和国行政诉讼法〉若干问题的解释的基本精神》，载《法律适用》2001年第7期。

二、情势判决的适用现状

情势判决的适用存在一些受到诟病的问题。同时，情势判决作为确认违法判决的一种，尚有四种确认违法判决与之并存，存在个别确认违法判决混淆适用的情况，其适用空间受到挤压。两种情况相互交织，构成情势判决适用现状的全貌。过多的关注点被放到了前者，后者并未引起足够重视。

（一）相邻条款确认违法判决的适用

与情势判决并存的另四类确认违法判决，分别对应《行政诉讼法》第七十四条第一款第二项及该条第二款第一项、第二项和第三项[①]笔者分别将其称为确认程序违法判决、不具有可撤销内容确认违法判决、继续确认违法判决以及履行法定职责无意义确认违法判决。

1. 易于区分的确认违法判决

继续确认违法判决适用于撤销诉讼过程中被诉行政行为已经被行政机关自行改变或者撤销，但原告继续坚持确认原行政行为违法的情况，同情势判决的适用条件具有明显的区分。履行法定职责无意义确认违法判决系课予义务诉讼的判决形式，其所对应的诉讼类型在德国被称为义务之诉终结后的继续确认之诉，[②]此种情况类似于撤销诉讼过程中被告改变或撤销被诉行政行为的情况，多适用于行政机关在诉讼过程中已履行法定职责，原告坚持要求确认被告不作为违法的情形。当然，因为客观情况发生变化，如申领执业许可的原告在诉讼过程中死亡的，亦可导致履行法定职责无意义。上述两类确认违法判决的适用条件，具有明显不同于情势判决之处，不易发生错误适用。

2. 易于混淆的确认违法判决

（1）确认程序违法判决

确认程序违法判决与情势判决在适用条件上有相同点，即均基于程序违

[①] 《行政诉讼法》第七十四条规定："行政行为有下列情形之一的，人民法院判决确认违法，但不撤销行政行为：（一）行政行为依法应当撤销，但撤销会给国家利益、社会公共利益造成重大损害的；（二）行政行为程序轻微违法，但对原告权利不产生实际影响的。行政行为有下列情形之一，不需要撤销或者判决履行的，人民法院判决确认违法：（一）行政行为违法，但不具有可撤销内容的；（二）被告改变原违法行政行为，原告仍要求确认原行政行为违法的；（三）被告不履行或者拖延履行法定职责，判决履行没有意义的。"

[②] 参见李广宇：《新行政诉讼法逐条注释》，法律出版社2014年版，第648页。

法。从程序违法的严重程度讲，上述相同点也是不同点，情势判决的程序违法程度重于确认程序违法判决中所限定的程序轻微违法。对何为程序轻微违法产生误判，可导致两种判决方式的错误适用。一方面，对程序违法程度的认识在司法实践中容易陷入误区。"一般而言，只要不违反正当程序原则，就属于'程序轻微违法'的情形"，[1]《最高人民法院关于适用〈中华人民共和国行政诉讼法〉的解释》（以下简称《行诉法解释》）第九十六条亦对何为轻微违法进行了进一步解释。也有观点从结果认知主义出发，认为程序违法对事实的认定或者实体处理结果无影响的，即属程序轻微违法。[2] 另一方面，相比于情势判决，确认程序违法判决的适用仅需要满足程序轻微违法的认定即可，其论证说理的要求远低于情势判决，亦可免予对情势判决抱有先天警惕者的道义责难。不论是基于上述哪一方面的原因，将非属于程序轻微违法的情形作为程序轻微违法的判例并不鲜见。

（2）不具有可撤销内容确认违法判决

不具有可撤销内容确认违法判决以被诉行政行为不具有可撤销内容为核心适用要件，恰与情势判决以行政行为具有可撤销内容为适用要件相反。而实践中，对何为"行政行为不具有可撤销内容"远未达成一致认识。

单就审判实践中较为常见的治安行政处罚行为看，在涉及以行政拘留为内容的行政行为时，行政拘留的执行状态是否影响行政行为的可撤销性，存在截然不同的两种认识：有观点认为行政拘留已执行完毕，判决撤销行政行为不可能恢复处罚对象的人身自由，故不具有可撤销内容；[3] 亦有观点不认为行政拘留执行完毕会影响行政行为的可撤销性。[4] 我国台湾地区"行政诉讼法"第一百九十六条规定："行政处分已执行者，行政法院为撤销行政处分判决时，经原告声请，并认为适当者，得于判决中命行政机关为恢复原状之必要处置。撤销诉讼进行中，原处分已执行而无恢复原状可能或已消灭者，于原告有即受确认判决之法律上利益时，行政法院得依声请，确认该行政处

---

[1] 最高人民法院行政审判庭编：《最高人民法院行政诉讼法司法解释理解与适用》，人民法院出版社2018年版，第445页。
[2] 参见新疆维吾尔自治区阿克苏市人民法院（2021）新2901行初3号行政判决书。
[3] 参见贵州省毕节市中级人民法院（2019）黔05行再3号行政判决书、广西壮族自治区北海市中级人民法院（2015）北行终字第24号行政判决书、广东省人民法院（2015）粤高法行终字第315号行政判决书。
[4] 参见湖北省黄石市中级人民法院（2015）鄂大冶行初字第00071号行政判决书。

分为违法。"该规定，系因我国台湾地区行政诉讼立基于当事人处分主义，采取诉判关系的一般观点，讲求诉判一致，侧重将行政诉请作民事诉请一般对待。《行政诉讼法》中的诉判关系则基于主观公权力救济和客观法秩序维护的双重属性构建，是一致性与非一致性的统一，[1] 对被诉行政行为合法性的审查不受当事人诉讼请求的约束。对当事人诉讼请求的实质回应完全可以在对行政行为合法性进行评判的基础上进行，通过恢复原状、赔偿损失等予以解决。也正是受当事人处分主义立法模式的影响，我国司法实践中存在脱离立法实际，将行政行为的执行效果无法恢复或难以恢复原状等同于行政行为无可撤销内容，继而错误适用不具有可撤销内容确认违法判决，侵蚀了情势判决的适用空间。同样，将不具有恢复原状可能等同于不具有撤销内容具有适用上的简易性、无须负担过多论证责任。

（二）对情势判决适用现状的传统诟病

就情势判决的适用看，较多观点基于日本、我国台湾地区情势判决的案件数量分析，认为情势判决适用量大，[2] 有消解法治主义之虞，偶有少数认为情势判决的适用仍有待扩大适用之处。[3] 对情势判决适用的诟病另多集中于撤销行政行为将会对国家利益、社会公共利益造成重大损害的认定及利益衡量方面。

1. 公共利益认定随意、模式化

有分析指出，情势判决的适用存在对公共利益的种类和内容不予说明、缺乏论证，笼统概括公共利益，对原告不涉及公共利益的主张不予回应，公共利益的认定标准多样，不同标准间存在矛盾的情况。[4] 有情势判决将个人利益遭受重大损失以及特定人利益遭受重大损失作为公共利益范畴，突破公共利益的公共性，扩张公共利益的适用范围，[5] 将对第三人利益保护上升为保护社会公序良俗及行政机关公信力，将第三人利益受损等同于社会公共利

---

[1] 参见邓刚宏：《我国行政诉讼诉判关系的新认识》，载《中国法学》2012年第5期。

[2] 参见金成波：《中国情境下的情况判决——经由案例的钩沉》，载《行政法学研究》2011年第1期；周鹏：《论情况判决的司法适用——以利益衡量方法的运用为中心》，华东政法大学2018年硕士学位论文；周子翔：《行政诉讼情况判决的司法适用及其优化》，浙江工商大学2022年硕士学位论文。

[3] 参见谢敏仪：《行政诉讼情况判决研究》，西南政法大学2018年硕士学位论文。

[4] 参见张宁：《行政诉讼中情况判决的适用条件》，载《南大法学》2021年第6期。

[5] 参见庄汉、龚鹏锦：《论行政诉讼中情况判决的适用》，载《江汉大学学报（社会科学版）》2021年第5期。

益，将此种情况下对行政行为的撤销等同于对社会公共利益的重大损害的情况。① 公共利益作为不确定法律概念本身具有广泛的不确定性，尤其是在公权力行使领域，不同行政执法领域所要实现的公法目的必然包括了对公共利益的追求，这也确实带来了公共利益所涉执法领域较为广泛的问题。但不能将因为公法关系的广泛性所决定的公共利益的广泛性等同于公共利益认定的随意性，否则就是对客观现实的否定。

2. 利益衡量空洞化

"公权力对私人利益单方面克减的目的只能是公共利益，由此而形成的是一种公法关系，国家应当承担相应的法律责任。"② 情势判决系司法机关在解决具体行政争议过程中通过对个人利益和公共利益的衡量取舍而达致的判决，利益衡量系当然要求。但司法实践中，一些情势判决确实存在就公共利益与私人利益的衡量过程空缺或者不明确的情况。③ 亦有学者从我国大陆地区、我国台湾地区和日本关于情势判决的条款的用语而认为我国关于情势判决条款未明确要求利益衡量。④ 当然，该理解显然不符合情势判决的立法本意。判决文书中未论述利益衡量过程不等于法院在实际判决中忽略了利益衡量，但确实足以让人产生法院并不重视利益衡量或者根本未进行利益衡量的质疑，亦与裁判文书应当进行释法说理的要求相悖，消解司法公信力，有违"努力让人民群众在每一个案件中感受到公平正义"的要求。

3. 救济缺位

"由于情况判决系在特殊例外情况下，牺牲原告权益，以维护公共利益，故救济措施是情况判决中相当重要的一部分。"⑤ 该观点系目前讨论适用情势判决的主流观点，也系我国情势判决诞生之初的强制性规定。从目前可见的情势判决案件看，确实存在诸多的情势判决未判决行政机关采取补救措施或者对原告的损失进行赔偿，该情形被视为情势判决未能充分保障原告合法权益的一个主要例证。但从我国情势判决制度变迁中对补救措施的立法用语变

---

① 参见马艳：《情况判决的适用标准》，载《行政法学研究》2020年第2期。
② 胡建淼：《公共利益概念透析》，载《法学》2004年第10期。
③ 有关具体案例可参见周子翔：《行政诉讼情况判决的司法适用及其优化》，浙江工商大学2022年硕士学位论文。
④ 参见金成波：《中国情境下的情况判决——经由案例的钩沉》，载《行政法学研究》2011年第1期。
⑤ 周子翔：《行政诉讼情况判决的司法适用及其优化》，浙江工商大学2022年硕士学位论文。

化可以看出，并非所有的情势判决均需要责令行政机关采取补救措施，仍需要据实际情况确定是否有采取补救措施的必要。对于确因行政行为造成损失的情况下，在当事人未提出赔偿请求时，人民法院尚不能对原告损失作出赔偿处理。

三、情势判决的具体适用

情势判决作为一种法定判决方式的正当性已然稳固确立，要想充分发挥情势判决的具体作用，使该判决名实相符，需要在认识及适用方法上做进一步的整理、完善。

（一）客观认识情势判决适用情境的多维性

1. 公共利益外延的广泛性

公共利益系情势判决的核心概念，通过对最高人民法院审理的涉及情势判决案例的检索可以发现，情势判决涉及的行政执法领域集中于集体土地征收、国有土地上房屋征收等领域，[1] 但是从基层法院、中级法院、高级法院所审理的涉及情势判决的案件看，环境保护、不动产登记、婚姻登记等诸多执法领域亦有适用，涉及行政许可、行政处罚等不同行政行为类型。造成上述情况的根本原因并非情势判决适用的随意性，而在于公共利益外延的广泛性。"行政机关在本质上是公众的服务者"，[2] 作为行政机关行为依据的行政法律规范以追求公共利益为目的，并在此目的的统领下进行体系的建构，呈现出不同的公共利益面向，故有学者主张应当从法律规范的目的出发，对公共利益进行类型化研究。[3] 同时，不论是公法规范还是私法规范，均具有追求公共利益的目的，如《民法典》中弘扬社会主义核心价值观的目的，即为公共利益目的。

行政行为所造就的状态，一般即行政行为对行政规范目的的实现，仅因行政行为违法即撤销可导致其公共利益目的减损或迟到实现。从法治角度讲，

---

[1] 以"行政案件""《中华人民共和国行政诉讼法》第七十四条第一款第（一）项""最高法院"为关键词进行全文检索，可查见最高人民法院再审审查与审判监督行政裁定书60份、再审判决书2份，基本集中于集体土地征收、国有土地上房屋征收补偿领域。

[2] 叶必丰：《行政行为原理》，商务印书馆2019年版，第21页。

[3] 参见倪斐：《公共利益的法律类型化研究——规范目的标准的提出与展开》，载《法商研究》2010年第3期。

依法行政系值得守护的公共利益，对于违法的行政行为原则上应当予以撤销。但行政行为的服务理念已促使了依法行政从形式法治到实质法治的变化，后者主张只要行政机关实质上为相对人提供了服务，服务形式或程序上的不足，即行政行为在形式或程序上的瑕疵，可以补正或转换，而无须撤销行政行为，以避免因同意反复而形成的不合理的效率低下。① 情势判决作为对实质法治理论的实践，系立基于行政行为所追求的公共利益，结合具体案件情况衡量的结果，超越了瑕疵的补正或转换。同时，没有私人利益保护的制度也不可能保护公共利益，行政行为的当事人应当被依法公正对待，私人合法权益不受非法侵犯同样系公共利益的表现形式。由此，私人利益保护上升到公共利益保护的高度。此时，承载了公共利益的具体利益是否更优于其他公共利益，属于利益衡量所要解决的问题，不能因为利益衡量本身的不完善而从根源上否定公共利益的广泛性，先入为主地限定情势判决的适用范围。

2. 解决行政争议的目的性

解决纠纷是现代司法制度存在的最基本理由，行政诉讼制度亦不例外。② 经2014年修正，《行政诉讼法》对立法目的进行了完善，除保障行政诉讼进行的程序性立法目的外，将解决行政争议，保护公民、法人和其他组织的合法权益，监督行政机关依法行使职权作为共同立法目的，纠正了原有立法过分强调合法性审查，忽视或回避争议解决的倾向。③ 从解决行政争议被作为《行政诉讼法》立法目的看，解决行政争议的价值导向即为公共利益。在《行政诉讼法》制度框架内，行政争议的解决应当予以充分重视，作为行政审判的努力方向。情势判决条款有助于行政行为造就的既成法律关系或秩序稳定，避免仅为追求形式法治而背离实质法治，忽视行政诉讼终局解决纠纷的基本定位。合法的行政行为系由完成行政行为的各个要素组成，涉及职权、程序、事实认定、法律适用、裁量合理性等，如果仅因为某一违法要素而断然否定整个行政行为的效力，尤其是在行政行为实体处理结果并无不当情况下，更有可能导致案结事不了，引发进一步的连锁反应，使争议复杂化、旷日持久化。

---

① 叶必丰：《行政行为原理》，商务印书馆2019年版，第31—32页。
② 参见郭修江：《监督权力　保护权利　实质化解行政争议——以行政诉讼立法目的为导向的行政案件审判思路》，载《法律适用》2017年第23期。
③ 参见李广宇：《新行政诉讼法逐条注释》，法律出版社2014年版，第10页。

我国尚未全面建立行政行为的瑕疵补正或治愈制度，但《行政诉讼法》及《行诉法解释》已经通过作出对复议维持原行政行为的，复议机关为共同被告的制度设计，①局部建立了行政行为的瑕疵补正或治愈制度。这是对行政诉讼解决行政争议立法目的的充分贯彻，亦足以提醒司法机关在解决行政争议时，要在行政诉讼现行制度框架内有所作为、积极作为。《行诉法解释》虽然确立了复议机关对原行政行为的补正制度，将复议行为的合法性统一到原行政行为的合法性中，但其着重点在于对实体的补正，对原行政行为的程序违法的补正未被认可，说明《行政诉讼法》强调对行政争议的实质解决，但又严格坚持对依法行政的监督，充分考虑了长期以来行政机关重实体轻程序的情况。情势判决，兼顾了行政与司法的区隔，作为确认违法判决的一种形式，通过判决对行政行为进行全面合法性评价，"既保留行政行为效力，又能平息原告怨气，还能为原告申请国家赔偿提供条件"，②实质系对行政行为效力瑕疵的根本治愈，有利于争议的根本解决。行政审判应切实重视情势判决有利于行政争议的解决的积极功能定位。

3. 个案审理的特殊性

行政行为外延宽泛，但是行政审判毕竟是对个案的审理，从协调私益、公益保护关系出发，应当注意如下方面：一是坚持对行政行为合法性的全面审查。依照《行政诉讼法》第六条规定，人民法院在审理行政案件时应当对行政行为是否合法进行全面审查，而非出于当事人处分主义仅针对当事人的诉讼请求是否成立进行审查。《行政诉讼法》第七十条对行政行为违法的情况进行了明确规定，不同情形下的违法可能导致不同的判决方式，只有对行政行为合法性进行全面审查，才能进一步根据具体情况确定可能的判决方式。二是查明行政行为对利害关系人的具体影响。行政相对人及其他利害关系人合法权益相较于公共利益的确定具有更大的确定性，人民法院在审理过程中应当予以评估。行政相对人或者其他与行政行为有利害关系的当事人之间，

---

① 《行政诉讼法》第二十六条第二款规定："经复议的案件，复议机关决定维持原行政行为的，作出原行政行为的行政机关和复议机关是共同被告；复议机关改变原行政行为的，复议机关是被告。"与之相应，《行诉法解释》第二十二条第一款及第三款规定："……复议机关改变原行政行为所认定的主要事实和证据、改变原行政行为所适用的规范依据，但未改变原行政行为处理结果的，视为复议机关维持原行政行为。""复议机关确认原行政行为违法，属于改变原行政行为，复议机关以违反法定程序为由确认原行政行为违法的除外。"

② 江必新：《论行政争议的实质性解决》，载《人民司法》2012 年第 19 期。

受行政行为影响的合法权益可能存在内在紧张关系。合法权益所受的影响，包括程序利益、实体利益，所受影响的利益种类的不同也决定了救济手段的差异。行政赔偿系针对当事人受到影响的实体权益进行救济，当事人程序性利益不属于行政赔偿的范围。对程序利益是否可以采取补救措施存在不同的认识，有观点认为补救措施包括违法性治愈的措施，[①] 但是行政行为的违法性在行政判决作出时确定，显然不存在判决后对违法性予以治愈的可能。三是查明行政行为同公共利益的具体连接情况。"被诉行政行为原则上都直接与国家利益、公共利益相联系"，[②] 这是行政诉讼区别于民事诉讼的重要特征。行政行为造就的既成状态同公共利益的关联性需要人民法院结合行政法律规范立法目的、具体适用条文、既成事实状态、行政争议产生、解决的过程乃至行政诉讼的立法目的等因素予以综合确定。值得说明的是，多数情况下，基于较为明了的情况，行政行为应否撤销无须考虑国家利益或者社会公共利益。

（二）夯实情势判决的适用举措

本文第二部分，笔者着重指出了目前因情势判决适用中基于一些诟病而被主张限制适用及情势判决适用范围被相邻判决侵蚀的情况。从情势判决适用范围的扩大及限制取向看，两者相互矛盾，但又有一定的内在联系，应当分别予以解决。

1. 明确相邻判决的适用条件

适用边界不清晰，则使情势判决既不能充分发挥其应有的解决行政争议的功能，也与公正司法的内在要求不符。为准确适用情势判决，有必要明确容易混淆适用的相邻判决条款的核心适用要件。

（1）行政行为程序轻微违法

确认程序违法判决系撤销判决的例外，基于实质法治主义理念而确立，即此时撤销一个行政行为所维护的价值已经明显不如继续保持该行政行为所能实现的价值，将程序轻微违法的行政行为撤销既是对监督行政机关依法行政的过度追求，又是对解决行政争议的根本悖反。确认程序违法判决充分体现了实质法治主义的精神，作为一个特别条款，免去了裁判者衡量私益与公

[①] 参见郑春燕：《论"基于公益考量"的确认违法判决——以行政拆迁为例》，载《法商研究》2010 年第 4 期。

[②] 参见郭修江：《监督权力 保护权利 实质化解行政争议——以行政诉讼立法目的为导向的行政案件审判思路》，载《法律适用》2017 年第 23 期。

益孰优的义务，因为此时何者为优至为明显。但如果将侵害当事人实体权益的情况或者侵害当事人重要程序性权利的情况塞入程序轻微违法的格子，则明显违背依法公正审理行政案件的要求，将使确认程序违法判决侵占情势判决或撤销判决的适用范围。应严格依照《行诉法解释》第九十六条的规定认定何为程序轻微违法，"将程序轻微违法界定为对原告依法享有的重要程序性权利不产生实质损害的程序违法，并非意指存在对实体权利产生实际影响的程序轻微违法，而是排除对实体权利产生实际影响以及对重要程序性权利产生实质损害的程序违法"，① 孰值认同，系判断行政行为是否程序轻微违法的核心内容。

（2）行政行为不具有可撤销内容

不具有可撤销内容确认违法判决的适用，既取决于对行政行为效力的理解，也取决于行政诉讼的具体制度设计。从司法实践及理论认识看，行政行为并非简单因执行完毕而不具有可撤销内容，存在认识差异的重要一点在于行政行为所影响的当事人的权利义务不可恢复原状的，行政行为是否就不再具有可撤销内容。通说认为，被诉行政行为违法，但不具有可撤销内容的，指的是事实行为。② 全国人大常委会法制工作委员会行政法室著述认为，不具有可撤销内容的行政行为主要是指事实行为。③ 人民法院出版社所编司法解释理解与适用书籍中，亦认为不具有可撤销内容的行政行为限于事实行为，有实质处理内容的行政行为具有可撤销内容。④ 诸如殴打等暴力行为，强制拆除等执行行为，因已执行完毕，且无行为载体，在法院经过审查认为该类行为违法的情况下，法院无从撤销这类行为。⑤ 另可从民事行为的角度进行比较分析。不论是被确认无效还是被撤销，民事行为的效力评价不考虑该民事行为已经实现的效果是否仍可恢复原状，效果的可恢复与否仅系效力评价后如何救济的范畴。将撤销判决寄托于行政行为实现的效果是否能够恢复或

---

① 江必新主编：《行政诉讼法司法解释实务指南与疑难解答》，中国法制出版社2018年版，第341页。
② 参见江必新、梁凤云：《行政诉讼法理论与实务（下）》（第三版），法律出版社2016年版，第1684页。
③ 参见童伟东主编：《〈中华人民共和国行政诉讼法〉释义与案例》，中国民主法制出版社2014年版，第198页。
④ 参见人民法院出版社编：《司法解释理解与适用全集·行政诉讼、国家赔偿卷》，人民法院出版社2020年版，第327—328页。
⑤ 参见梁凤云：《新行政诉讼法讲义》，人民法院出版社2015年版，第463页。

者恢复的难易程度实属本末倒置，亦不利于对当事人合法权益的救济。故，应对具有《行政诉讼法》第七十条违法情形的已经执行完毕且不可恢复原状或者恢复原状较为困难的行政行为适用撤销判决或者情势判决，促进行政判决类型适用的合法性、融贯性。

2. 注重判决的说理论证

"公共利益""重大损害"作为情势判决适用的核心要素，均属不确定法律概念，非自由裁量不足以作出判决，易引起对裁判的随意性、不确定性的担忧。但是，只要不确定的司法判决是可以预测的，不确定性就不会成为法治的缺陷。司法的本质特征为"论证与判决"，"一方面，具体的判决发生在论证之前，另一方面，须对判决进行证立"。① 通过裁判文书论证说理将裁判者如何依照法律规范进行裁判的心证过程予以公开是司法公正裁判的内在要求，"对理由的回应即是对事实的回应"。② 情势判决作为撤销判决的"但书"，需对何以脱离一般情况负担更多的证成义务。③ 在适用情势判决时应当遵循法律方法，围绕如下几个方面充分进行说理论证，以增进判决的可预测性和客观性。一是在公共利益的界定上，从具体个案中出发，找出行政行为及其所造就的既成事实状态同公共利益的连接点，重视解决行政争议的立法目的。二是在个人合法权益的界定上，明确区分当事人程序性利益、实体利益。当事人程序利益的事后救济原则上通过行政行为程序的合法性否定评价即可予以回应，需要重点固定的系当事人实体利益的范围以及受影响程度。三是利益衡量方面，应明确利益衡量的标准，就如何解决个人利益和公共利益的不可通约性以及公共利益间的衡量进行充分论证。当事人合法权益不受非法侵犯、不予撤销违法行政行为对法治的影响等价值取向同样属公共利益范畴，利益衡量不仅应当考虑当事人合法权益、损害赔偿等个人相关的利益，也需要衡量此种情况下相互冲突而又不可兼得的公共利益。

3. 全方位加强原告合法利益的保护

《行政诉讼法》将责令被告采取补救措施作为一项选择适用的措施并非

---

① ［德］阿图尔·考夫曼、温弗里德·哈斯默尔：《当代法哲学和法律理论导论》，郑永流译，法律出版社2001年版，第504页。
② ［美］朱尔思·科尔曼、斯科特·夏皮罗主编：《牛津法理学与法哲学手册（上册）》，杜宴林、朱振、韦洪发等译，上海三联书店2016年版，第484页。
③ 邱昭继：《法律的不确定性与法治——从比较法哲学的角度看》，中国政法大学出版社2013年版，第289页。

不重视对原告利益的保护,而系由行政行为违法情况的丰富性所决定,对当事人程序性权利的侵犯在人民法院采取情势判决时,原则上并无再由行政机关予以补救的空间,所允许的行政机关的程序性补救仅存在于行政机关重新作出行政行为时。行政赔偿系对因违法行为受到损害的当事人实体权益予以赔偿,而可以采取补救措施的情况亦多限于当事人合法实体权益因行政行为所受损害仍处于发展或扩大状态时。就原告合法权益的保护,可从如下方面进行努力。一是充分保障原告的诉讼权利。裁判过程系目光往返于事实和法律之间的过程,在开庭审理过程中,如果发现被诉行政行为的撤销可能损害国家利益或者社会公共利益的,应当向当事人释明,引导双方就行政行为的撤销是否会有重大损害公益、私益受损情况等争议焦点进行举证、辩论。如此,既是对原告诉讼权利的充分保护,避免突袭裁判,也有助于法官对法律事实的固定。同时,对于公共利益的影响,应当由被告负担举证责任。[1] 二是注重行政争议协调化解、释明、裁判文书指引工作。在违法的行政行为确对当事人合法权益造成实体损害的情况下,应当允许向行政机关初步开示人民法院对行政行为合法性的倾向意见,建议行政机关对受损害当事人的合法权益予以赔偿。在原告未一并提出赔偿请求的情况下,人民法院可向原告释明一并提出行政赔偿申请。在原告拒绝一并提出赔偿请求或者损失赔偿问题不宜一并解决的情况下,可在判决书说理部分予以阐述,对行政机关应予赔偿原告损失予以指引,以利于后续赔偿事宜的解决。三是注重司法延伸工作。人民法院对行政行为的依法监督可以通过司法建议、司法统计分析、审判白皮书等予以延伸。目前,各级人民政府均有依法行政的考核指标,其对因违法行政导致败诉的重视程度直接影响到人民法院对行政行为所作否定性判决所能发挥的促进法治政府建设作用。可将适用情势判决的判决书及司法建议等同步报送被诉行政机关所在地政法委及人大有关部门,促进行政机关依法规范作出涉及重大国家利益、社会公共利益的行政行为,保障可能受到影响的公民、法人或者其他组织的合法权益。

(作者单位:上海市浦东新区人民法院)

---

[1] 参见李广宇:《新行政诉讼法逐条注释》,法律出版社2014年版,第636页。

行政非诉执行案件司法审查的规范与完善

崔吟楠

【摘要】行政非诉执行程序具有监督行政机关依法行政和保障当事人合法权益、兼顾公正和效率的双重目的。司法实践中,由于土地房屋征收、违法占地、环境污染等领域的案件逐年上升,行政非诉执行案件的司法审查也面临诸多难点和分歧,主要集中在审查方式、审查标准、"裁执分离"的适用以及当事人是否对法院作出的准予执行裁定享有救济权等问题。对此,为提高行政非诉执行案件的审查质量,人民法院对行政非诉执行案件的审查如下:一是要秉持形式审查与实质审查区别适用原则;二是应采取"明显违法"审查标准;三是要从"裁执分离"的适用范围、具体执行主体的确定以及建立府院联动机制等对该模式的有效适用予以规范;四是为了确保程序正义,应赋予被执行人对法院作出的"准予执行"裁定不服申请复议的权利;五是,要探索行政非诉执行程序的调解机制。以此对行政非诉执行案件的司法审查进行规范和完善。

【关键词】行政非诉执行　行政行为　审查

行政非诉执行程序具有保障司法公正和行政效率的双重价值。在保障具体行政行为有效落实、维护行政权威方面发挥着重要作用,同时与一般行政诉讼的立法目的相同,均在于促进行政机关依法行政、保障当事人的合法权益。[①] 有关行政非诉执行案件的司法审查在《行政强制法》《行政诉讼法》及《最高人民法院关于适用〈中华人民共和国行政诉讼法〉的解释》(以下简称《行诉法解释》)中进行了较为简单笼统的规定,然而随着近几年行政非诉执行案件数量逐年增多,土地、环保等领域违法案件的矛盾越发复杂,司法审查中存在诸多分歧和争议,成为大家关注的重点问题。

本文从司法实务出发,基于行政非诉执行案件司法审查面临的主要争点进行分析,并着重对审查方式、审查标准、"裁执分离"的规范适用、当事人对行政非诉执行裁定的救济方式等问题进行探讨,希冀对以后的修法和司法实践有所裨益。

一、行政非诉执行案件司法审查的现状

(一) 行政非诉执行个案问题检视

案例1:在某经济合作社与钟某农村集体经济成员资格及福利待遇行政处理决定一案中,某经济合作社所在的街道办作出《行政处理决定书》,认定钟某系某经济合作社的集体经济组织成员并享有同等的福利待遇,某经济合作社应该向钟某补发分红款。但某经济合作社拒不履行向钟某补发分红款的义务,也未对《行政处理决定书》提起诉讼和申请复议。钟某向当地法院申请行政非诉执行。法院书面审查后作出准予执行《行政处理决定书》的裁定。某经济合作社不服该裁定,向上一级人民法院申请再审,并提出其没有收到原审法院的案件受理通知书或其他相关通知,以至于无法行使答辩权。

争点(1):受理行政非诉执行案件的法院是否必须向被执行人送达案件受理通知书或以其他形式通知被执行人?对此,有的法院认为,行政非诉审查程序是行政强制法规定的非诉执行程序,人民法院针对生效行政处理决定的合法性进行审查,如果没有明显重大违法情形,即应准予执行。《行政强制法》等相关法律及司法解释并未赋予被执行人对准予执行裁定的复议权,也没有明确规定向被执行人送达案件受理通知书。[②] 而有的法院则认为,未将

[①] 本文研究的行政非诉执行案件,主要以行政机关作为申请执行人的案件为研究对象,仅在案例中涉及个别以自然人为申请执行人的情形。

[②] 参见广州铁路运输中级法院(2018)粤71行申38号行政裁定书。

案件受理通知书依法送达给被执行人，剥夺了被执行人陈述申辩的权利。①该问题的本质是法院对行政非诉执行案件的审查，应采取形式审查还是实质审查方式？

争点（2）：被执行人对法院作出的准予强制执行的行政非诉执行裁定有异议，是否有权申请再审，或者通过其他方式，如申请复议等方式进行救济？关于再审，有的法院认为：依据《行政诉讼法》第九十条"当事人对已经发生法律效力的判决、裁定，认为确有错误的，可以向上一级人民法院申请再审，但判决、裁定不停止执行"之规定，准予强制执行的行政非诉执行裁定一经作出即具有法律效力，可依据该条规定申请再审，如在（2018）粤71行申41号行政裁定书中，法院认为再审申请人（原审被执行人）对行政非诉执行裁定申请再审的案件，属于行政非诉案件的再审审查之诉，依法受理并审查；有的法院则持相反的观点，认为行政非诉执行案件并没有经过实体审理，不能适用再审的规定，具体如表1所示。

表1 被执行人能否申请再审的分歧（部分列举）

观点	案号	理由
肯定	（2018）粤71行申41号	属于行政非诉案件的再审审查之诉
	（2019）皖行申2号	依据《行政诉讼法》第九十条，当事人对发生法律效力的裁定认为有错误，可以向上一级人民法院申请再审
否定	（2019）云31行申2号	行政非诉执行属于推进或阻却执行程序进行的裁定，不能申请再审
	（2020）云01行申2号	行政非诉准予执行裁定并非由诉讼产生，未经行政诉讼一审、二审审理程序，不属于可依照《行政诉讼法》第九十条、第九十一条申请再审的行政裁定范围
	（2020）粤20行申6号	不能以对行政非诉强制执行裁定提出再审的方式替代行政诉讼，变相要求人民法院在行政非诉强制执行裁定再审审查程序中如行政诉讼案件般审查具体行政行为

同样，被执行人是否可对法院作出的准予执行裁定申请复议，实践中也存在分歧：大多数法院以《行政强制法》未规定，被执行人不具备该项权利为由不予受理复议申请或者受理后又驳回复议申请，如在（2018）冀01行审

---

① 参见广东省汕尾市中级人民法院（2020）粤15行审复10号行政裁定书。

复 65 号、（2019）川 09 行审复 1 号、（2020）辽 11 行审复 3 号行政裁定书中均驳回了被执行人的复议申请；只有少数法院认为应该允许被执行人提出复议，如（2015）韶中法行非执复字第 2 号行政裁定书，受理了原审被执行人的复议申请并依法审查。

案例 2：因某公司未履行某市人防办公室作出的限期缴纳人防工程易地建设费的《行政处理决定书》，某市人防办公室向法院申请强制执行，法院认定该行政处理决定书无效而作出不准予执行的裁定。某市人防办公室不服，向上一级法院申请复议，复议法院指出本案系行政非诉案件，人民法院仅需依法对行政机关申请执行的执行行为的合法性进行审查，作出是否准予执行的裁定，非诉审查程序中不宜对行政行为的效力进行评判。

争点：对于行政非诉执行的审查，应采取哪种审查标准？审查的限度及法官自由裁量的边界应如何把握，行政非诉执行的审查标准与行政诉讼的审查标准如何区分？需要进行明确。

案例 3：某区人力资源和社会保障局对某房地产开发公司作出支付农民工工资的《行政处理决定书》，某房地产开发公司在法定期限内未履行该义务，也未提起诉讼和申请复议。某区人力资源和社会保障局向法院申请行政非诉执行审查，法院经审查后作出准予执行裁定，由申请人某区人力资源和社会保障局负责实施。检察院认为罚款等涉及金钱给付义务的内容，不能适用"裁执分离"模式，并向法院发出检察建议，建议纠正该裁定。

争点：在《行政强制法》等法律尚未正式规定"裁执分离"情形下，各方对运用"裁执分离"的行政非诉执行案件的范围存在分歧。为解决法院执行难的问题，应该对所有行政非诉执行案件均适用"裁执分离"，还是应该有所限制？以及适用"裁执分离"模式面临的其他问题，均需解决。

（二）行政非诉执行案件司法审查的突出问题

通过对上述案例进行分析可知，法院对行政非诉执行案件的司法审查，主要存在以下几个突出问题：

1. 审查方式的分歧

与审理行政诉讼案件中进行法庭调查、举证、辩论等环节不同，法院对行政非诉执行案件的审查并不需要开庭审理阶段，在程序上相对简单。依据《行政强制法》第五十五条、第五十七条、第五十八条及《行诉法解释》第一百六十条、第一百六十一条之规定，对于行政非诉执行案件的审查主要存在形式审查和实质审查两种方式（两者的区别见表2）。

表2 行政非诉执行案件两种审查方式的区分

项目	形式审查	实质审查
审查内容	申请人是否在法定期限内提出申请	行政行为是否具有明显违法情形
	申请人的申请资料是否完整	
	申请人所作出的行政行为是否已具有可执行性	是否损害被执行人合法权益
	行政行为是否合法	
审查期限	7日内	30日内

从表2中可以看出，法院采取形式审查方式主要是对行政机关所提供的书面材料进行审查，认为行政行为合法、没有问题的，即可自受理之日起7日内作出裁定。相反，法院如果认为行政行为存在行政主体不适格，作出行政行为的事实、适用法律或者程序等存在明显违法情形且损害被执行人合法权益的情形，则应采取实质审查方式，并自案件受理之日起30日内作出裁定。案例1中关于是否应该向被执行人送达案件受理通知书，取决于法院对该案所采取的审查方式，即如果采取形式审查方式，则法院可以无须向被执行人送达案件受理通知书；但如果采取实质审查方式，则应该向被执行人送达案件受理通知书，听取被执行人的申辩意见，必要时要组织听证会，或者通过勘查现场、调查取证等查明相关事实。针对某一具体案件，应采取何种审查方式，受多种因素影响，有的法官可能倾向于形式审查，有的法官则可能倾向于实质审查，对于审查方式的适用，实践中"见仁见智"。但基于案件质量的考量，还是应该明确审查方式适用的条件。

2. 审查标准的分歧

对于行政非诉执行案件，无论法院采取形式审查还是实质审查方式，都必须秉承同样的审查标准，不能因采取形式审查方式而降低对行政行为合法性、规范性的审查，使得违法的行政行为进入执行程序而损害当事人的合法权益；也不能因为采取实质审查方式而对行政行为苛以等同于行政诉讼的规范标准，影响了行政职能、降低了行政效率。审查标准，即法院对行政行为合法性进行判断的准则。如案例2中，上、下级法院分别采取的是无效性审查标准和合法性审查标准,说明法官对此类案件的裁决具有较大的自由裁量权,这也是该类案件"看似简单",实践中却分歧较大的原因,故而有些地区对于行政非诉执行案件已突破了基层法院管辖的限制,不少地区出现非诉案件提级由中级甚至高级人民法院管辖的情况。[①] 因此对于行政非诉执行案件的审查标准应该统一,才能保证"类案同裁",以提升司法公信力。

3. "裁执分离"在司法审查中适用的困境

为解决法院面临的执行压力,执行效果不理想等问题,最高人民法院于2012年出台了《关于办理申请人民法院强制执行国有土地上房屋征收补偿决定案件若干问题的规定》,其第九条规定:"人民法院裁定准予执行的,一般由作出征收补偿决定的市、县级人民政府组织实施,也可以由人民法院执行。"该条首次明确了行政非诉执行案件的"裁执分离"模式,即对于行政机关申请法院强制执行的行政非诉执行案件,法院经审查作出准予执行裁定后,由相关行政机关实际负责具体的执行工作。2014年最高人民法院在《关于在征收拆迁案件中进一步严格规范司法行为积极推进"裁执分离"的通知》中提出要积极推进"裁执分离",逐步拓宽该模式适用的范围。由于《行政强制法》等法律及司法解释中均没有对"裁执分离"相关内容作系统规定,个别试点省份、地区出台了本省、本地区关于适用"裁执分离"的规范性文件,还有部分地区并没有相应的文件,很多做法尚在探索之中。法院对行政非诉执行案件审查后,在作出"准予执行"的裁定书中一般会在正文部分明确载明负责执行的具体行政机关,故"裁执分离"模式在法院的司法审查阶段也存在一些问题。

一是对适用"裁执分离"的行政非诉执行案件范围存在争议。前文的案例3就是法院与检察院对"裁执分离"模式适用的案件范围存在分歧的典型案例。

二是法院裁定的负责实施执行行为的行政机关不适格。主要表现为绝大多数裁定"准予执行"的案件中,法院依据"谁申请、谁执行"原则确定具体执行的行政机关,但未考虑申请机关的执行能力,导致法院与行政机关对"裁执分离"的适用存在争议。

三是法院与相关行政机关未就"裁执分离"的适用形成统一意见。主要

---

① 王华伟:《非诉行政执行裁执分离制度研究》,中国广播影视出版社2017年版,第97页。

表现在行政机关对于相关行政非诉执行案件适用"裁执分离"模式尚未接受，法院依据"裁执分离"对有些案件作出裁定后，行政机关对裁定结果不认同。比如：某国土资源与房产管理局以许某非法占用集体土地搭建洗砂设备等为由，对许某处以责令退还非法占用的土地，恢复土地原状及罚款的行政处罚。该案进入行政非诉执行程序后，法院认为，依据当地审查行政非诉执行案件的指导意见相关规定，"人民法院准予强制执行的非诉行政案件，强制执行对象为不动产的，施行'裁执分离'，由人民法院审查裁定，交由行政机关负责组织实施"，同时，适用"裁执分离"的非诉行政案件，申请人还应当提交符合要求的执行预案、社会稳定风险评估报告等材料。后因某国土资源和房产管理局不能提交相关执行材料，法院认为不具备可执行条件而裁定不准予执行。而国土资源和房产管理局认为关于行政非诉执行案件的"裁执分离"操作，当地人民政府尚在研究之中，并未正式实施，某国土资源和房产管理局不服该裁定，向上一级法院申请复议。

4. 被执行人对"准予执行"裁定不服是否可救济

《行政强制法》第五十六条及第五十八条分别规定，行政机关对人民法院作出的"不予受理"及"不准予执行"裁定有异议，可以向上一级人民法院申请复议，但没有规定被执行人对于法院作出"准予执行"裁定有异议，是否有救济权，应以何种方式进行救济。由于申请行政非诉执行的前提是被执行人对行政机关作出的行政行为不申请复议和提起诉讼，也不履行义务，从某种程度上可视为被执行人对行政行为无异议，故一旦法院作出准予执行裁定，则直接赋予行政行为执行力。但在现行的政治体制中，行政机关始终处于核心地位。故，虽然法律没有明确规定被执行人享有救济权，但实践中被执行人对准予执行裁定不服，依然可通过申诉、复议等方式对原裁定进行"再审查"，故是否应该赋予被执行人对准予执行裁定的救济权？被执行人应以何种方式进行救济？实践中争议较大。

综上所述，法院在对行政非诉执行案件进行司法审查时面临多方面的分歧和困境，有待通过理论和实践的探索予以明确。下面将着重分别对行政非诉执行案件的审查方式、审查标准、"裁执分离"的适用规范以及当事人的救济权利等方面进行具体论述。

二、形式审查与实质审查的区别适用

行政非诉执行案件进入法院的行政审判庭后，法官首先面对的是应采取何种审查方式，有学者认为："建立申请法院强制执行这一制度的初衷就是要对强制执行这一极大、强烈影响公民、法人或者其他组织合法权益的行为加强司法监督。因此法院对行政机关的申请就应该是实质审。如果仅为形式审，那申请有什么必要！"[①] 也有学者认为应采取形式审查方式，当事人在法定期限内没有起诉，有关的机关也没有认定行政行为违法或者错误，法院应推定行政行为合法、正确，没有对其再进行合法性审查的必要。[②] 两种观点各有优势和不足：实质审查方式能够更好地对行政行为的合法规范性进行"检验"，保障当事人的合法权益，但需要法官对案件付出更多的精力和时间；形式审查能够简化审查程序、提高审查效率，但最大的缺陷在于法院不进行合法性审查，司法监督的作用被淡化，被执行人的合法权益难以得到必要的保护，公权力与私权利之间的关系处于一种失衡状态，有可能偏离行政诉讼制度的目的。[③] 因此，不能一概采取形式审查或者实质审查，也不能以注重审查效率或者注重案件公正的单一价值取向为由，认为应该以形式审查为主或者实质审查为主，而应结合被执行人对案件的意见、态度，案件的类型、难易程度以及所要执行的行政行为类别等因素，区分运用两种审查方式，才能真正实现行政非诉执行兼顾公正与效率的双重价值。

（一）依据被执行人对案件的意见

行政机关对当事人作出行政处罚、责令拆除、履行其他相关义务等行政行为之前，必然要进行前期调查取证，听取当事人的意见，申请材料中一般会附有双方之间的《谈话笔录》或者行政机关的《询问笔录》《调查笔录》《勘查笔录》等材料，这些材料中均会明确告知当事人存在某些违法事实或者应该履行某项法定义务，而当事人则会在这些材料中对行政机关认定的违法事实或者要求其应该履行的义务进行明确表态、陈述对相关行政决定的意见。比如：在某县自然资源和规划局申请强制执行某酿造厂一案中，某县自

---

① 应松年：《行政诉讼法与行政复议法的修改与完善》，中国政法大学出版社2013年版，第11页。
② 向忠诚、邓辉辉：《非诉行政执行制度研究》，中国政法大学出版社2016年版，第174页。
③ 向忠诚、邓辉辉：《非诉行政执行制度研究》，中国政法大学出版社2016年版，第175页。

然资源和规划局在作出行政处罚前,与某酿造厂的一份《询问笔录》中显示,该酿造厂厂长明确陈述"该厂系其建造,并未取得相关行政部门的审批手续,该厂愿意立即停工并接受处理"。且在某县自然资源和规划局向该厂送达《行政处罚听证告知书》时,该酿造厂在《送达回证》中也明确表示不申请听证,愿意接受处罚。故,对于被执行人通过书面方式明确接受、认可行政决定的行政非诉执行案件,法院应采取形式审查,必要时可通过电话联系被执行人,对相关违法事实等再予以核实即可。

反之,对于申请材料中显示被执行人对违法事实、行政决定等并不认可的情况,为避免违法的行政行为进入执行程序,损害被执行人的利益,避免被执行人与行政机关之间的矛盾在行政非诉执行案件的审查中进一步激化、导致后期的执行程序受阻,则应该采取实质审查方式。比如:某文化旅游与体育局以某寺院存在破坏文物情况为由,申请强制执行某寺院的行政非诉执行案件中,某寺院在与某文化旅游与体育局谈话的笔录等材料中均否认其存在破坏文物的行为,甚至拒绝接收《行政处罚听证告知书》《行政处罚决定书》等行政文书,拒绝在相关《送达回证》上签字。对该类案件则应采用实质审查方式,首先向被执行人送达《案件受理通知书》,保障其陈述、答辩的权利,必要时应举行听证会,或者到现场去调查取证以查明案件事实。

在部分行政非诉执行案件中,被执行人会主动要求法院给予其陈述、申辩的机会,甚至向法院提交相关证据。法院认为确有必要,也应对案件进行实质审查,以促进行政纠纷的实质化解。

(二)依据案件类型及难易程度

以下几种案件较为复杂,应以实质审查为主:一是违法占地、拆除或者没收违法建筑等涉及被执行人重大利益的案件;二是涉及生态环境污染、耕地保护、拖欠农民工工资等比较复杂或者关系到国家利益、社会公共利益的案件;三是涉及的被执行人人数众多、社会影响较大的案件;四是涉及新类型的行政非诉执行案件,对相关事实认定及法律适用难以把握的,均应采取实质审查方式。比如:某县自然资源和规划局以刘某违法将本村2.3亩集体土地出租给外村村民承包经营为由,对其处以没收违法所得及罚款的行政处罚。该案进入行政非诉执行程序后,法院审查中发现某县自然资源和规划局申请执行的违法所得数额达数万元,为进一步确认该事实和被执行人违法出租土地的缘由，法院采取实质审查方式，组织双方进行听证。在听证过程中查明刘某时任某村干部，经过村民代表大会同意，刘某代表村集体与外村村民签订土地租赁协议。法院认为刘某系履行职务行为，其法律后果应由村集体承担，某县自然资源和规划局处罚的对象有误，依法应不准予强制执行。

反之，对于案件事实清楚、案情简单的行政非诉执行案件，则应采取形式审查方式，于7日内作出裁定。

（三）依据行政行为的类别

一是对于没收违法所得、罚款等单纯涉及金钱类的案件，若数额较小，不涉及当事人重大人身权益的，在事实认定、法律适用及程序均无争议情况下，则可采取形式审查方式。反之，对于违法所得或者罚款、费用缴纳等数额较大，或者违法行为与处罚的比例明显失衡，行政机关与当事人之间争议较大的案件，则应采取实质审查方式。二是行政机关作出的责令被执行人停业停工、停业整顿、停止违法经营、交出被征收土地、清除障碍、销毁侵权物品等行政行为类的案件，由于实施执行行为具有一定的难度，应进行实质审查。比如：某市国土资源与房产管理局以许某擅自占用集体土地搭建违法建筑为由，对许某作出《行政处罚决定书》，责令许某退还非法占用的土地，恢复土地原状。后因许某未履行该义务，某市国土资源与房产管理局向法院申请强制执行，法院依据当地关于执行"裁执分离"的相关文件，对某市国土资源与房产管理局的申请进行了实质审查，最终以行政非诉执行申请不具备可执行性为由，裁定不准予强制执行。

三、确立"明显违法"标准

关于审查标准，理论和实践中主要存在无效性审查标准、合法性审查标准及明显违法审查标准的分歧：

无效性审查标准重点强调对行政行为效力的认定，一般认为"重大且明显违法"是判断无效行政行为的标准。[1] 无效性审查标准相比明显违法审查标准，多了"重大"的要求，主要是指违法行政行为的实施将给公民、法人或其他组织的合法权益带来严重损害。即适用无效性审查标准，只有在行政

---

[1] 杨临萍、杨科雄：《关于房屋征收与补偿条例非诉执行的若干思考》，载《法律适用》2012年第1期。

行为明显违法且执行该行为会造成严重损害的情形下，才能作出不准予执行裁定。反之，即使行政行为明显违法，但不足以达到给公民、法人或其他组织合法权益造成严重损害情形，似乎可以裁定准予执行。而《行诉法解释》第一百六十一条对"裁定不准予执行"的规定，主要涉及行政行为实施主体不具备行政主体资格，行政行为明显缺乏事实依据，行政行为明显缺乏法律、法规依据及其他明显违法并损害被执行人合法权益的情形，即以"明显违法"为主的情形，若适用无效性审查标准，很多"明显违法"但并未达到严重损害公民、法人或者其他组织合法权益的行政非诉执行案件，将被排除在"不准予执行"之外，该标准明显过于宽松，不利于实现司法公正。

合法性审查标准的问题集中表现为审查标准过于宽泛，从而难以把握，不便操作。[①] 尤其是其容易与行政诉讼案件的合法性审查标准混为一谈，无法体现行政非诉执行程序的独特价值。

明显违法审查标准的主要依据是《行诉法解释》第一百六十一条关于"裁定不准予执行"的适用规定，该条从行政主体资格、事实依据、法律法规依据以及其他明显违法并损害被执行人利益四个方面对行政非诉执行案件的审查标准进行了规定。而"明显违法"是指行政行为的违法性已经明显到任何理性人都能够判断的程度。反之，如果程序上的瑕疵或轻微的违法不会导致案件处理结果上对当事人或其他相关权利人的权利造成侵害的话，就应该准予执行。[②]

相较而言，严格审查标准对行政行为的审查过于严苛，采取该标准，势必影响行政行为的执行效率；而无效性审查标准对行政行为的审查过于宽松，无法体现公正价值。只有明显违法标准对行政行为的审查限度介于二者之间，且司法解释也有明确规定，故应确立明显违法审查标准。实践中的难点在于行政非诉执行案件的明显违法审查标准与行政诉讼案件的合法性审查标准到底如何区分，应该对此进行类型化明确（见表3）。

---

① 黄学贤：《非诉行政执行制度存在的主要问题及其完善》，载《江苏社会科学》2014年第4期。
② 范跃：《行政非诉执行审查标准再解释》，载《法律适用》2020年第19期。

表3 行政非诉案件与行政诉讼案件审查标准的对比

类别	行政非诉执行案件中行政行为明显违法的审查		普通行政诉讼案件合法性判断（以作为行政行为为例）
事实依据	明显缺乏事实依据	相关事实缺乏证据证明	所有案件事实均有相应的证据证明，各项证据真实、合法、具有证明力和关联性；所有证据能够经得起反证；行政行为所依据的事实，必须满足法律预先设定的事实要件
		法院审查阶段，据以作出行政决定的事实已不存在	
		主要事实明显认定错误	
		主要事实不明确	
		行政行为不具有可执行性	
法律依据	明显缺乏法律、法规依据	没有法律、法规依据	行政行为所依据的事实性质认定正确；对事实适用的法律、法规及具体规范正确；适用的法律与更高层次的法律不抵触；所有事实情节，必须全面适用法律、法规
		错误引用已被废除或修改的法律、法规	
其他方面	其他明显违法并损害行政相对人合法权益情形	违法合理行政原则	行政行为的作出必须符合法定方式、法定手续、法定形式、法定步骤、法定时限；无滥用职权、超越职权及显失公平等情形
		违法程序正当原则	

从表3中可以看出，行政诉讼相较行政非诉执行案件，在对证据标准、法律的正确适用和作出整个行政行为的程序方面都有更为严格的要求，只要存在违法行为而无须达到明显违法程度，行政机关就要面临败诉的风险。而行政非诉执行案件的明显违法标准则相对易于把握，无须过于严格，允许存在程序上的瑕疵或轻微的违法，以下对明显违法审查标准进行具体论述。

（一）"行政主体资格"的审查

行政主体是指能够以自己名义实施国家行政管理并承受相应法律后果的国家行政机关和社会组织。无论是行政非诉执行案件还是普通行政诉讼案件，其行政主体资格的审查规则都是一致的，即行政机关和法律、法规、规章授权的非政府组织均为行政主体的范围，如国家机关、被授权的高等院校、国有企业等。由于行政机关既可以是民事法律关系中的主体，也可以是当事人，故只有行政机关在行使法定职权时，才具有行政主体的地位和身份；被授权的组织在授权范围内相当于行政机关，能够以自己的名义作出行政行为，并由自己承担责任，具有行政主体资格。通过以上可知，一般情况下，申请人具备行政主体资格必须同时满足"权、名、责"三个条件：一是作出行政行为的申请人享有国家行政权力；二是申请人能够以自己的名义行使法定职权；三是申请人能够独立对外承担法律责任。比如：受行政机关委托执行某些管理义务的组织不能以自己的名义作出行政决定，只能以委托机关的名义作出行政决定，受委托的组织不具备行政主体资格。再如：行政机关或者授权组织如果作出种类越权或者幅度越权等超出其职权的行为，则不具备行政主体资格。举两个具体案例：公安局派出所经《治安管理处罚法》的授权，有权对违法者作出警告或者500元以下罚款的权力，若派出所作出600元的罚款或者拘留的处罚，则属于种类越权，派出所不是行政主体，行政主体是公安局。某市国土资源局高新技术产业开发区国土资源分局以李某存在违法行为为由，对李某作出行政处罚。李某未申请复议和提起诉讼，也未履行行政处罚要求的义务。某市国土资源分局向法院申请强制执行，法院经审查后认为该国土资源分局系某市国土资源局的派出机构，不具有向法院提起行政非诉执行的主体资格，裁定不准许强制执行国土资源分局作出的行政处罚决定。[①]

（二）行政行为"明显缺乏事实依据"的判定

"明显缺乏事实依据"是指行政主体作出行政行为所依据的事实明显欠缺，应从以下几个方面予以认定：

1. 行政行为所依据的事实缺乏必要的证据证明，导致事实的真实性无法查明。比如：在某市人力资源和社会保障局申请执行其对某科贸公司作出的行政处罚案中，投诉人胡某向某市人力资源和社会保障局提交《劳动合同》和《工资偿还协议》，证明其与某科贸公司之间存在劳动关系及某科贸公司欠付其工资30万元的事实。某市人力资源和社会保障局在未对胡某提交的上述两份证据进行调查、核实的情况下，即认定拖欠工资的事实，因此要求科贸公司进行整改，在某科贸公司未整改的情况下作出行政处罚。法院经审查后认为，投诉人胡某向申请人某市人力资源和社会保障局提供《劳动合同》《工资偿还协议》等证据以证明某科贸公司拖欠其工资的事实，申请人某市人力资源和社会保障局仅对投诉人胡某进行了调查询问，但未向某科贸公司进行询问调查或核实上列证据的真伪，即采纳证据并认定某科贸公司拖欠胡某工资30万元，认定事实不清，证据不够充分。且本案涉及拖欠的工资金额

[①] 参见河北省承德市中级人民法院（2019）冀08行审复18号行政裁定书。

较大，申请人应当进行充分地调查核实，以便查清事实再作出处理，故某市人力资源和社会保障局以某科贸公司未整改拖欠工资的行为为由进行处罚，证据不足，因此作出不准予强制执行行政处罚决定的裁定。① 还有同类欠付劳动者工资的案件中，因劳动关系是否存在、工资数额等关键事实无法确定而被法院裁定不准予强制执行的情形。②

2. 在行政非诉执行审查阶段，据以作出行政行为的事实不存在或者已被纠正。比如：某县自然资源和规划局申请强制执行对武某作出的《土地行政处罚决定书》确定的"退还非法占用的土地，限七日内自行拆除在非法占用土地上新建的建筑物和其他设施，恢复土地原状"的行政处罚。该案在行政非诉执行审查阶段，被执行人武某提交证据证明已履行了"退还非法占用的土地，拆除违法建筑物和其他设施"的义务，双方仅就是否达到"恢复土地原状"发生争议。法院认为：因某县自然资源和规划局无法提交证据证明土地之前的状态，而被执行人提交的证据能够证明土地现状已符合土地规划类型，故本案以行政处罚要求履行的部分义务已履行，"恢复土地原状"部分事实不清为由裁定不准予强制执行。

3. 作出行政行为所依据的主要事实明显认定错误。比如：因某公司销售不合格产品，市场监督管理局对其作出没收违法所得 825.8 元并罚款 5000 元的《行政处罚决定书》。法院在行政非诉执行审查中查明该公司违法所得仅有 219.6 元，市场监督管理局对该公司违法所得的事实认定错误，对其作出的没收违法所得及罚款的行政处罚，均应不准予强制执行。再如：在某县自然资源局申请执行黎某一案中，某县自然资源局以黎某违法占地修建两座砖瓦平房和一间简易棚房为由，对其作出没收建筑物并处以罚款的行政处罚。该案进入行政非诉强制执行审查阶段，法院经审查发现：案涉违法建筑物系黎某与他人共有，该自然资源局认定涉案建筑物为黎某所有，对黎某一人进行处罚，该处罚决定认定事实错误，遗漏处罚对象，且剥夺了其他共有人的陈述、申辩权利，属认定事实不清，应裁定不准予强制执行。③

4. 作出行政行为所依据的主要事实不明确。比如：某县国土资源局以某

---

① 参见山西省晋城市城区人民法院（2020）晋 0502 行审 3 号行政裁定书。
② 参见贵州省遵义市汇川区人民法院（2024）黔 0303 行审 72 号行政裁定书、湖北省天门市人民法院（2020）鄂 9006 行审 178 号行政裁定书。
③ 参见广东省汕尾市中级人民法院（2020）粤 15 行审复 15 号行政裁定书。

汽车维修服务公司违法修建汽车修理厂为由，对其作出"责令退还非法占用的土地，没收在非法占用的土地上修建建筑物和其他设施及罚款"的行政处罚。该案进入行政非诉执行审查阶段，法院在审查中发现该国土资源局对违法建筑物和设施的结构、面积等均未查明，因主要违法事实不清，裁定不准予强制执行。①

5. 申请执行的内容不具有可执行性。依据《行诉法解释》第一百五十五条第一款第二项之规定，向法院申请执行的行政行为应该已经生效并具有可执行内容。结合该司法解释释义对确立给付内容的强调，行政行为具有可执行内容应同时包括确立给付内容及给付内容明确两层含义。② 实践中常见的是行政机关未将抽象的法律条文规定转化为具体的行政决定而不具有可执行性。比如：《行政处罚法》第七十二条虽然规定了当事人逾期不履行行政处罚决定的，作出行政处罚决定的行政机关每日按罚款数额的百分之三加处罚款；《行政强制法》第四十五条也规定行政机关依法作出金钱给付义务的行政决定，当事人逾期不履行的，行政机关可以依法加处罚款或者滞纳金。但该法律条文因其抽象性而不具有直接的执行性，需要行政机关在《行政处罚决定书》中明确作为行政决定的一项内容或者单独就加处罚款或者滞纳金作出行政决定，才能转化为具有执行性的具体行政内容。实践中部分行政机关事先并未将加处罚款、滞纳金作为行政决定的一项内容，而径直以法律有规定为由向法院申请执行，显然是没有执行效力的。再如：在某区水务局与某公司行政非诉执行审查案件中，法院认为申请执行人责令被执行人补缴129600吨的水资源税，但对收取水资源税费数额未予明确，不具有可执行内容。③

（三）行政行为"明显缺乏法律法规依据"的判定

《行政诉讼法》第六十三条规定："人民法院审理行政案件，以法律和行政法规、地方性法规为依据。地方性法规适用于本行政区域内发生的行政案件。人民法院审理民族自治地方的行政案件，并以该民族自治地方的自治条例和单行条例为依据。人民法院审理行政案件，参照规章。"表明行政非诉执

---

① 参见贵州省毕节市中级人民法院（2018）黔05行审复3号行政裁定书。
② 祁菲：《行政非诉执行之行政行为具有可执行内容的理解与把握》，载《人民检察》2023年第9期。
③ 参见陕西省西安市长安区人民法院（2021）陕0116行审11号行政裁定书。

行案件的审查应主要依据法律、法规、自治条例或单行条例以及参照规章对作出行政行为的依据是否存在明显适用不当或者无法可依的情形进行审查，主要应从以下两个方面进行判断：

1. 行政主体作出的行政决定缺乏法律、法规、自治条例、单行条例及规章的依据或者相关法律、法规、条例及规章已被废除或者修改。行政机关的职权和行使职权中产生的权利义务必须以法律法规为依据，实践中行政主体作出的行政行为缺乏法律法规依据的主要情形有种类越权和幅度越权。比如：税务机关对抗税人员实施行政拘留的行为，即构成种类越权；还有作出行政行为时适用的法条已被修改或废止的情形，比如：自 2020 年 1 月 1 日《土地管理法》施行后，依据第七十八条规定对于非法占用土地建住宅的行为，应由农业农村主管部门行使相关法定职权。实践中，若违法行为发生在 2020 年 1 月 1 日之前且自然资源主管部门已立案且作出行政处罚决定的，因自然资源主管部门已作出了处理，则应继续由该部门向法院申请强制执行；但若自然资源主管部门虽已立案却未作出行政处罚的，则应依法及时将案件移送农业农村主管部门处理，并由农业农村主管部门作出行政处罚后再向法院申请强制执行。

2. 法律适用错误且损害被执行人的合法权益。主要涉及新、旧法衔接的案件，行政机关作出的行政决定没有遵循一般情况"实体从旧、程序从新"原则，[①] 存在新、旧法混用或者适用不当的情形。在新、旧法就某项内容的规定一致仅法条序号不一致的情形下，虽然新、旧法的选择适用不当，但并不影响行政行为的实质内容，则应属于法律适用"瑕疵"，而非"明显违法"；相反，若因法律适用错误明显加重了被执行人的义务，损害了被执行人的合法权益，则应属于"明显违法"。比如：陈某于 2018 年非法占地建设加工厂一案，某县自然资源和规划局于 2021 年 10 月对陈某作出罚款的行政处罚，所依据的是自 2021 年 9 月 1 日起施行的《土地管理法实施条例》第五十七条的规定，对陈某非法占用土地处以每平方米 200 元的罚款。但由于陈某违法占地行为发生在 2018 年，即《土地管理法》及《土地管理法实施条例》修改之前，且当时的《土地管理法实施条例》对罚款数额规定得明显要比新法低得多，故应该依据原《土地管理法实施条例》第四十二条规定对非法占用

---

① 参见《最高人民法院关于审理行政案件适用法律规范问题的座谈会纪要》（法〔2004〕96 号）。

土地处以每平方米 30 元以下的罚款，该案适用新法对当事人进行较重处罚，损害了当事人的合法利益，属于法律适用错误。

（四）行政行为存在"其他明显违法并损害被执行人合法权益"的判定

行政执法活动应该遵循合法行政原则、合理行政原则、程序正当原则、高效便民原则、诚实守信原则以及权责统一原则的"六大原则"。而行政机关对当事人作出的行政行为一般是对当事人设定某种负担性的义务行为，故与当事人权益密切相关的是合法行政原则、合理行政原则及程序正当原则。因事实认定和法律适用等涉及合法行政原则的内容已在前文作过分析，故此处的"其他明显违法并损害被执行人合法权益"的情形应主要考虑行政行为是否符合合理行政原则和程序正当原则。

1. 行政行为违反合理行政原则。合理行政原则主要涉及比例原则，即"禁止过分"或者"最小侵害"原则，由于行政非诉执行案件的审查不可能像行政诉讼案件那样苛以严格的标准，故比例原则应遵循没有"明显过分"或者"明显加重损害"的情形。比如：采用非强制手段可以达到行政管理目的的，不得实施行政强制行为，如果实施行政强制行为，则违反比例原则。比如：某县自然资源局以杨某未经审批违法修建建筑物及附属设施为由，对杨某作出"退还非法占用的土地；拆除违法建筑物及附属设施；没收违法所得 432000 元，并处 10% 的罚款 43200 元，共计 475200 元"的行政处罚，杨某未申请复议和提起诉讼，同时拒绝履行上述义务。某县自然资源局向法院申请强制执行，法院经审查查明违法人员不仅杨某一人，认为某县自然资源局仅对杨某作出行政处罚，且未考虑杨某过错比例和程度，未考虑杨某的合理使用和投入，未考虑该案产生的极为特殊的历史和现实背景，不符合公平原则。[①] 再如：某区市场监督管理局以某医药设备公司在注册证期满前未及时申请注册证，擅自生产相关设备等为由，对某医药设备公司处以一千多万元的罚款。该案进入行政非诉执行审查程序后，法院经审查认为：《行政处罚法》确立的行政处罚基本原则和裁量处罚幅度的具体要求，在具体案件中对违法行为人实施行政处罚具有统领和指导作用。某区市场监管局对某医药设备公司裁量处罚幅度时，应综合考量某医药设备公司的违法事实、性质、情节及社会危害后果，还应考虑多项可以从轻或减轻的情形，但某区市场监管

---

① 参见山西省晋城市中级人民法院（2019）晋 05 行审复 4 号行政裁定书。

局未综合考量各项情形，量罚幅度明显不当，损害了该医药设备公司的合法权益，故作出不准予强制执行的裁定。①

2. 违反程序正当原则。行政非诉执行案件中，行政机关违反程序正当原则作出行政行为的情形主要有：一是未向被执行人履行告知义务。行政机关对当事人作出行政决定之前，按规定应该"告知"当事人享有陈述、申辩或者听证的权利而未履行该义务的；二是行政决定作出后，未在决定书中告知当事人有复议和诉讼的权利，导致当事人不知道救济权利的；三是相关行政决定书未依法向当事人有效送达，当事人并不知晓行政决定内容的；四是行政决定作出后，当事人申请行政复议和提起行政诉讼的法定期限尚未届满，行政机关提前向人民法院申请行政非诉执行的；五是行政机关申请人民法院强制执行前，应先履行催告程序而未履行的，催告程序设置的目的在于督促当事人尽快履行义务，告知当事人不自动履行义务，行政机关将向人民法院申请强制执行，所以行政机关未经催告不能直接向人民法院申请非诉强制执行；六是行政机关应在当事人起诉期满的三个月内向法院申请强制执行而逾期申请执行，且没有正当事由的。

以上程序问题均与被执行人的切身利益息息相关，是法律所不容许的"明显违法"范畴。比如：某县自然资源局向法院申请执行其对陈某作出的"责令退还非法占用土地、拆除在非法占用的土地上新建的建筑物和其他设施，恢复土地原状"的行政处罚。法院经审查后发现，某县自然资源局向被执行人陈某作出的催告是在被执行人享有的诉讼或者复议期届满前，其在诉讼或者复议期届满后，向法院申请强制执行之前并未进行催告，系程序违法。②

四、司法审查阶段"裁执分离"的适用规范

"裁执分离"的行政非诉执行制度，真正厘清了司法权和行政权的边界，明确在非诉行政执行中，审查判断权属于司法权、组织实施权属于行政权，③实现法院和行政机关各司其职，各尽职守。但该模式在法院司法审查及作出

---

① 参见江苏省云港市中级人民法院（2018）苏07行审复1号行政裁定书。
② 参见贵州省黔南布依族苗族自治州中级人民法院（2020）黔27行审复11号行政裁定书。
③ 龚方海：《非诉行政执行"裁执分离"模式之实践检视与路径优化》，载《人民法院报》2023年3月1日，第007版。

裁定阶段，却因法律依据不足、各方认知不统一等原因而存在适用上的困境，应予以解决。

(一) 明确"裁执分离"模式的适用范围

《行政诉讼法》第九十七条规定："公民、法人或者其他组织对行政行为在法定期限内不提起诉讼又不履行的，行政机关可以申请人民法院强制执行，或者依法强制执行。"该规定明确了行政强制执行的"双轨制"体制。由于法院公正审判的职责以及人力、物力的限制决定了其不能对所有的行政非诉执行案件均实施执行，尤其是房屋拆迁、土地征收、违法建筑等领域矛盾较为激烈的案件，仅凭法院是无法顺利组织实施的。但有些案件由法院执行，更能体现公平公正，故对适用"裁执分离"模式的案件范围应予以限制，建议在下列案件中探索适用该模式。

1. 执行标的是"行为类"的案件

按执行标的划分，可将行政非诉强制执行案件大致分为金钱给付类和作为、不作为的"行为类"。"行为类"的执行标的，是指行政机关对当事人作出的要求其履行一定义务或者停止实施某种行为的行政决定。此类案件大多需要诸多行政机关和部门相互配合、共同参与才能有效实施，人民法院在执行此类案件时往往力不从心，效果并不理想，故此类案件由政府等部门予以执行更具有科学性和合理性。近年来，在积极推进"裁执分离"，拓宽该模式适用范围的背景下，其适用范围已从国有土地上房屋征收案件，逐步扩大到情况更为复杂、矛盾更为突出的集体土地上房屋拆迁、土地违法案件的执行以及责令停产停业的处罚等案件。① 还有一些地方，在涉及海域领域的违法案件，② 房屋征收补偿搬迁案件，③ 环保、水利、民政、林业等领域的案件中，也探索适用"裁执分离"模式，④ 取得了较好的效果。另外，通过"裁执分离"由相关行政机关执行"行为类"的行政非诉执行案件，本质是行政机关行使社会管理职能，有优于司法机关的人力、物力等行政资源作为后备保障，并且行政机关在与其他机关的协调工作中有着天然组织优势，能够协

---

① 王华伟：《非诉行政执行裁执分离制度研究》，中国广播影视出版社2017年版，第74页。
② 参见山东省莱州市人民法院（2012）莱州行执审字第39号行政裁定书。
③ 参见浙江省舟山市中级人民法院（2014）浙舟行审字第2号行政裁定书。
④ 裴蓓：《非诉行政案件"裁执分离"模式研究——以浙江法院实践为例》，载《行政法学研究》2014年第3期。

同完成执行任务,更有利于理顺司法权与行政权的关系。①

依据法律规定,除公安、国安、税务、海关和县级以上人民政府有权可以自己执行罚款外,其他行政机关均没有该项权利,故对于罚款、征收社会抚养费等涉及金钱给付义务以及具有人身专属性质的作为义务的行政决定执行功能,一般不适用"裁执分离",②由法院进行执行更便利。

2. 可委托第三人代替当事人履行的案件

有些案件中,被执行人不履行法定义务或者行政决定确定的义务时,行政机关可采取委托第三人代替当事人履行义务,并向当事人收取必要费用的执行方式,即代履行。比如:行政非诉执行案件中执行标的涉及拆除违章建筑、清理被污染的河流、保护自然资源等领域的作为义务的,可借鉴代履行的执行方式,采用"裁执分离"模式,裁定由行政机关执行或者通过代履行的方式执行。

(二)负责执行的行政机关应具备执行能力

对于适用"裁执分离"模式的行政非诉执行案件,法院指定具体执行的行政机关时绝大多数遵循"谁申请、谁执行"的原则,但也不能绝对,应该进一步考量申请人的执行能力。对于执行能力的考量应该从物力、人力、职能职责、协调组织权限等综合因素进行权衡,如果所指定的行政机关不具备强制执行能力或者存在执行能力不够等现实困难,也无法达到有效执行的目的。故"裁执分离"非诉行政案件强制执行的主体不应是唯一的,而是具有复合性,即应该根据不同行政决定类型、强制执行的难易、当事人权益影响的大小、各地现实的行政组织体制等因素,进行综合考虑和确定。③ 必要时,法院应积极与相关行政机关沟通、协商,在坚持职权法定原则下,就具体实施机关的确定达成一致意见。比如:某养殖场在污染防治设施未健全的情况下投入生产,某县环境保护局对该养殖场作出责令停止家畜养殖,并罚款3万元的行政处罚决定。后该案经行政非诉执行审查,法院作出准予执行行政处罚的裁定,裁定书正文中载明第一项"责令停止家畜养殖"的处罚由申请

---

① 江苏省高级人民法院行政庭课题组:《关于构建土地非诉行政案件"裁执分离"模式的调研报告》,载《行政法学研究》2022年第1期。
② 参见《浙江省高级人民法院关于推进和规范全省非诉行政执行案件"裁执分离"工作的纪要》。
③ 王华伟:《非诉行政执行裁执分离制度研究》,中国广播影视出版社2017年版,第221页。

人某县环境保护局组织实施,第二项罚款由法院执行。某县环境保护局和检察院均认为:法院在作出执行裁定时,未能充分考虑环保部门执行行为罚存在法律依据不足、强制执行能力不够等现实困难,致使该案行为罚一直未能执行到位。因此检察院向法院发出检察建议,建议对该案进行纠正。法院采纳了检察建议,对原裁定进行纠正,重新作出行政裁定书,裁定由具有强制执行能力的县人民政府组织实施。

(三)建立府院协调的"裁执分离"融通机制

自"裁执分离"模式实施以来,浙江省、山东省、北京等多个地区法院先后与当地政府协商出台了相关落实"裁执分离"的文件,取得了当地党委、政府的配合支持,对行政非诉执行案件"裁执分离"的有效落实发挥了积极作用。而在某些地区,由于对"裁执分离"的适用并未形成统一的认知,无论是作为申请人的行政机关还是案件外的相关机关,都对于人民法院在行政非诉执行案件中采用"裁执分离"模式有些不理解,甚至提出反对意见。尤其是在行政非诉执行案件数量较多、矛盾较大的领域,法院应发挥司法职能,积极就"裁执分离"的适用范围、适用条件、特定领域案件负责具体实施的行政机关等问题与当地党委、政府部门协商一致,实现司法审查权和行政执行权的融通协调,以破解"裁执分离"模式适用之困。

五、对"准予执行"裁定申请复议的程序构建

行政机关向法院申请行政非诉执行后,具体行政行为确定的义务人虽然已经丧失了起诉权,但不能因此就认为具体行政行为不存在违法情形,行政非诉执行的义务人对生效的具体行政行为确定的义务拒绝履行,实际上表明了其对具体行政行为的合法性存在异议。[1]

(一)对"准予执行"裁定进行救济的正当性分析

行政行为未进入行政非诉执行审查程序之前,当事人享有的行政复议权和诉讼权,与其对准予执行裁定不服而救济的权利并非同一属性,前者针对的是行政机关作出的具体行政行为,后者主要针对的是法院的司法裁定。而准予执行裁定对行政行为赋予了执行力,故当事人对该裁定不服,一方面是

---

[1] 向忠诚:《非诉行政执行性质研究》,载《社会科学家》2015年第7期。

对具体行政行为的合法性存在异议,另一方面则是对法院赋予行政行为执行力这一司法判断的质疑,故即使当事人未直接对行政行为申请复议和提起行政诉讼,也仅是丧失了直接对具体行政行为进行救济的权利,但并不意味着其无权对法院作出的司法裁定提出异议。[①] 另外,因行政非诉执行审查是一种司法判断,即使该类案件相较行政诉讼案件要"简单得多",但并非作出的所有裁定结论均正确。且行政非诉执行制度具有"公正目标:防止违法行为侵犯相对人合法权益"之司法价值。[②] 尤其是非法占地领域的强制拆除行为,如果排除当事人对准予执行裁定的救济权,则在行政行为和司法审查均存在过错的情形下,又无法通过执行回转等措施予以补救的,必将引发行政赔偿或者司法赔偿,严重影响司法权威和政府公信力,甚至成为被执行人对抗执行、引发信访的诱因。故,赋予被执行人对准予执行裁定的救济权,一方面可以消除当事人对执行行为的对抗情绪,另一方面通过对原裁定进行"检验",有利于上下级法院对相关问题形成有效的指导和统一的规则。

(二) 对"准予执行"裁定申请复议的应然性分析

对于法院作出的准予强制执行裁定,法律及司法解释虽没有明确规定被执行人有异议,应以何种途径进行救济,但基于法理基础及实质化解行政纠纷的需要,实践中被执行人一般通过向原裁定法院申诉、向上一级法院申请再审、申请复议或者向检察院申请检察监督四种方式进行救济。

申诉之局限。由于《行政诉讼法》及司法解释中并未明确规定申诉程序,故实践中申诉类似于"信访"性质,当事人提起申诉后,是否能够启动对原裁定的再审受多种因素影响,故申诉并不能显著发挥救济的目的;另外,负责申诉审查的部门一般是法院立案庭、审监庭或者信访接待等部门,就行政审判专业而言可能要弱于行政审判庭,如果不能真正发现问题则倾向于尊重原裁定结论,容易导致申诉方式虚化。

再审已被最高人民法院予以否定。2022 年 4 月 19 日《最高人民法院关于对人民法院作出的准许或者不准许执行行政机关的行政决定的裁定是否可以申请再审的答复》(2022)最高法行他 1 号文件中已明确:"人民法院作出的

[①] 江必新、梁凤云:《行政诉讼法理论与实务》,北京大学出版社 2011 年版,第 1327 页。
[②] 刘国乾:《非诉行政执行模式的制度目标:以其司法审查为线索展开》,载《云南大学学报(法学版)》2010 年第 5 期。

准许或者不准许执行行政机关的行政决定的裁定,不属于可以申请再审的裁定。"说明最高人民法院并未将行政非诉执行裁定纳入《行政诉讼法》第九十条可以申请再审的行政裁定范围。自此,被执行人对准予强制执行的行政非诉裁定申请再审的,应该不予受理。

检察监督之困。首先,被执行人申请检察监督,要提出新的证据或者有充分的理由,检察院经过审查后认为法院的裁定的确存在问题的,才能抗诉或发出检察建议。而行政非诉执行监督是行政检察新的职能,关于行政非诉执行监督的法律规范等还有待完善。现行法律规定中并没有对行政非诉执行监督范围和程序进行明确规定,这就容易导致行政非诉执行监督的边界和范围模糊。① 其次,针对行政非诉执行裁定,通过抗诉启动再审的情形罕见,而检察建议的刚性不足,尤其在检察院和法院就相关问题存在认识层面不一致时,检察建议未必能够发挥作用,加之行政诉讼专业化较强,而目前对于行政非诉执行领域内的检察监督机制尚不成熟,实务中相关做法和经验尚在探索之中,故被执行人申请检察监督的效果并不理想。

相较而言,向上一级法院申请复议则类似于上诉程序,只要当事人申请即可启动复议程序,具有及时、简便、易行等优势,应该成为被执行人权利救济的有效方式。对此,最高人民法院行政庭杨科雄法官认为被执行人不服法院准予执行的裁定,可以比照《行政强制法》第五十八条的规定自收到裁定之日起15日内向上一级法院申请复议,上一级法院应当自收到复议申请之日起30日内作出是否执行的裁定。② 黄学贤教授也认为应当赋予被执行人对准予执行裁定的救济权,考虑到非诉行政执行与行政诉讼案件的区别,只能赋予被执行人一次复议权,且申请复议的期限不宜太长,以15日为宜,这样也与行政机关申请复议的规定保持一致。③ 可见,赋予被执行人对"准予执行"裁定的复议权,能够最大限度保障当事人的权利,体现司法程序公正。

(三) 复议审查的规范

复议是向上一级人民法院提出,故应同时审查行政行为的合法性和原准予执行裁定的正确性,实现依法监督行政行为、提升行政非诉执行案件的裁

---

① 姜宝成、宋惠、尹博:《行政非诉执行监督司法实践问题探析》,载《中国检察官》2023年第1期。
② 杨科雄:《行政非诉强制执行基本原理与实务操作》,中国法制出版社2014年版,第67页。
③ 黄学贤:《非诉行政执行制度若干问题探讨》,载《行政法学研究》2014年第4期。

判质量的目的，故有必要对行政非诉执行案件的复议程序进行构建。首先，应该通过一定的方式告知被执行人对"准予执行"裁定不服，享有向上一级法院申请复议的权利；其次，复议程序中应同时对行政行为是否存在明显违法情形和原准予执行裁定是否正确进行审查。

1. 通过司法解释赋予被执行人复议权

没有法律法规或者司法解释的明确规定，行政非诉执行案件中被执行人的复议权将始终没有制度保障。由于修法程序较为复杂，建议在《行诉法解释》或者出台专门的行政非诉执行案件司法解释，明确赋予被执行人对"准予执行"裁定提起复议的权利，使该救济方式有法可依。

在相关司法解释未规定之前，一审、二审法院应就被执行人的复议权达成一致意见，在被执行人对准予执行裁定有异议且具有合理事由的情形下，允许被执行人自收到准予执行裁定之日内起 15 日内向上一级法院申请复议。为了不影响执行效率，应明确复议期间不停止裁定的执行。但也有例外：《行政强制法》第三十九条及《行政诉讼法》第五十六条分别规定了中止执行和停止执行的适用情形，由于行政非诉执行属于行政执行的范畴，故在特定情形下确有必要中止执行或停止执行的，[①] 应参照适用《行政强制法》及《行政诉讼法》中关于中止执行、停止执行的相关规定，在复议审查期间先行裁定中止执行或停止执行。尤其涉及被执行人的重大权益，涉及建筑物、构筑物及附属设施的拆除案件，无论被执行人是否申请中止或停止执行，均可依法中止执行或者停止执行行政行为。

2. 复议程序对行政行为应以实质审查为原则

法院不仅面临行政非诉案件审查的效率问题，更面临着非诉执行案件审查的公正问题，[②] 为了保障当事人合法权益，对于复议的行政非诉执行案件，复议程序中应以实质审查为原则，书面审查为例外。

3. 复议程序应对原准予执行裁定的正确性进行审查

依据《行诉法解释》第一百六十一条规定，若作出行政决定的行政机关不具有行政主体资格或者在事实认定、法律适用、程序等方面存在明显违法情形的，人民法院必须作出不准予执行的裁定。原"准予执行"裁定失当的

---

① 如被执行人要求中止执行或者停止执行，并有合理理由等情形。
② 王华伟：《非诉行政执行裁执分离制度研究》，中国广播影视出版社 2017 年版，第 52 页。

情形主要集中在对行政行为的误判和裁定自身存在违法情形两个方面：一是原裁定对行政机关的违法行为未尽到审查义务或者存在认识偏差，误将违法的行政行为予以确认；二是原裁定从实体或者程序上本身存在违法情形。比如：法院对超出行政机关申请执行之外的事项进行审查，[1] 对"裁执分离"的泛化适用或者没有正确适用地方关于"裁执分离"的相关规定，违反不动产等特殊管辖规定等。通过对原准予执行裁定正确性的审查，发挥复议程序的监督和纠正作用。

六、探索行政非诉执行案件的调解机制

依据《行政诉讼法》第六十条规定，"人民法院审理行政案件，不适用调解"。但是，行政赔偿、补偿以及行政机关行使法律、法规规定的自由裁量权的案件可以调解。调解应当遵循自愿、合法原则，不得损害国家利益、社会公共利益和他人合法权益。行政非诉执行审查程序中，在法院的组织和监督下，行政机关和被执行人也可在不违反上述规定的情况下，就相关问题以调解方式进行化解。尤其是行政机关对被执行人处以罚金，因法律规定具有较大的罚金数额区间故而行政机关具有较大的自由裁量权，也包括一些羁束行政行为，在事实认定和法律条文的理解方向都有可能存在自由裁量的空间，属于可以调解的范围。[2]

（作者单位：陕西省西安市周至县人民法院）

---

[1] 参见湖北省汉江市人民法院（2017）鄂 0984 行审 28 号行政裁定书。
[2] 郭修江：《行政诉讼实质化解行政争议的路径和方式》，载《人民司法》2020 年第 31 期。

行政规范性文件附带审查的困境及其突破
——以 572 份行政判决书为分析样本

张庆庆 詹 亮

【摘要】 行政规范性文件附带审查制度对于纠正违法的规范性文件，维护行政相对人合法权益，实质解决行政争议具有重要意义。然则，考察实践发现，行政规范性文件附带审查制度的运行情况与其制度预期差距较大，该项制度遭遇运行整体羸弱、态度反差严重、基准欠缺统一、说理过于简单等现实困境。基于此，本文对规范性文件附带审查制度遭遇适用障碍的原因进行深入剖析，包括规避意愿明显、规则供给不足、程序规制模糊、处理刚性欠缺等，并从四个方面对激活规范性文件附带审查制度功能的现实路径进行了探讨，即矫正思维偏差（激发内生动力）、增强规则供给（统一适用标准）、规范审查程序（保证既定成效）、补强效力缺漏（确保结果刚性）。

【关键词】 行政规范性文件 行政诉讼 附带审查 实证分析

行政规范性文件在整个法律规范体系中的位阶最低，但因其系法律、法规和规章的具体化和补充，往往成为行政机关作出具体行政行为的直接依据，在此意义上，行政规范性文件在实践中的影响力与效能空间是巨大的，甚或具有不可替代性。与此相适应，行政规范性文件的适用失范所产生的负面效力亦是不可估量的。然则，囿于当前制度控制效用的局限性，未能完全达致对规范性文件合法性的源头治理以致其在执行过程中陷入"失序状态"，基于此，行政规范性文件附带审查便具备了生成的现实基础和必要。

一、行政规范性文件附带审查运行困境之剖析

考察制度运行的失效，是反思制度规范构建的重要方式。[①] 为全面梳理和分析行政规范性文件附带审查制度的运行情况，笔者登录"中国裁判文书网"，以"《行政诉讼法》第五十三条"和"规范性文件"为共同关键词（时间区间设定为 2018 年 2 月 1 日—2020 年 2 月 1 日）进行全文搜索，共计 628 个符合"基层一审行政判决"限制性条件的检索结果，经对照核查后对重复收录和同源案例共计 56 个予以剔除，最终有效参考案例样本 572 个。

（一）行政规范性文件附带审查的运行整体孱弱

"尽管在整个法规范体系中行政规范性文件的位阶最低，但其在实践中的影响与作用则是巨大的。"[②] 不可否认，赋予法院对行政规范性文件的司法审查权，是对行政规范性文件最有力的监督方式。[③] 行政规范性文件附带审查制度的背后承载着立法机关等对司法控制模式所寄托的厚望——"从源头上纠正行政规范性文件的失序和失范"。然则，行政规范性文件的附带审查实践与制度预期效果相差甚远，呈现出"运行不良"的尴尬状态。考察样本发现，法院启动对行政规范性文件合法性审查的比例较低，即便对于已经启动行政规范性文件合法性审查的，行政规范性文件被认定为"不予适用"的比例亦不容乐观。在 572 个参考样本中，仅有 92 件案件法院对行政规范性文件启动了合法性审查，480 件未予启动审查程序，行政规范性文件合法性审查启动率仅为 16.1%，不足参考样本的两成。实践中，办案法官为避免因遗漏诉讼请求而被发改，往往会对当事人提请一并审查行政规范性文件合法性的诉求予以回应，"但法院对当事人诉讼请求的回应，并不意味着规范性文件实体审查的启动"。[④] 在 92 件启动对行政规范性文件进行合法性审查的案件中，仅 12 件案件对行政规范性文件作出不合法的认定，占比 13.04%，该项统计

[①] 江国华、易清清：《行政规范性文件附带审查的实证分析——以 947 份裁判文书为样本》，载《法治现代化研究》2019 年第 5 期。

[②] 黄学贤：《行政规范性文件司法审查的规则嬗变及其完善》，载《苏州大学学报（哲学社会科学版）》2017 年第 2 期。

[③] 黄学贤：《行政规范性文件司法审查的规则嬗变及其完善》，载《苏州大学学报（哲学社会科学版）》2017 年第 2 期。

[④] 江国华、易清清：《行政规范性文件附带审查的实证分析——以 947 份裁判文书为样本》，载《法治现代化研究》2019 年第 5 期。

数据在不同地区间亦呈现明显的不平衡性。对行政规范性文件不合法认定的较低比率，虽从侧面反映了法治政府建设的既定成效，但亦不可否认法院对附带审查所潜存的隐晦态度和畏难情绪。

（二）行政规范性文件附带审查的态度反差严重

实际中，行政规范性文件附带审查的关联性主体包括当事人和办案法官，但考察样本发现，案件当事人和办案法官对行政规范性文件附带审查的态度或者反应存在较大反差，其中，案件当事人对行政规范性文件附带审查积极追求，而办案法官则对行政规范性文件的附带审查明显积极性不够甚或存在避让的现实趋向。在572个有效参考案例样本中，全部案件当事人均在对行政机关具体行政行为提起诉讼时，针对具体行政行为所依据的或者具备关联性的甚或主观上认定具有影响力的行政规范性文件的具体条款或者全部内容提起附带审查的诉讼请求，此即是对其适用偏好的最强佐证。然则，办案法官对当事人提请行政规范性文件附带审查的回应带有明显的"功利性"，即"为了避免因遗漏当事人诉讼请求被上级法院发改而对当事人的诉求作出回应"，很显然，办案法官对当事人附带审查请求的回应仅具有形式意义，其并非代表附带审查程序的启动，且办案法官在进行回应之同时多作出不予审查的决定。比如，在有的案件中，办案法官即对原告提请附带审查规范性文件合法性的诉求径直以"不符合法律规定"等理由作出不予审查的否定性评价。

实践中，办案法官对当事人提请行政规范性文件合法性审查的诉求进行否定的情形呈现多样性：（1）当事人提请审查的行政规范性文件与被诉讼的具体行政行为不具关联性。在未启动附带审查的480件案件中，154件案件以此项理由作出否定性评价，占比32.08%。比如，在"原告耿某诉被告某市规划和自然资源局作出的《不予更正登记告知书》案"中，裁判文书写道："由于被告作出被诉行政行为没有依据《关于规范房地产登记中房屋设计用途和土地用途填写等有关问题的通知》，所以原告要求对其进行附带审查的诉求不予支持。"①（2）当事人提请的主诉不符合起诉条件。在未启动附带审查的480件案件中，106件案件以此为理由而不予支持案件当事人提请附带审查行政规范性文件的诉求，占比22.08%。该项拒绝理由具有突出的"附属性"，即只要当事人诉讼请求不属于人民法院的受案范围，则作为其行为依据

---

① 参见天津市河西区人民法院（2019）津0103行初1号行政判决书。

的行政规范性文件的审查亦当然归于消灭,在此意义上,其亦呈现明显的"技术性"特质。比如,在有的案件中,办案法官即以行政规范性文件一并审查的基础缺失,诸如被告行政行为违法不成立等为理由,不予支持原告诉求。(3)当事人诉求附带审查的行政规范性文件不属于法定规制范畴,而系法规、规章或党政联合文件等。在未启动附带审查的480件案件中,此项理由共计101件,占比21.04%。比如,在"原告某县某乡某石材厂请求确认被告某县某乡人民政府与其签订行政协议违法案"中,裁判文书中写道:"本案涉案文件并非某县政府制定的规范性文件,而是中共某县县委、某县政府联合制发的部署文件,不属于人民法院合法性审查范畴。"[①] (4)当事人提请附带审查行政规范性文件的时间节点受到限制,即当事人未在开庭审理前提出附带审查诉求,而是在庭审中提出,或者在法庭调查或法庭辩论中提出且未有正当理由。在未启动附带审查的480件案件中,此项理由共计67件,占比14%。比如,在"原告孙某某诉被告某县医疗保障局不履行城镇职工基本医疗保险待遇支付法定职责案"中,裁判文书中写道:"原告未在开庭审理前提出对上述规范性文件进行审查,而在法庭调查中提出,未说明其正当理由,对其请求不予审查。"[②] (5)其他理由,诸如单独提请行政规范性文件合法性审查、提请审查的规范性文件欠缺明确、非行政相对人提出附带审查诉求等。在未启动附带审查的480件案件中,此系列理由共计52件,占比10.8%。

(三)行政规范性文件附带审查的基准欠缺统一

法院在既有裁判文书对规范性文件进行审查时,隐含判断规范性文件是否合法的审查标准,故而这一标准可以从裁判文书说理中把握。[③] 考察样本发现,法院对行政规范性文件附带审查的基准呈现主体、程序、内容及上位法四项标准的组合或者全面考量,具体表现如下:(1)单一审查是否违反上位法,即仅通过审查行政规范性文件全文或者特定条款的规制内容是否与上位法的规定相冲突,是否违反了上位法的立法目的和基本精神。在法院启动审查的92件案件中,共有80件对规范性文件作出合法认定,以此为基准认定规范性文件合法的案件51件,所占比例超过六成。比如,在"原告鲁某

[①] 参见福建省福安市人民法院(2019)闽0981行初142号行政判决书。
[②] 参见山东省五莲县人民法院(2019)鲁1121行初17号行政判决书。
[③] 江国华、易清清:《行政规范性文件附带审查的实证分析——以947份裁判文书为样本》,载《法治现代化研究》2019年第5期。

某、宋某某诉被告某市某区某镇人民政府不履行房屋征收安置补偿法定职责案"中，裁判文书中写道："《某区城中村改造高层集聚安置补偿实施办法》第二条第二款第三项对在本村有单独合法产权的予以安置，对没有单独合法产权的不予安置，该条款并未与上位法相冲突。"① (2) 复合审查是否具有法定权限和违反上位法，或者制定程序是否合法和与上位法是否抵触，或者制定主体和程序是否合法。在法院认定规范性文件合法的 80 件案件中，依循此种复合标准的案件 18 件，占比 22.5%。比如，在"原告某医药科技有限公司诉被告某市某区卫生健康委员会卫生行政处罚案"中，裁判文书中写道："《批复》内容没有超越法定权限，亦未违反上位法，《批复》是对外发布的规范性文件，在全国范围内广泛适用，依法可以在本案中适用。"② (3) 全面审查制定主体、程序和内容的合法性及是否与上位法相冲突，其区别于单一审查和复合审查的标准方式，系对规范性文件的系统性和完整性的审查。该种审查标准所占比例较少，在法院认定规范性文件合法的 80 件案件中，仅 11 件案件适用。比如，在"原告林某不服被告某市公安局某分局某派出所变更户主行为案"中，办案法官依循全面审查标准对行政规范性文件作出合法认定，即"《126 号通知》的制定主体有权就户口登记等事项制定规范性文件，并未超越法定职权，不存在与法律、法规、规章等上位法的规定相抵触的情形，制定和发布程序符合法律、法规的规定，不存在对公民、法人和其他组织违法增加义务或减损合法权益的情形，可以作为认定行政行为合法的依据"。③

须特别注意的是，相对于对行政规范性文件合法认定的审核标准，对规范性文件合法性作出否定性评价的标准则更加严苛，考量因素范围亦更加狭窄。考察样本发现，办案法官作出对规范性文件的合法性不予认定决定较为严谨，其作出否定性评价的理由和依据主要集中在规范性文件的内容与上位法的规定和精神相冲突上，或者规范性文件的制定主体没有职权或超越职权制定等明显重大的违法情形。

(四) 行政规范性文件附带审查的说理过于简单

从行政规范性文件附带审查制度的运行实践来看，除极少部分案件外，

---

① 参见浙江省绍兴市上虞区人民法院 (2019) 浙 0604 行初 53 号行政判决书。
② 参见上海市浦东区人民法院 (2019) 沪 0115 行初 671 号行政判决书。
③ 参见北京市西城区人民法院 (2018) 京 0102 行初 550 号行政判决书。

办案法官均能够严格按照《行政诉讼法》及相关司法解释的规定,对案件当事人提请一并审查规范性文件的诉请在裁判文书中进行回应,比如,在"原告徐某某请求确认第三人与被告某市人民政府某街道办事处签订的《某市全域改造产业升级实验区(一期)房屋征收补偿协议书》无效案"中,裁判文书中写道:"上述二文件系其签订涉案协议所依据的规范性文件,故原告可以一并请求对上述规范性文件进行审查。"然则,考察样本发现,无论是决定是否启动规范性文件合法性审查,还是作出规范性文件合法与否的审查结论,办案法官在裁判文书中一般均作简单处理,较少进行系统性、全面性和针对性的论证和说理。比如,在有的案件中,办案法官仅以不符合相关法律规定为由对原告规范性文件附带审查的诉求进行否定,有的则仅表明进行了审查,既未明确合法性审查结果,亦未进行详细的论证说理。

二、行政规范性文件附带审查遭遇障碍之厘定

安德鲁·卡门曾言:"在理论转变为实践的时候,每一个转折点都会出现棘手的问题。"[1] 行政规范性文件附带审查遇到的实践困境,与其自身性质和制度均有关系。

(一)难以形成附带审查的适用自觉

实践中,对于当事人附带审查行政规范性文件的申请,办案法官虽然能够在裁判文书中作出针对性的回应,但其出发点系避免因遗漏诉讼请求而遭遇改判发回重审,特别是通过对样本的分析,办案法官对规范性文件附带审查的启动率比较低,"地方法院倾向于借助一些特定的司法策略来规避附带审查装置的适用",[2] 诸如有的办案法官在对规范性文件与被诉行政行为之间关联性进行审查时对当事人施加过高的义务,"将'依据'规范性文件作出行政行为中的'依据',曲解限缩为行政决定书中必须'直接援引'或者'注明适用',否则便被认定为不符合关联性要求",[3] 比如,在"原告赵某某诉被告某县某街道办事处确认行政协议无效案"中,办案法官在裁判文书中写

---

[1] Andrew Karmen, Crime Victims: An Introduction to Victimology, Wadsworth Publishing Company, 1990, p.279.
[2] 卢超:《规范性文件附带审查的司法困境及其枢纽功能》,载《比较法研究》2020年第3期。
[3] 程琥等:《新行政诉讼法疑难问题解析与实务指引》,中国法制出版社2019年版,第295页。

道:"该协议系双方根据合意签订,争议焦点为征收程序问题及合同内容,与该方案涉及的房屋认定、安置方式等缺乏关联性,故对该方案不予审查。"① 有的办案法官在延迟提请附带审查规范性文件的案件中,呈现放弃"正当理由"司法裁量的倾向,径直以"超期提请"对附带审查作出否定性评价,比如,在"孙某某诉被告某县医疗保障局不履行城镇职工医疗保险待遇支付法定职责案"中,办案法官在裁判文书中写道:"原告未在开庭审理前提出对上述规范性文件进行审查,而在法庭调查中提出,未说明其正当理由,对其请求不予审查。"② 有的办案法官对党委文件、党政联合发文等附带审查的模糊地带明显缺乏动机和能力,往往将其排除在司法审查范围之外。可以说,办案法官在面对行政规范性文件附带审查时所表现出来的"消极态度"并非全然是其司法能力不足的表征,在多数情况下更多地表现为其为规避启动行政规范性文件附带审查程序的保守性或者权宜性策略。

(二) 难以契合附带审查的现实需要

行政规范性文件附带审查的基准欠缺统一,主要的因由就是规范性文件附带审查的规则供给不足。最高人民法院于 2018 年 2 月发布的《关于适用〈中华人民共和国行政诉讼法〉的解释》(以下简称《行诉法解释》)虽然在规范性文件附带审查的管辖法院、提请时限、听取制定机关意见、审查内容、审查后续处理及审查纠错等作出详细具体的规制,但是"对于实践中争议较大的规范性文件请求主体、审查范围、审查结果处理等方面均未进行回应或进行较为成熟的规则设计",③ 其中,在规范性文件附带审查的提请主体中,第三人是否享有独立的附带审查请求权;在审查内容的范围上,虽然规定了"可以从规范性文件制定机关是否超越权限或者违反法定程序、作出行政行为所依据的条款以及相关条款等方面进行",但是由于未能形成统一的标准而导致部分内容随意组合或者全部内容均予审查的不规范状态;在被诉行政行为依据的认定方面,是否必须系"直接援引"或"注明适用"始能作出关联性界定;在附带审查的权限上,系限于被诉行政行为所依据的具体条款,还是拓展至规范性文件的全部文本内容等。行政规范性文件附带审查规则的

---

① 参见浙江省新昌县人民法院 (2019) 浙 0624 行初 21 号行政判决书。
② 参见山东省五莲县人民法院 (2019) 鲁 1121 行初 17 号行政判决书。
③ 江国华、易清清:《行政规范性文件附带审查的实证分析——以 947 份裁判文书为样本》,载《法治现代化》2019 年第 5 期。

供给不足,直接影响裁判标准和结果的统一,导致相同案件或类似案件不同判决情况的出现,此亦在较大程度上加剧了办案法官对行政规范性文件附带审查的畏难情绪和消极应付的态度。

(三) 难以保证附带审查的实质效果

程序问题虽然属于形式上的东西,但如果处理不当,也将严重影响对实体问题的审查效力。[①] 当前,《行政诉讼法》及其司法解释并未对行政规范性文件附带审查的程序作出较为明确具体的规定,甚至在某些(关键)环节依然处于阙如状态,诸如原告提请审查规范性文件附带审查的时间节点仅限于"第一次开庭审理前"和"庭审调查中",且后一时间节点必须满足"存在正当理由"的预设条件,该项规定显然不能契合庭审活动阶段性和庭审流程完整性的要求;原告在庭审中是否可以增加新的行政规范性文件、是否可以变更提请审查的规范性文件的条款、是否可以撤回已经提起的规范性文件附带审查请求等均未能予以明确;对于行政规范性文件附带审查过程中,特别是在行政规范性文件的制定主体与被诉行政行为的实施主体不一致时,是否应由当事人举示证据及举证责任如何进行分配;上诉法院对当事人未提出上诉的行政规范性文件是否进行审查,如若进行审查,审查的范围如何确定,是全面审查还是仅限于直接依据的审查等。实践表明,囿于行政规范性文件附带审查的程序缺陷,在审查意愿本就不足的现实状态下,办案法官对规范性文件审查往往流于形式,并不触及规范文件的实质内容。

(四) 难以避免被忽视或规避的尴尬

行政规范性文件附带审查制度的设置初衷系借以合法性审查之附带程序对规范性文件进行有效监督和纠正。然则,当前《行政诉讼法》及其司法解释仅赋予办案法官对行政规范性文件"合法性与否"的评价权及向制定机关提出处理建议权,而没有赋予其对不具有合法性效力的规范性文件的裁判权。囿于此,办案法官对行政规范性文件的"否定性"审查结果的拘束力即仅限于涉诉的具体个案当中,"其行为不能影响到其他行政执法活动,也不能影响

---

① 王春业、胡铭:《行政规范性文件附带审查若干程序问题探析》,载《江汉大学学报(哲学社会科学版)》2019 年第 4 期。

其他行政案件的审理"。① 换句话说,办案法官对规范性文件的违法认定并非当然导致制定机关对该规范性文件的撤销、变更或修订,"只要制定的行政机关不依职权撤销它,行政机关仍然可以把它作为行政行为的依据之一"。② 在此情势下,存在违法情形的行政规范性文件得不到有效和及时纠正,其效力继续有效并可能在下一行政诉讼案件中接受附带审查,如此,不仅导致因重复审查而增加办案法官的诉讼成本,更对其本就不足的审查意愿造成消减的负面影响。同时,办案法官虽然可以向制定机关提出司法建议,但"由于缺乏法律的保障,司法建议在效力上不具有强制性,对建议对象而言,建议仅供参考,是否回复和是否采纳建议,都取决于建议对象"。③ 故此,限于规范性文件附带审查结果处理的刚性不足,很难对制定机关发生实质影响,对规范性文件的纠错效果亦难达至预期。

三、行政规范性文件附带审查优化路径之探讨

(一) 激发附带审查的内生动力

办案法官对行政规范性文件附带审查意愿的孱弱,究其原因主要体现在结果正确和风险规避的裁判思维上。实践中,在结果正确的裁判思维指引下,办案法官仅需在保证裁判主文和裁判结果正确的前提下对当事人提请规范性文件附带审查的申请(简单)作出回应,而对于未予启动附带审查或者审查错误则均属于"裁判瑕疵",不会导致原判决结论被推翻的风险。而在风险规避的裁判思维控制下,办案法官面对规范性文件附带审查的诉请,特别是在规范性文件制定机关与行政行为作出主体不一致且前者的级别远高于后者的案件中,其往往会在利益衡量后将"放弃或回避规范性文件附带审查"作为最现实和风险最低的选择,"毕竟,附带审查的规范性文件的背后往往反映了地方政府与强势行政机关的政策取向,而法院的审查判断尽管限于个案效力,但同样会对政策落地产生一定的外部化效果"。④ 基于此,为确保行政规

---

① 黄学贤:《行政规范性文件司法审查的规则嬗变及其完善》,载《苏州大学学报(哲学社会科学版)》2017 年第 1 期。
② 章剑生:《论行政诉讼中规范性文件的合法性审查》,载《福建行政学院学报》2016 年第 3 期。
③ 刘箭:《审判中心视野下的司法建议制度》,载《法学杂志》2017 年第 6 期。
④ 卢超:《规范性文件附带审查的司法困境及其枢纽功能》,载《比较法研究》2020 年第 3 期。

范性文件附带审查的质量和效果，首先即应当从办案法官的"裁判思维"层面作出矫正：办案法官在涉及当事人提请附带审查行政规范性文件的案件审理中，不仅要通过准确认定案件事实和正确适用法律确保裁判结果公正准确，更要将规范性文件附带审查作为一项独立的审判任务。在此任务体系下，办案法官应当将对行政规范性文件的附带审查作为惯常行为，并将"被诉行政行为所依据的规范性文件"作为独立对象，按照既定标准作出合法与否的明确认定，继而作出予以适用或者拒绝适用的选择，并在裁判理由中进行详细的说理和论证。也就是说，办案法官对规范性文件的附带审查是嵌入司法审判中的一项特定的强制性义务，其虽附属于裁判主体但却具有独立属性和体系化的要求，在此意义上其对裁判结果的生成具有独立的价值和影响力，故此，对规范性文件附带审查义务的违反（足以影响裁判结果的），当事人可以此为由提出上诉或申诉，此时上诉法院即可以此为由推翻原判决。

（二）统一附带审查的适用标准

行政规范性文件附带审查的规则供给与标准统一呈现同一性，故此，补强附带审查规则的过程就是对附带审查标准进行统一和体系化构建的过程。一则，区分类型进行差异化审查和评价。行政规范性文件附带审查的结果分为合法有效和不予适用，对于前者而言，须对规范性文件的制定主体、程序和内容等合法性要素进行全面评价，但需要注意的是，对制定主体和内容的审查应当实质且充分，而对制定程序的审查应当更为谨慎，要严格控制审查的限度，仅对是否履行批准程序和发布程序等纯粹流程性的程序事项作出审查，因为"行政行为依据的显然是规范性的内容，而并非规范性文件的程序"。[①] 而对于后者来说，仅需要对其某一要素的不合法进行论证，毕竟只要规范性文件的制定主体、程序和内容等规范要素有一项不符合法定要求，均应给予否定性评价。二则，全面审查规范性文件的"相关性"条款。对行政规范性文件的附带审查，既不应拓展至全部条款，亦不能限缩在规范性文件的某个或某几个具体条款，而应界定为对与被诉行政行为具有"相关性"条款的全面审查，这里的"相关性"条款既包括作出被诉行政行为时具体援引的条文内容，也包括虽未径直适用但事实上已被诉行政行为作为依据的条文内容。"相关性"条款的界定排除了对与案件无关的条款的审查和评价，亦

---

① 江必新：《新行政诉讼法专题讲座》，中国法制出版社2015年版，第239页。

契合了附带审查制度的内在特质，避免其演变为"抽象的直接的独立审查"。① 三则，赋予第三人以附带审查提请资格。从《行政诉讼法》及其司法解释的字面规定来看，有权提起行政规范性文件附带审查的主体仅限于"对行政行为提起诉讼"的原告，而第三人则无此项权利。然则，作为第三人，其在行政诉讼中具有独立地位，与被诉行政行为及案件处理结果均具有直接利害关系，且在原告提请附带审查的时间阶段，即"第一次开庭审理前"和"法庭调查中"，第三人已经进入行政诉讼程序当中，故此，应当赋予第三人提请行政规范性文件附带审查的权利，此亦与行政诉讼保护第三人合法权益的立法目的相契合。

（三）保证附带审查的既定成效

行政规范性文件附带审查制度虽已经正式成为法定装置，且由隐性审查转变为显性审查，"但能否实现司法对规范性文件制定行为的有效监督，不仅需要一些实体方面的规定，更需要审查制度的完善"。② 一则，原告提请规范性文件附带审查的时间节点应当延伸至法庭辩论结束前。当前对提请附带审查的时间节点控制，遗漏了"被诉行政机关作出行政行为时未告知当事人该行为的依据，当事人在庭审调查中亦未知晓直至法庭辩论时才发现"的情形，故此，为保证本就处于弱势的行政相对人获得公正和充分的保护，应当允许原告在法庭辩论结束前提起规范性文件附带审查的诉请，但必须具有正当的理由和依据。二则，区分不同情形对增加、变更或撤回行政规范性文件附带审查的请求进行处理。对于增加新的规范性文件附带审查请求的，若在起诉时或开庭前提起则予以准许，若在庭审中（包括庭审调查和法庭辩论环节）提起则必须提供正当理由，否则法院不予审查；对于庭审中原告增加或变更提请审查的规范性文件的具体条款的，因其审查内容限于同一规范性文本，并非属于新的附带审查请求，故此不应作限制处理，此即"法院不应将指明具体条款作为原告提起附带审查请求的一个强制性规定"③ 的直接表征；对

---

① 江国华、易清清：《行政规范性文件附带审查的实证分析——以947份裁判文书为样本》，载《法治现代化》2019年第5期。

② 王春业、胡铭：《行政规范性文件附带审查若干程序问题探析》，载《江汉大学学报（社会科学版）》2019年第4期。

③ 王春业、胡铭：《行政规范性文件附带审查若干程序问题探析》，载《江汉大学学报（社会科学版）》2019年第4期。

于原告撤回附带审查请求的，法院必须严格审查标准，对于规范性文件可能存在违法情形的，应当对原告的撤回申请作出否定性评价，即便准许原告撤回诉请，亦不能免除法院自身对规范性文件进行全面审查的义务。三则，在规范性文件附带审查中应对举证责任及证据规则作出厘定。若附带审查的规范性文件的制定主体与被诉行政行为的实施主体一致时，应当由该主体承担规范性文件具有合法性的举证证明责任，否则将承担不利后果；若前述两者主体不一致时，应当由制定机关出具书面意见或者出庭陈述情况，此时的制定机关应当界定为"第三人"，正如有专家所言："从出庭陈述意见的行为看，似乎可以归属于证人，其陈述意见相当于提供证人证言，但是考虑到法院还要对规范性文件作出处理建议，似乎作为第三人更为合适。"① 最后，对于原提请规范性文件附带审查的上诉人未就规范性文件合法性提请上诉的，上诉法院亦应当对该规范性文件进行全面审查，不以上诉人的上诉范围为限，与此同时上诉法院亦应当对涉及合法性审查的关联性问题，诸如不予附带审查的理由与依据、附带审查合法与否的结论等进行全面审查，以此达至监督规范性文件合法性和维护当事人合法权益之目的。

（四）确保附带审查的结果刚性

当前办案法官对行政规范性文件审查后的处理，因其缺乏对制定机关的强制约束力而导致违法的规范性文件得不到及时的纠正。要走出附带审查的结果处理困境，就需要通过制度安排进行针对性补强：一则，明确赋予附带审查结果强制效力。"法院对规范性文件如果只有评价权而没有裁判权，则审查权的内容难以得到实现"，② 故此，"最好的办法就是赋予法院对行政规范性文件从审查到判决的完全的审查权，从而使其裁判具有当然的完全意义上的法律效力"，③ 即指办案法官要将对规范性文件附带审查的结果作为独立的判决项，对不具合法效力的规范性文件必须在该项下直接作出明确的认定，制定机关必须根据违法认定裁判及时作出停止适用、修改或废止的处理。二则，补强拓展司法处理建议的拘束效果。当前《行政诉讼法》及其司法解释对司法建议程序作出细化设置，诸如建议提出时限、制定机关限期书面答复、

---

① 王敬波：《〈行诉解释〉之规范性文件的一并审查》，载《中国审判》2018 年第 7 期。
② 王春业：《论行政规范性文件附带审查的后续处理》，载《法学论坛》2019 年第 5 期。
③ 黄学贤：《行政规范性文件司法审查的规则嬗变及其完善》，载《苏州大学学报（哲学社会科学版）》2017 年第 2 期。

建议的抄送等，但在司法建议明显缺乏法定拘束效力的情势下，应当将司法建议的提出主体统一到最高人民法院层面（具体可交由研究室办理），在作出生效裁判的人民法院将违法认定的审查结果层报省高院备案并上报最高人民法院后，直接向行政规范性文件的制定机关发出司法建议，如此，"迫使规范性文件制定机关作出积极回应……提升法院对于规范性文件合法性判断的实际拘束效果"。[1] 需要特别注意的是，制定机关必须在规定的时间内对司法建议作出回复，且必须是对违法的行政规范性文件的纠正和处理情况的反馈。三则，推动建立违法规范性文件纠正处理考评机制。人民法院应当以附带审查结果为契机，加强与行政机关的衔接联动，推动将行政规范性文件违法认定情况及处理纠正情况作为重要约束性指标纳入法治政府建设考核范围，特别是要加大对已被人民法院认定违法（含提出司法建议）的考核力度，对制定机关未予及时纠正或者反馈处理情况的给予一票否决，并追究直接责任人的相关责任。

（作者单位：西南政法大学
　　　　　重庆市渝中区人民法院）

---

[1] 卢超：《规范性文件附带审查的司法困境及其枢纽功能》，载《比较法学研究》2020 年第 3 期。

被征地农民养老保障履责之诉中可诉行政行为的识别

黄影颖　李　慧

【摘要】 近年来，被征地农民诉请要求行政机关履行养老保障职责的案件数量渐增，但对此类案件被诉行为可诉性的判定存在分歧。被征地农民养老保障工作涉及行政机关多项职责，确定诸多职责中何种职责的不作为具有可诉性，成为能否进入"司法救济门槛"的关键。在"行为性质—行为状态—权利义务实际影响"受案范围判断基本框架的基础上，将法定职责来源和经本土化改造后的"成熟"原则两个识别参数融入结构，可以搭建起履责之诉中行政行为可诉性识别模型，得到清晰的判定路径。

【关键词】 被征地农民养老保障　履责之诉　可诉性　识别

被征地农民是指因政府统一征收农村集体土地而导致失去全部或大部分土地，且在征地时享有农村集体土地承包权的在册农业人口。[1] 据不完全统计，近年来被征地农民要求行政机关履行落实养老保障职责案件（养老保障履责之诉）数量呈逐渐增多趋势。[2] 随着城镇化进程继续推进，被征地农民数量在一定时期内还将持续增长，而原有已完成土地征收的项目，尚未完全落实被征地农民养老保障的遗留问题亦不在少数。"民生案件虽'小'，却关系'大'政治，必须用心用情办好，厚植党的执政根基。"[3] 妥善办理被征地

---

[1] 参见国务院办公厅于2006年4月10日发布的《国务院办公厅转发劳动保障部关于做好被征地农民就业培训和社会保障工作指导意见的通知》（国办发〔2006〕29号）。2020年9月25日，人力资源和社会保障部在对十三届全国人大三次会议第5416号建议作出的答复中重申了该定义。

[2] 在中国裁判文书网上以"征地""养老保险"为关键词，搜索出2015年至2020年相关行政案件数量分别为：2015年571件、2016年1028件、2017年1210件、2018年1889件、2019年1317件、2020年1507件。

[3] 衡阳：《找准着力点　提升真本领　推动高质量发展》，载《人民法院报》2023年4月8日，第003版。

农民养老保障履责之诉，是民生权益司法保护的重要体现，不仅直接影响着被征地农民个人的切身利益和长远发展，还关系着地方秩序的稳定，对该问题展开专门研究具有现实必要性。

考虑到地区差异，目前关于被征地农民养老保障的具体事宜尚未有法律、行政法规层面的规定，[①] 各省、自治区、直辖市根据《土地管理法》第四十八条第五款的直接授权自行制定规范性文件，省以下的市、县级行政机关则根据省一级规范性文件再作具体、细化的实施办法或细则。然终归来说，囿于没有法律、法规的统一规定，实践中无论是被征地农民还是受诉法院，均需要对多个分散却相互嵌套的规范性文件进行详尽梳理和解读，才能确定不同行政机关在落实被征地农民养老保障工作中的具体职责，进而研判不履行哪些职责具有可诉性。这对作为原告一方的被征地农民来说困难重重，对于受案法院而言也并非易事。与集体土地征收涉及土地补偿标准、地上物拆迁安置等传统征地拆迁补偿项目审理规则的热烈讨论形成鲜明对比的是，审判实务中对被征地农民养老保障履责之诉关涉行政机关法定职责的研究却鲜有涉及，导致类案异判情况多有发生。

一、"典型"的"非典型"案例及问题整理

履责之诉是对原告请求法院判令行政机关作出一定行政行为或事实行为之诉讼请求的类型化称谓，其诉讼请求往往表述为请求法院判令行政机关履行某种法定职责，故被简称为履责之诉。[②] 履责之诉的基本范式是：当事人申请行政机关履行法定职责[③]→行政机关具有该项法定职责→行政机关不履行该项职责（包括拒绝履行和逾期不予答复）[④] →当事人请求法院判令行政机关履行。该范式可以推导出履责之诉的两种诉讼样态：一是广义的履责之

[①] 参见《人力资源和社会保障部对十三届全国人大三次会议第5416号建议的答复》（人社建字〔2020〕34号）："三、关于被征地农民社会保障⋯⋯2020年，新修正的土地管理法正式施行，对被征地农民的社会保障工作提出了一系列新要求：⋯⋯四是充分发挥地方作用。考虑到地区差异，规定被征地农民社会保障费用的筹集、管理和使用办法，由各省、自治区、直辖市制定⋯⋯"

[②] 龙非：《中德履责之诉适当性研究进路之比较》，载《行政法学研究》2011年第3期。

[③] 行政机关依职权应当履行的法定职责是否需依当事人申请而启动，实务中仍有争论，本文仅对履责之诉的一般范式展开讨论。

[④] 对于何谓不履行法定职责行为，学术界、实务界仍有分歧，在此不作展开。根据《行诉法解释》第九十一条的规定，本文讨论的不履责行为针对的是拒绝履行和无正当理由逾期不予答复情形。

诉，即公民、法人或其他组织基于其认为行政机关具有一项职责而提出诉讼主张，而不论该机关是否实际具有该项职责，即面向主观主义的履责之诉；二是狭义的履责之诉，即公民、法人或者其他组织以行政机关本身具有的法定职责为基础提出诉讼主张，请求行政机关作出符合行政实体法规定的法律行为。本文选取三个"典型"的"非典型"案例裁判作为研究起点，讨论面向广义的履责之诉，并从受案范围角度考察履责之诉中行政行为可诉性的识别问题。

之所以称之为"非典型"，是因为这三个案例并非最高人民法院公布的指导性案例和公报案例，难以完全作为类案参照适用的依据。之所以仍界定为"典型"，是因为横向上这三个案例之间的裁判观点，纵向上同一案例中原审裁判和最高人民法院的裁判观点迥异，足以反映出被征地农民养老保障履责之诉案件裁判思路的常见分歧。

（一）三个案例的整体审视

【案例1】某村294位村民诉某市人社局、某区政府、某区人社局、某区国土局不履行养老保险社会保障职责案。① 生效判决认为，四被告均已履行被征地农民社会保障安置过程中相应的法定职责，判决驳回某村294位村民的诉讼请求。最高人民法院经审查认为，某区政府、某区人社局已经履行了相应法定职责，但某市人社局、某区国土局的行为对被征地农民社会保障的实现不产生直接影响，不是本案适格被告，鉴于生效判决结果对申请人的实体权益不产生不利影响，最高人民法院对此问题仅予以指正。

【案例2】邱某诉某市政府、某区政府不履行落实被征地农民养老和医疗保障法定职责案。② 生效判决认为，尽管两被告不是具体办理养老和医疗保险手续的单位，但考虑到此类问题的复杂性和长期未解决，由两被告履行组织领导、协调、督促等职责更有利于问题的实质性解决，遂判令某市政府、某区政府限期对邱某请求的养老和医疗保障问题作出相应处理或答复。

【案例3】唐某诉某市政府、某市人社局、某镇政府、某村民委员会缴纳养老保险案。③ 一审法院认为某市政府并非适格被告，经释明，唐某拒绝变

---

① 参见最高人民法院（2018）最高法行申6040号行政裁定书。
② 参见最高人民法院（2018）最高法行申148号行政裁定书。
③ 参见最高人民法院（2020）最高法行申12644号行政裁定书。

更，一审裁定以唐某将四机关同时列为被告属于故意提高级别管辖为由，裁定驳回起诉，二审予以维持。最高人民法院认为，根据《黑龙江省被征地农民养老保险暂行办法》第四条的规定，某市政府作为土地征收的组织实施者，负有统一组织落实被征地农民养老保险费用及确定参保人员的职责，唐某的起诉符合相关规定，裁定指令黑龙江省高院再审该案。

表1 案例裁判情况一览

	诉讼请求	被告	原审裁判理由	原审裁判结果	最高人民法院再审审查意见	最高人民法院再审审查结果
案例1	落实被征地农民养老保险参保义务或货币补偿	某区政府 某区人社局 某区国土局 某市人社局	按要求提取了被征地农民社会保障费并划入被征地农民养老基金专户 支付了被征地农民养老金政府承担部分 履行了征地前期工作和完成组卷报批等工作 函复了某区政府同意案涉项目所涉人员参加养老保险的实施方案	四被告已经履行法定职责，判决驳回原告诉请	某区政府、某区人社局已经履行法定职责 某区国土局、某市人社局不是适格被告，予以指正	驳回再审申请
案例2	落实被征地农民养老和医疗保障	某市政府 某区政府	由两被告履行组织领导、协调、督促等职责现有利于问题的实质性解决	判决限期两被告对原告诉请作出处理或答复	认可生效判决观点	驳回再审申请
案例3	缴纳社会（养老）保险	某市政府 某市人社局 某镇政府 某村委会	某市政府并非适格被告，经释明拒绝变更	裁定驳回起诉	某市政府负有统一组织落实被征地农民养老保险费用及确定参保人员的职责，本案起诉符合相关规定	指令再审

（二）分歧差异的问题整理

上述案例中原告的诉讼请求和所列被告表面上看不甚相同，但实质都涉及被征地农民要求落实养老保障的具体内容。案例反映出问题一、二中的分歧，进而引申出对第三个问题的必要讨论。

1. 司法监督的法定职责来源与案例的"网开一面"

行政机关具有法定职责是履责之诉审理的核心要件，"在实体法规范中探求个人权利的连接点,使得个人权利获得稳定清晰的实证法基础",[1] 是履责之诉的重要命题。审判实践对法定职责的"法"的理解相对宽泛,行政机关的法定职责来源既包括法律、法规、规章规定的行政机关职责,也包括上级和本级规范性文件确定的职责,还包括行政机关本不具有的但基于行政机关的先行行为、行政允诺、行政协议而形成的职责。[2] 但无论如何宽泛,法定职责的来源均应当具有清晰的组织规范依据。

案例1、2从判决结果上看,实质均认可被征地农民笼统要求行政机关落实养老保障职责行为的可诉性,案例2以有利于问题实质解决为切入点,作出责令行政机关"一揽子"处理的中间判决,表现出强烈的司法关切;案例3中原审法院驳回原告起诉,是基于认为"为被征地农民缴纳养老保险"不属于征地一级政府的职责,而最高人民法院则认为结合地方性规定,该笼统的诉讼请求可以分解出作为征收主体的地方政府的法定职责,在法定职责来源问题上,更强调人民法院的释明、指导义务。

落实被征地农民养老保障是涉及多个行政机关的系统工作,各机关应当各司其职、各负其责。被征地农民笼统提出落实养老保障的诉讼请求,情形上类似于概括性诉请确认征地行为违法的表达方式。通说认为,后者属于诉讼请求不明确的情形,不符合起诉条件。[3] 而上述二个案例实质上认可了被征地农民笼统提出落实养老保障诉讼请求的适法性,却是对通说的一种"突破"。案例的"网开一面"是否符合履责之诉行为可诉性的判定前提,是需要讨论的第一个问题。

2. 受案范围的规则逻辑与难自洽的"无差别"审查

被诉的行政行为必须属于行政诉讼受案范围,这涉及司法权和行政权之间的关系。[4] 受案范围是行政诉讼的绝对起诉条件。《行政诉讼法》第十二条、第十三条和《最高人民法院关于适用〈中华人民共和国行政诉讼法〉的解释》(法释〔2018〕1号)(以下简称《行诉法解释》)第一条第二款通过正向列举、反向排除并兜底条款的方式框定了行政诉讼的受案范围,确立了

---

[1] 赵宏:《主观公权利的历史嬗变与当代价值》,载《中外法学》2019年第3期。
[2] 参见最高人民法院(2018)最高法行再205号行政判决书。
[3] 最高人民法院行政审判庭编:《最高人民法院行政审判庭法官会议纪要》(第一辑),人民法院出版社2022年版,第43—54页。
[4] 江必新:《行政审判基本问题研究》,载中华人民共和国最高人民法院行政审判庭编:《行政执法与行政审判》(总第70集),中国法制出版社2018年版,第3页。

"行为性质①—行为状态②—权利义务实际影响"这一行政行为可诉性判定的基本框架,并以权利义务实际影响为最终落脚点。可以说,行政行为可诉性判定的基本框架奠定了行政诉讼受案范围的规则逻辑。

虽然案例1、2都支持了笼统请求落实被征地农民养老保障法定职责的可诉性,但案例1中审理法院在该职责面向不同被告时,主动依据实定法规定为原告查找该被告对应的职责,无论该行为对原告的权利义务是否产生实际影响,均应进行合法性审查。这一"无差别"审查的思路已然超越行政诉讼受案范围的前述规则逻辑。履责之诉中行政行为的可诉性应当如何判定,成为本文讨论的第二个问题。

3. 被征地农民养老保障所涉行政行为可诉性的识别与归类

原告起诉被告不履行法定职责,人民法院经审理认为,行政机关具有相应法定职责义务的,才会作出履责判决。案例3中,最高人民法院的裁定直接为当事人指明该案可诉的行政行为,大大省却了再审阶段可能产生的程序虚耗,但实践中更常见的情况是诸如笔者办理案件中作为原告的被征地农民提出的疑虑和困惑:各地关于养老保险的流程规定不一样,农民只知道自己的土地被征收,按照法律规定就应该获得养老保障,但至于如何获得并不清楚,只能提出这个诉求,希望由政府负责牵头组织落实。这项相对"朴素"的请求,恰恰折射出对此类案件可诉行政行为进行识别和归类的重要意义。借助行政行为可诉性识别模型的搭建,析出被征地农民养老保障履责之诉中不可诉的行为和可诉的行政行为,为类案的释明和可诉行为的准确确定提供可操作性的判定逻辑,是本文讨论的第三个问题。

二、被征地农民养老保障涉及的法定职责解构

为被征地农民落实养老保障既是落实征地补偿安置制度的重要内容之一,也是社会保障全覆盖的应有之义,是重要的群体性民生工程。对被征地农民落实养老保障中涉及的法定职责进行解构,是对该履责之诉中行政行为可诉

---

① 即该行为是否属于行政行为。我国《行政诉讼法》对行政行为的概念采取了广义的界定。参见全国人大常委会法制工作委员会行政法室编著:《中华人民共和国行政诉讼法解读》,中国法制出版社2014年版,第5页。

② 本文关于行为状态的界定,指向行政行为在整个行政程序中所处的阶段,即考察该行为是属于最终决定还是行政程序的中间行为,不包含对该行为的法律价值判断。

性作出判定的逻辑前提。

（一）法定职责解构的必要性和可行性

与其他履责之诉能够直接确定行政机关法定职责不同的是，被征地农民养老保障工作涵盖从征地批准前的准备阶段到征地批复后的具体实施阶段，具有时间跨度长、过程多阶段、参与多主体、内部关系与外部关系缠绕的显著特点。解读各地政策性强、内容丰富的规定，要求具备相当的集体土地征收和养老保障方面的专业知识和工作经验，而规范性文件的分散性，又容易因个别关键文件的缺失使得当事人难以对被诉行为作出准确确定，导致对救济结果产生误判；另外，上述案例也反映出审判实务对行政机关在被征地农民养老保障中的法定职责认定已经产生分歧。因此，对该项工作中行政机关的法定职责作进一步考察具有现实必要性。

实际上，虽然各地的规定在具体流程（如确定被征地农民养老保障对象名单的流程）和责任单位（如保障对象名单的确定机关）等方面存在一些区别，但也并非无规律可循。通过分析整理各省、自治区和直辖市的地方性文件发现，各地在落实被征地农民养老保障工作中的主要步骤和环节具有整体一致性，覆盖了从制订被征地农民养老保障报批和实施方案、确定保障对象、落实补贴资金来源、办理参保手续至向被征地农民发计发养老保障待遇或补贴资金全过程。对其中主要职责内容作出分解具有操作上的可行性，可以为被征地农民养老保障履责之诉中可诉行政行为的识别奠定逻辑起点。

（二）被征地农民养老保障涉及的行政机关法定职责解构

总体来说，现行被征地农民养老保障工作可分为征地报批前和征地批复后两个阶段，涉及行政机关以下职责：

1. 确定被征地农民养老保障对象名单的职责。行政机关通过一系列程序对被征地农民养老保障待遇资格进行审查，最终确定被征地农民养老保障对象名单。

2. 拟定和审核被征地农民养老保险补贴报批方案的职责。征地批准前，县级社保经办机构根据相关部门报来的被征地农民养老保险补贴范围或对象名单、征地面积等进行被征地农民养老保险补贴资金的测算，商有关部门共同拟订被征地农民养老保险补贴报批方案，报征地的人民政府审核，并向上一级人社部门提交。

3. 制订和实施被征地农民养老保险补贴实施方案的职责。补贴实施方案与补贴报批方案的区别在于所处的征收阶段。征地批复后,县级社保机构会同财政、国土资源、农业农村等相关部门对被征地农民养老保险补贴资金进行最终测算,制订被征地农民养老保险补贴实施方案,报征地的人民政府审核批准后实施。

4. 提取被征地农民养老保险补贴资金的职责。财政部门根据经批准的被征地农民养老保险补贴实施方案,一次性足额提取用地单位的养老保障补贴资金至社保资金专用账户,用于缴纳被征地农民养老保险费。

5. 建立被征地农民个人账户或预存款账户的职责。社保经办机构为符合条件的参保对象建立个人账户,用于暂存被征地农民养老保险补贴资金和利息收入、为参保人员划扣应由其个人缴纳的基本养老保险费等;对属于现役军人、在校学生或者征地前已在用人单位就业、已参加企业职工基本养老保险且参保缴费地与被征收土地不在同一地区等特殊情况的被征地农民,由社保经办机构建立预存款账户。

6. 办理被征地农民参保缴费事宜的职责。社保经办机构为符合条件的被征地农民办理养老保险参保缴费等具体事宜。我国农村村民养老保障制度经历了一个不断发展和健全的过程,现阶段被征地农民既可以选择参加城乡居民基本养老保险,也可以参加城镇职工基本养老保险,有些地方还可以选择以灵活就业人员身份参加企业职工基本养老保险。被征地农民在这个环节可以自行选定参保种类并按规定程序办理参保手续。

7. 计发养老保险待遇或支付养老保险补贴资金的职责。已经办理参保缴费手续的被征地农民,在达到养老保险待遇领取年龄时即可向县级社保机构申请计发养老保险待遇,按月领取养老保险金。符合条件的被征地农民可以向县级社保机构申请领取养老保险补贴资金,被征地农民死亡情形下继承人可以提取被继承人个人账户的资金余额。

以上是被征地农民养老保障工作中行政机关的主要职责。[①] 总的来说,这些职责均具有实定法依据,属于行政机关的法定职责。这与案例1、2中笼

[①] 除此之外,该项工作还涉及社保经办机构对补贴资金的稽查和内控,财政部门对被征地农民社会保障资金的协调落实和监管,审计、监察部门对被征地农民养老保险补贴资金筹集、管理和使用情况的审计和监督等。这些职责不直接涉及被征地农民养老保障待遇的实现,实务中被征地农民一般也不会就此提起诉讼,故不再逐一列举。

统诉请县级以上政府履行被征地农民养老保障职责，本质上并不相同：前者具有明确的行动内容和工作要求，有对应的履责主体，是规范性文件中设定的行政机关具体工作职责；而案例1、2中原告诉请所对应的行为则暗含着上述职责的总和。如何判定上述职责在履责之诉中的可诉性，需要对上述职责在整个被征地农民养老保障工作中所处的阶段和产生的效果，结合可诉性判定规则作进一步考察。

三、履责之诉中行政行为可诉性识别模型的搭建

鉴于被征地农民养老保障工作呈现出典型的多阶段行政行为与多阶段行政程序①交织的特点，确定前述诸多职责中哪一职责的不作为行为具有可诉性，成为能否进入"司法救济门槛"的关键。但是，立法是基于典型范例而被建构的，法律的不周延性便是它自身难以克服的一种局限性。②《行政诉讼法》及其司法解释关于受案范围列举式的表达方式必然无法周延现实中行政行为可能呈现的所有情形，也无法对"行为性质—行为状态—权利义务实际影响"这一行政行为可诉性判定基本框架中各要素的内涵以及它们之间的逻辑关系作充分阐述，导致行政行为可诉性推演进路呈现多向化，故需佐以一定的识别参数，帮助厘清各要素间的关系，形成履责之诉中行政行为可诉性判定的逻辑闭环。

（一）行政行为可诉性判定的基本框架

《行诉法解释》第一条第二款列举了10项不属于受案范围的行政行为，通过"否模式"③反向证成行政行为可诉性判定的基本框架。但进一步分解可见，在不可诉行为的认定上，有些项以行为性质为判断标准，如第1、2项；有些项以行为状态为标准，如第6、9项；有些项在行为状态的基础上，进一步考察是否产生外部实际影响来判断其可诉性，如第4、8项；还有些项

---

① 多阶段行政程序是指由相互衔接的多个直接对外发生法律效果的行政行为构成的行政过程；多阶段行政行为则是指需由其他行政机关参与表示意见、同意或者核准方能作成的行政行为。参见徐键：《论多阶段行政行为中前阶段行为的可诉性——基于典型案例的研究》，载《行政法学研究》2017年第3期；翁岳生编：《行政法》（上册），中国法制出版社2009年版，第5页。

② 章剑生：《兜底条款适用的法解释技术——季频诉宜兴市宜城公安派出所治安处罚案评析》，载《法治研究》2021年第6期。

③ 杨伟东：《新司法解释受案范围规定的思路、逻辑及未来发展》，载《行政法学研究》2018年第5期。

则不考虑行为状态,直接将权利义务实际影响作为可诉性判定的唯一考量,如第 3、5 项和作为兜底条款的第 10 项等。上述列举显然设定了行为性质(要素一)、行为状态(要素二)与权利义务实际影响(要素三)三者之间"+/or"的可能逻辑。由于立法未对三要素间应然的逻辑关系作出表态,实践中往往只能依靠法官在法条已经举示的情形中查找相近似的判断逻辑并在个案中具体推演,而逻辑关系多种可能的排列组合又衍生出多向性的推演进路。

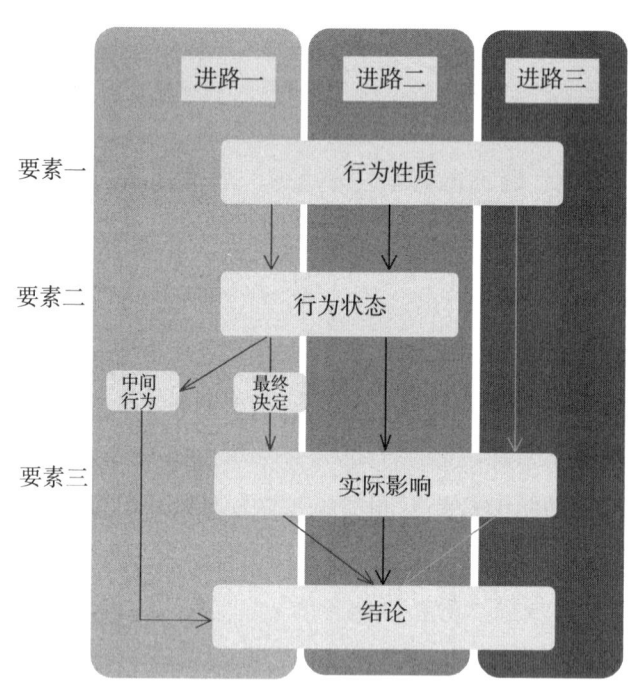

图 1 行政行为可诉性判定在个案的推演进路

如图 1 所示,当进路一和进路二中要素一的判断为"是"(属于行政行为)时,进入要素二、三的考察,但此时进路一和进路二的路径出现分化:从进路一看,如果要素二的判断为最终决定,则进入要素三的考察;如果要素二判断为中间行为,则该推演过程结束,不再进入要素三的考察,也即根据要素二中行为所处的状态,决定是否进入要素三的"or"关系;但进路二中无论要素二的判断结果为何,仍进入要素三阶段,并结合对要素三的考察共同确定被诉行政行为的可诉性,即要素二和要素三的"+"关系。在进路三中,如要素一的判断为"是",则呈现出不考察要素二、只考察要素三的样态,出现要素一和要素三的"+"关系。可见,对该基本框架中三要素关系逻辑进路的不同选择，将直接导致可诉性判定结果分道扬镳。

(二)"成熟"原则的本土化改造及其涵摄

可诉的行政行为需要具备成熟性。[①]"成熟"原则经过我国司法实践的本土化改造，为行政行为可诉性的判定提供了清晰思路。

1. "成熟"原则的本土化改造

"成熟"原则始于美国行政法，是着眼于行政权实施的整体性和动态性特征而对行政行为可诉性问题另一个维度的观察。"成熟"原则（ripeness）即"司法审查时机成熟"原则，意指被诉行政行为只有对相对人发生了实际不利影响并适于法院审查时才能接受司法审查。[②]"成熟"原则在确立之初，主要采取简单的形式主义标准来认定行政行为是否已经成熟，认为行政机关作出最终决定后才能进入司法审查，而否定性的决定和非正式程序的决定不成熟，不能接受司法审查。20世纪60年代以后，成熟的标准逐步放宽，美国的司法实践逐渐认同采取一种灵活的实用主义的观点来判断行政机关的决定是否为最终决定，认为行政机关的决定不论是肯定性的决定还是否定性的决定，不论是正式程序的决定还是非正式程序的决定，只要对当事人产生不利的影响，便认为时机成熟，就可接受司法审查。[③] 换言之，发展后的"成熟"原则在行政救济是否已经终结的基础上，也开始考察权利义务是否已经确定的问题，或者说从行政行为中是否会产生法律效果因素。[④]

"成熟"原则尽管不是我国法律上明确规定的行政行为可诉性判定指标，但司法解释一直"惯用"着"成熟"原则的内涵表达，[⑤]并在不断的司法实践中完成了对该原则的本土化改造。在对《最高人民法院关于审理行政许可案件若干问题的规定》第三条进行解读时，最高人民法院认为："有时过程行为也可以具有事实上的最终性，并影响公民、法人或者其他组织的合法权益，如果坚持让其等待行政机关作出最终决定后再起诉，则可能使司法救济丧失有利时机，甚至失去意义。为了及时有效地监督行政机关依法行政，保

---

① 江必新：《论行政诉讼法司法解释对行政诉讼制度的发展和创新》，载《法律适用》2018年第7期。

② 姜明安主编：《外国行政法教程》，法律出版社1993年第1版，第301页。

③ 石佑启：《在我国行政诉讼中确立"成熟原则"的思考》，载《行政法学研究》2004年第1期。

④ [美]伯纳德·施瓦茨：《行政法》，徐炳译，群众出版社1986年版，第479页。

⑤ 参见《最高人民法院关于执行〈中华人民共和国行政诉讼法〉若干问题的解释》（法释〔2000〕8号）第一条第二款第六项；《行诉法解释》第一条第二款第十项。

护公民、法人或者其他组织的合法权益,此时应当承认过程行为的可诉性,作为通常标准的一个例外。"① 在《最高人民法院关于审理政府信息公开行政案件若干问题的规定》的理解与适用中,对于告知行为的可诉性问题,最高人民法院认为,告知行为具有附属性,其作为行政主体实施的一种行政程序性行为,它依附于独立的行政行为,没有独立的行政行为,告知行为就没有依托,也就失去了讨论的理论意义。告知行为可诉性应当具有主体标准、内容标准、结果标准、必要性标准和可能性标准。在结果标准上,可诉的告知行为是指对行政管理相对人的权益产生实际影响的行为;在必要性标准上,则是指行政主体的告知行为若不通过行政诉讼来救济,相对人就没有别的救济途径了,因而只有赋予这类行政行为可诉性,才能保护公民、法人和其他组织的合法权益。② 此外,最高人民法院在发布的第69号指导案例中也再次重申如果程序性行政行为具有终局性,对相对人权利义务产生实质影响,则具有可诉性的观点。③

2. "成熟"原则的涵摄

判断一个行政行为的可诉性,应当考察该行为在行政程序整体过程中对其他行政行为起到的作用和影响。如果不考虑行政程序的连续性、关联性、整体性和层次性,单独将其提取出来简单判定是否可诉,往往具有片面性。"成熟"原则的本土化改造不再坚守只有行政机关的最终决定才能进入司法审查的观点,而是更强调将一个行政行为"对行政程序是否产生终局性作用"及其"对相对人是否产生实质性影响"两个子标准作为判断行政行为是否可诉的充要条件,恰恰理顺了行政行为可诉性判定基本框架中要素二和要素三之间的关系,为行政行为可诉性识别模型的搭建提供了内在机理。

子标准一:形式标准——对行政程序产生终局性作用

行政主体作出的最终决定是行政程序终结的典型表现已无争论。但如果将终局性行为仅仅界定为行政主体的最终决定,则"只是静态地考察行政行为的法律效果而没有对行政行为法律效果的形成过程给予足够的关注,往往

---

① 赵大光、杨临萍、王振宇:《〈关于审理行政许可案件若干问题的规定〉的理解和适用》,载《人民法院报》2010年1月6日,第005版。
② 江必新:《最高人民法院关于审理政府信息公开行政案件若干问题的规定理解与适用》,中国法制出版社2011年版,第36—37页。
③ 豆晓红、李兵:《〈王明德诉乐山市人力资源和社会保障局工伤认定案〉的理解与参照——程序性行政行为的可诉性问题》,载《人民司法(案例)》2018年第2期。

只是个别地分析单个行政行为的类型而没有将微观的行政行为放到宏观的行政目的的实现过程中去考量"。① 行政行为具有动态性和过程性特征，它本身就是行政主体意识形成、表示和实现的过程。行政主体在最终决定作出之前，为使行政过程得以推进或最终的行政行为得以实施，往往会作出大量中间行为。这些中间行为中，有些行为仅为作出最终决定而出现，如《行诉法解释》第一条第二款第六项涉及的准备、论证、层报等行为，这些行为具有效能上的纯粹性，仅作为最终决定形成前的"辅助"，对行政相对人不直接产生法律效果，属于典型的过程性行为。有些行为虽然也产生于行政行为作出的过程中，却切断了行政程序进路，必然导致相对人在行政参与过程中所追求的目标无法实现，已经构成行政程序的事实终局，如第69号指导案例涉及的中止通知行为。此时这一"不纯粹"的中间行为对行政程序产生了终局性作用，故也属于终局性行为的范畴。简言之，终局性行为包括完成整个行政程序后作出的最终决定，以及虽然处于行政程序过程中，但致使该程序已经无法继续推进的中间行为。

子标准二：实质标准——对当事人权利义务产生实际影响

《行诉法解释》第一条第二款第十项的规定反向论述了"权利义务实际影响"与行政行为可诉性之间的关系。随着经济社会的发展，新的行政管理秩序逐渐形成，新型、交叉型社会管理行为也逐渐增多，有时难以分清这些新出现的行为样态是否在既有行政行为类型的范畴中，又因缺乏明确的可识别标准，故经常被基于法定主义排除受理，或者基于"权利保护"理论概括性受理，从而产生裁判结论的分歧。在受案范围领域考察"权利义务实际影响"要素，能够消解对于行政行为形式地位的过度强调，突出行政行为的实质和本质。②

学界关于"权利义务实际影响"内涵的讨论仍众说纷纭，但至少应当包含以下两个方面：一是现在已经产生的影响，也即对当事人权利义务事实上的实际影响；二是将来必然产生的影响，即对当事人权利义务产生了法律上的实际影响。只有权利义务受到实际影响，才具备"诉的利益"；只有具备

---

① 周佑勇：《作为过程的行政调查——在一种新研究范式下的考察》，载《法商研究》2006年第1期。
② 于立深、刘东霞：《行政诉讼受案范围的权利义务实际影响条款研究》，载《当代法学》2013年第6期。

"诉的利益",该起诉才可能具有需要法院作出实体判决的实效性和必要性。"权利义务实际影响"理顺了对行政行为进行司法审查的实际意义,即寻求权利的救济,能够直接、有效地实现权利救济的途径才是行政诉讼的价值所在。在这个意义上,"成熟"原则的实质标准构成了行政行为可诉性判定的"归宿"。

(三) 履责之诉中行政行为可诉性识别模型的搭建

行政主体在行政管理过程中必然产生大量的行政行为和其他行政活动,但这些行为和活动不可能也没有必要全部诉诸法院解决。从1990年《行政诉讼法》施行至今,我国行政诉讼受案范围已然经历了由单薄到逐步丰满的历程,但行政审判权作为一种"拟制权力",[①] 考虑到行政行为的多样性、复杂性以及行政权力运行的效率要求,行政审判权对行政权的控制和干预仍然是有限的,行政诉讼所能监督的行政机关法定职责也是有边界的。

在"行为性质—行为状态—权利义务实际影响"的行政行为可诉性判定基本框架中,要素一行为性质的判断看似相对简单,因为只有属于行政行为,才产生是否可诉的判断需求;但在履责之诉中,这一要素又变得复杂起来。根据《行诉法解释》第九十三条第二款的规定,相对人请求行政机关履行的职责,只有在该项职责属于行政机关权限范畴的情况下,才具有可诉性判定的必要性。因此,在上述判定基本框架基础上,需要在要素一中进一步考察其是否属于行政诉讼法监督的法定职责来源(是否具有实定法依据)。而"成熟"原则两个子标准,形式标准对应了可诉性识别模型中要素二行为状态的考察,作用仅在于导出纯粹的过程性行为;而对于产生程序终局的终局性行为,仍需进入实质标准也即要素三实际影响的考察,最终对个案中行政行为的可诉性作出精准判定。将法定职责来源和"成熟"原则两个识别参数融入结构后,可以搭建起履责之诉中行政行为可诉性识别的清晰模型。

[①] 行政审判权并非法院所固有的权限,而是国家法律为设定对行政权的制约从而拟定一定法律主体对之进行的法律上的控制形式。参见胡玉鸿:《行政审判权力来源探讨》,载《法学》2002年第1期。

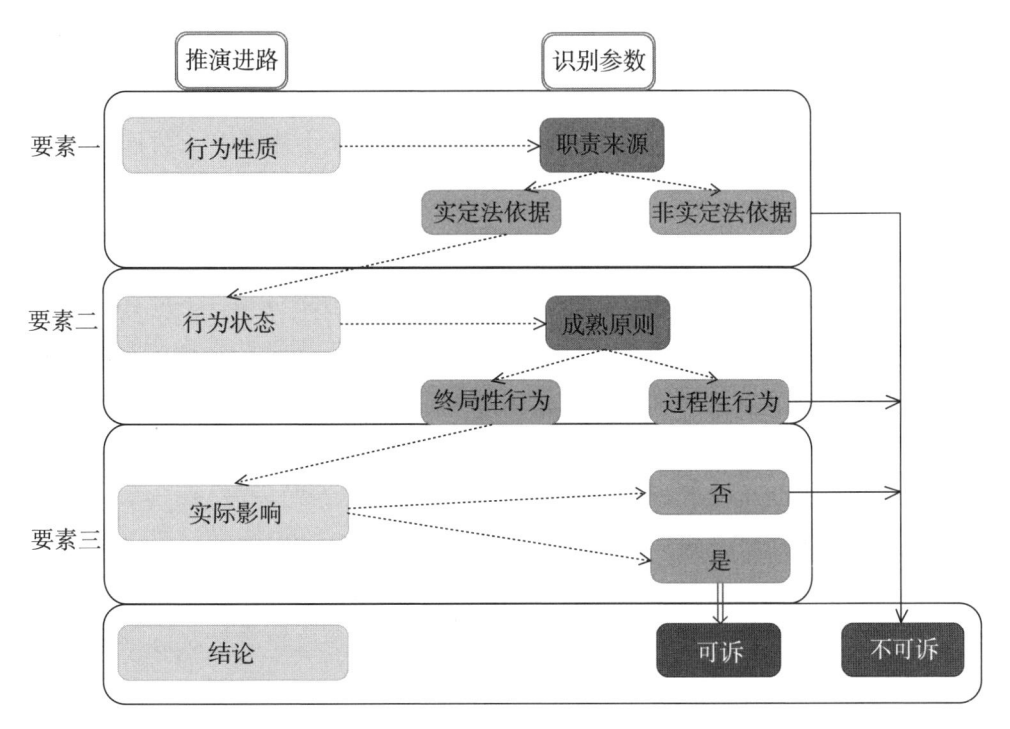

图 2 履责之诉中行政行为可诉性识别模型

(备注：图中虚线表示可诉性推演的方向，实线表示推演导出的结论。)

图 2 模型展示了履责之诉行政行为可诉性模型推演（虚线部分）和判定（实线部分）的过程：在要素一阶段，首先需要判断原告要求行政机关履行职责作出的特定行为是否属于行政行为，如是，接着判断原告请求行政机关履行的职责是否具有实定法依据，当判断为"是"时，进入要素二行为状态的考察；要素二的考察首先将"成熟"原则的形式标准作为第一个参数，判断该不履责行为是否已经构成行政程序终局，即终局性行为；结合要素三即"成熟"原则的实质标准，如果该终局性行为对相对人的合法权益已经产生或将来必将产生实际影响，则推导出该不履责行为具有可诉性的结论（双实线方向）。反之，上述过程任一阶段中出现"否"的判断，即直接导向不可诉的结论（单实线方向）。

四、被征地农民养老保障履责之诉中可诉行政行为的识别和归类

进一步分离和确定行政机关在被征地农民养老保障工作主要职责中涉及

的行政行为，对于提高诉讼的针对性和有效性，防止程序空转，及时维护被征地农民合法权益大有裨益。履责之诉行政行为可诉性模型的搭建，为被征地农民养老保障履责之诉中可诉行政行为的识别和分类提供了简洁明了的路径。

（一）不可诉的行为

从履责之诉中行政行为可诉性识别模型的推演进路可知，不可诉行为包括不属于法定职责来源范畴（不具有实定法依据）或不具备终局性特征、对权利义务未产生实际影响的行为。在前述被征地农民养老保障工作涉及行政机关的主要职责中，结合前述识别模型，可以推导出明显不具有可诉性的不作为行为包括：被征地农民养老保险补贴报批方案的拟订和审核行为，养老保险补贴实施方案的制订和实施行为、被征地农民养老保险补贴资金的提取行为。这些职责虽然也属于有关行政机关在被征地农民社会保障中的具体工作，但对被征地农民或相关利害关系人的权利义务不直接产生实际影响，故均不具有可诉性。

需要进一步分析的是案例1、2涉及的笼统要求县级政府落实被征地农民养老保障职责行为的可诉性问题。落实被征地农民的社会保障是集体土地征收安置补偿的重要内容之一。根据《土地管理法》第四十七条第一款的规定，作为征收主体的县级政府，当然的具有组织实施被征地农民养老保障工作的相应责任，但根据"职权法定"的基本原则，县级以上政府和所属职能部门根据法律授权对特定事项分别行使管辖权，职能部门不得越权行使属于人民政府的法定职权，人民政府也不能越权行使其所属职能部门的法定职权。县级政府的组织实施职责，实际上具有对被征地单位和个人以及相关基层组织和职能部门组织、协调、指导、督办等综合管理性质，具有宏观性、内部性之性质，需要通过相关职能部门和单位履行具体职责的行为，方对被征地农民养老保障的权利义务产生实际影响。因此，笼统要求县级以上政府履行被征地农民养老保障职责，实质是要求县级以上政府履行内部层级监督的职责，不属于行政诉讼监督的行政机关法定职责来源范畴，这在要素一的判断上即可推导出不可诉的结论。

那么回视案例1、2的裁判理由恐有待斟酌。虽然根据《地方各级人民代表大会和地方各级人民政府组织法》第七十三条第二项的规定，上级行政机关有权对所属职能部门或下级行政机关行使行政权的情况实施监督，但这种监督实质属于一个公权力对另一个公权力的制约，基于对行政权力运行模式的必要尊重，此种行政组织体系内部的层级监督职责一般不属于行政诉讼监督的范畴，除非法律另有规定。[①] 并且，对于本可以通过直接向具有法定职责的行政机关提起行政诉讼的方式救济的行为，当事人放弃直接、便捷的救济途径，转而凭借行政条线内部层级监督关系，通过迂回、间接的方式寻求问题解决，也不符合诉讼便宜原则。

（二）可诉的行政行为

被征地农民养老保障履责之诉中可诉的行政行为包括被征地农民养老保障待遇资格的确认行为和基本养老保险的具体经办行为。这两个行为实质应属"一类"行为，在个案中还可作细分，如不予初审行为下又有初审不通过和拒绝初审行为等，为便于论述，以下将其归为一类。

1. 对被征地农民养老保障待遇资格的不予初审行为

大部分省份的被征地农民养老保障待遇资格确认程序涉及一个中间程序，即对被征地农民所在集体经济组织上报的养老保障对象进行审核的行为。[②] 该审核行为是责任单位在将养老保障对象名单上报给有资格确认权的行政机关前所进行的初步审查行为，主要目的是核实所涉对象的个人信息及与征地有关的基本情况，性质上属于后续确认行为的准备阶段。这个阶段可能出现的情况是，具有该初审职责的行政机关对于上报的被征地农民养老保障对象不予初审，或者初审不通过。这两种情形虽都属于被征地农民养老保障待遇资格认定程序的中间行为，但作为地方性规定的办理流程中一个必经程序，不予初审或初审不通过将直接阻却被征地农民养老保障资格确认程序继续推进到下一阶段，宣告着被征地农民养老保障待遇资格认定程序的终结，已然具备要素二的行政程序终局的特征，产生了要素三的实际影响效果，因而具有可诉性。

[①] 比如，行政复议机关的复议职责。行政复议本质上也属于行政机关的层级监督，表现形式上也呈现为一个行政机关对另一个行政机关作出的行政行为的干预，但与内部层级监督不同的是，行政复议依申请人的申请而启动，相对人中有一方为公民、法人或其他组织，具有外部法效性，同时基于行政复议程序与行政诉讼程序相衔接的立法设计，使得行政复议监督权的行使能够纳入行政审判权限范畴。

[②] 此处不包含如广东、河北等少数省份的规定中直接将乡镇政府或街道办事处作为被征地农民养老保障名单最终确定机关，省略该中间程序的特殊情形。

2. 被征地农民养老保障待遇资格的确认行为

虽然各地关于养老保障对象的产生方式略有不同，但必然有一个行政机关负责最终的资格确认工作。对被征地农民养老保障待遇资格进行确认，是落实被征地农民养老保障的前提，既有上位法依据，也有地方性规定支撑，且直接影响被征地农民享受养老保障待遇的权利，是被征地农民养老保障待遇资格认定程序的最终结论，属于要素二中的终局性行为，具有要素三的法律效果，故该行为具有可诉性。这也是案例3中最高人民法院指令再审的主要观点。

3. 被征地农民参加基本养老保险的具体经办行为

被征地农民社会保障虽然性质上融合了补偿权和社会保险保障权，但基础法律关系仍然是保险人与参保人之间的保险法律关系。对于被征地农民而言，在被征地农民养老保障工作涉及的诸多行政职责中，只有社保经办机构的职责对其产生直接、实际的影响，属于外部法律关系；其他行政机关的行为如县级政府对养老保险补贴报批方案和实施方案的审核行为、自然资源部门对批准的征地面积和范围的审核行为、农业农村部门对征地时农民家庭承包土地面积作出界定和核实行为、公安部门对被征地农民户籍及个人身份信息核对查实行为等，均是为社保经办机构开展被征地农民参加基本养老保险工作所作的前期准备和推动性工作，这些行政主体与被征地农民之间并不产生直接的行政法律关系。因此，被征地农民要求行政机关落实被征地农民养老保障的诉请，可以结合《社会保险法》第八条的规定，进一步细化为被征地农民参加基本养老保险的具体经办行为，如要求社保经办机构为其办理基本养老保险参保手续，或者要求社保经办机构向其支付基本养老保险补贴资金、发放养老保险金等，这些行为均具有可诉性。

（作者单位：广西壮族自治区南宁市中级人民法院）

党政联合发文信息公开的司法裁判实证研究

——以 91 份行政裁判文书为例

赵宇航

【摘要】 作为中国特色社会主义治理体系中的独特制度现象，党政联合发文给传统政府信息公开的司法实践带来了全新的挑战。基于对 91 份裁判文书展开实证研究，发现多数法院坚持形式化裁判标准、遵循不公开裁判逻辑，个别法院尝试向实质化公开突破，一定程度上引发类案裁判规则不统一的现象。由此，面临着主流裁判标准与逻辑尚需检视、信息属性的认定规则尚未统一的困境，根源在于缺乏针对性规范依据、倾向于将党政联合发文简化为单一属性、刻意对党政联合发文信息分割。基于此，探索构建体系化的司法应对路径，即在坚持党政联合发文的双重属性、遵循党政联合发文的不可分割性原则基础上，具体进路为"两步走"：第一步对"是不是政府信息"进行认定，第二步对"能不能信息公开"进行审查，以实现司法对党政联合发文信息公开的有效规制，依法充分保障公民的合法权利。

【关键词】 党政联合发文　党政联合发文信息公开　政府信息公开　司法裁判　司法应对

近年来，党政联合发文的数量呈现"井喷式"增长，从临时性、过渡性的政策载体逐渐演变成常态化的治理工具，为新时代推进国家治理体系和治理能力现代化作出了重要贡献。但在地方实践中，存在部分未公开的党政联合发文，其规范内容涉及行政管理事务，影响到公民的权利义务。鉴于《中国共产党党务公开条例（试行）》未明确党员或群众的申请公开制度，而一旦公民向行政机关申请政府信息公开，行政机关通常以"不属于政府信息"为由拒绝公开，无奈之下公民只得诉诸司法，寻求行政诉讼制度的终局救济。

因此，这一难题最终落于法院，法院不得不加以审视。

在 2018 年的"郭某某诉江苏省人民政府政府信息公开案"中，① 最高人民法院认为党组织制发的党政联合文件一般不适用《政府信息公开条例》的规定，从而裁定驳回其再审申请。在确立上述规则后，"一般"的表述方式也为"例外"情形的探索留下了裁量空间，故实际上未完全起到"定分止争"的效果，学界与实务界均有不同声音，譬如，有学者指出最高人民法院坚守的形式标准面临政府信息向党务信息逃遁的风险，塑造了法院的退避立场。② 也有法院认为，党政联合发文的内容实际上包括政府信息。③ 这无疑引发一系列问题：党政联合发文究竟是属于"党务信息"还是"政府信息"；各地法院是否必然遵循最高人民法院确立的裁判规则；倘若未予遵循，实际进路为何。鉴于此，有必要对现有的司法裁判进行全面、系统的检视。

一、党政联合发文信息公开的司法裁判现状

（一）司法裁判样本概况

鉴于党政联合发文信息公开案件采用的术语较多，为尽可能收集全面，本文以中国裁判文书网、人民法院案例库和北大法宝为数据库，截至 2024 年 3 月 15 日，以"党政联合""党政联合发文""党政联合行文""党政联合文件""党政混合信息"等关键词进行检索，并剔除重复性、干扰性案例，共筛选整理出样本案例 55 个，涉及 91 份裁判文书样本。④

在 91 份裁判文书样本中，从时间分布上看（以裁判时间为准），全部集中于 2014 年至 2024 年，其中 2014 年 1 份，2015 年 7 份，2016 年 11 份，2017 年 7 份，2018 年 17 份，2019 年 19 份，2020 年 16 份，2021 年 3 份，2023 年 9 份，2024 年 1 份。

---

① 参见最高人民法院（2018）最高法行申 798 号行政裁定书。
② 参见张力：《党政联合发文的信息公开困境与规则重塑：基于司法裁判的分析》，载《中国法学》2020 年第 1 期；参见梁君瑜：《论党务信息的认定与公开——以司法裁判为中心的考察》，载《党内法规研究》2023 年第 2 期。
③ 参见江西省抚州市中级人民法院（2018）赣 10 行初 147 号行政判决书。
④ 因同一个案例可能会涉及一审、二审及再审审查等，一方面或存在二审改判等情形，另一方面即使驳回上诉、驳回再审申请等，裁判说理或有不同。因此，本文并未将一个案例所涉及的裁判文书进行合并，而是采取单独陈列的形式，以便全面研究分析及引用查阅。

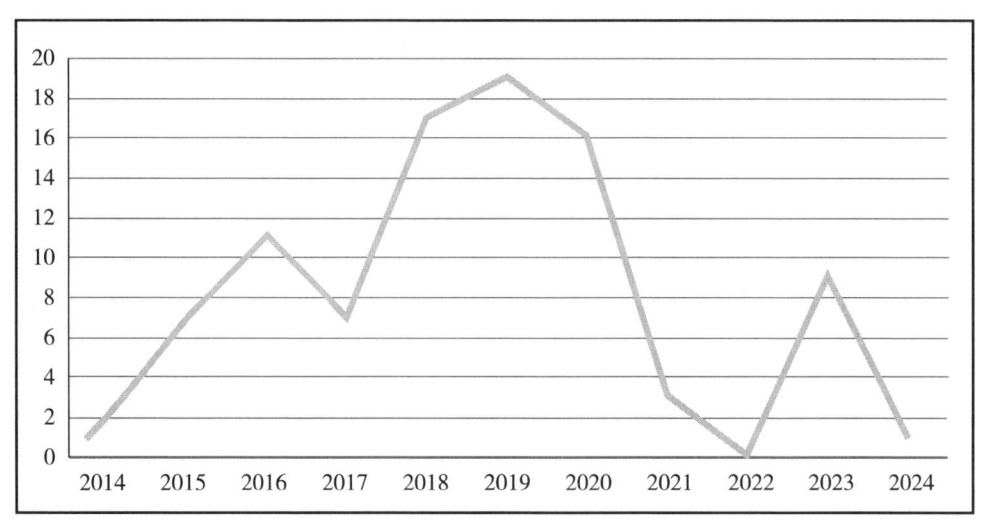

图1 裁判文书样本的时间分布（份/年）

从地域分布上看（排除最高人民法院的裁判文书），江苏省 18 份，北京市 9 份，河南省 9 份，广东省 7 份，福建省 7 份，四川省 6 份，浙江省 4 份，山东省 4 份，上海市 3 份，黑龙江省 3 份，湖南省 2 份，天津市 3 份，陕西省 3 份，江西省 2 份，广西壮族自治区 2 份，重庆市 1 份，辽宁省 1 份。

从审级上看，一审案件 46 份，二审案件 36 份，再审审查案件 9 份。从裁判层级上看，涉及基层人民法院及专门法院（如西安铁路运输法院）的有 12 份，涉及中级人民法院及专门法院（如西安铁路运输中级法院）的有 49 份，涉及高级人民法院的有 23 份，涉及最高人民法院的有 7 份。从裁判方式上看，裁定有 24 份，判决有 67 份。从裁判结果上看，支持不公开的有 81 份，支持公开的有 10 份。

综上，上述样本具有一定的普遍性和代表性，能够较为真实、完整地反映当前司法裁判现状，对于观察司法裁判的现实样态以及演进历程具有标本作用。

（二）司法裁判样本分析

1. 裁判理由

（1）不公开案例

经统计，法院裁判不公开的案例共计 81 份裁判文书，主要存在三种认定结论：一是不属于政府信息，如最高人民法院认为联合发文不属于《政府信息公开条例》规定的政府信息范畴;[1] 二是属于党政联合发文，如烟台中院认为文件以市委办为制定主体，以党委文号制发，属于党政联合文件;[2] 三是属于党务信息，如四川高院认为案涉文件属于党组织对做好相关征地拆迁工作的要求，属于党务信息。[3] 事实上，无论是第一种直接认定，或是后两种以间接方式否认，其结果均是将党政联合发文所包含的信息认定为党务信息，至少不认为属于政府信息，从而将其排除出政府信息公开的范畴。

鉴于此类案例较多，而法院层级与裁判影响力之间具有显著相关性，[4] 故本文主要分析 7 个最高人民法院的裁判案例（见表1），尽管均作出不公开的裁判，但裁判理由及路径不尽相同。以下按照时间顺序，借此窥视最高人民法院的裁判思路及其形成过程。

表1 党政联合发文不公开的最高人民法院裁判案例

序号	案例名称	案号
①	张某某与某市某区人民政府等政府信息公开及行政复议案	（2016）最高法行申 3522 号
②	张某某与某市某区人民政府等政府信息公开及行政复议案	（2016）最高法行申 3525 号
③	张某某诉某市某区人民政府政府信息公开案	（2018）最高法行申 388 号
④	郭某某诉某省人民政府政府信息公开案	（2018）最高法行申 798 号
⑤	贾某某诉某市某区人民政府政府信息公开案	（2020）最高法行申 352 号
⑥	陈某某、胡某某诉某省某市人民政府政府信息公开案	（2020）最高法行申 746 号
⑦	徐某某诉某市某区人民政府政府信息公开案	（2020）最高法行申 6304 号

具体而言，案例①和案例②裁判时间较早，案件具有较强相关性，初步形成了此类案件的裁判框架，但裁判进路并不完全相同。案例①中，最高人民法院既着眼于制定主体，认为该文件是某市某区委制发的党政联合文件，同时也强调文件内容，即其作用是设置拆迁指挥部，明确组成人员和机构职责，因此不属于政府信息，尽管并未明确究竟是主体要件缺失还是职责要件缺失所致，但是在裁判说理中对党政联合发文的形式和内容作出了区分。案例②中，裁判理由有了更明确的阐述，最高人民法院认为党组织制发的党政

---

[1] 参见最高人民法院（2016）最高法行申 3522 号行政裁定书。
[2] 参见山东省烟台市中级人民法院（2019）鲁 06 行初 9 号行政判决书。
[3] 参见四川省高级人民法院（2020）川行终 734 号行政判决书。
[4] 参见《最高人民法院司法责任制实施意见（试行）》法发〔2017〕20 号。

联合发文并非政府信息，而该文件属于党政联合发文 3 号文件的附件，故判定不属于政府信息。尽管其在补充说理时又提出"文件仅是对征地拆迁工作的宏观指导，不涉及对具体权利义务的设定"，但这无疑是以主体要件的缺失进行判定，由此确立了形式化认定标准，而内容要素的作用逐渐被淡化。虽然已通过主体要件判定不属于政府信息，却仍以内容要素进一步阐释理由。案例③中，法院尊让行政机关的既定规则，① 认为"区政府认定该文件属于党政混合信息，并无不当"，无论该做法是否需斟酌，但其明确是以"该文件是由某市某区委办公室和某区政府办公室联合发文，文号亦列为某区委办公室的文号"，即制定主体和发文字号，作为实质说理和判定依据，后未再提及文件的具体内容，自此内容要素彻底退出了裁判理由。案例④中，最高人民法院明确确立"党政联合文件一般不适用政府信息公开"规则，进一步强化既定的形式化认定标准，认为"党组织制发的党政联合文件"一般排除政府信息范畴，但既然属于"一般"情形，则或存在"例外"情形，但遗憾的是最高人民法院并未作出进一步的阐述，这也给各地法院留下探讨的空间。案例⑤和案例⑥则进一步维持上述认定规则，最高人民法院认为以党委作为制定主体的党政联合发文一般不属于政府信息。可以看出，案例③至案例⑥均遵循案例②的裁判思路，维持并固化了形式化认定标准规则。而在案例⑦中，鉴于"该文件是以某区委区政府办公室作为制定主体并以党政办文号制发"，打破了由党委字号发文的单一规则，使得法院难以再根据以往的裁判规则作出裁判，迫使其裁判思路不得不加以转变，但遗憾的是最终仅以"该文件系党政联合文件"为由将其排除出政府信息范畴。

可见，最高人民法院裁判理由多集中于制作主体、发文字号等形式要素，最终形成了信息属性的形式化认定标准规则。在此基础上，多地法院进一步将形式要素延伸至抬头机关②、主送机关③、发文机关署名排列④、归档机关⑤等，这一认定规则逐渐占据实践主流地位。然而，案例⑦的出现并非首例，

---

① 例如，上海市有关机关自行制定了党政联合发文的信息公开规则，如《上海市人民政府办公厅关于印发本市当前政府信息公开重点工作安排》（沪府办发〔2013〕45 号）、《上海市浦东新区人民政府办公室关于印发浦东新区当前政府信息公开重点工作安排的通知》（浦府办〔2013〕50 号）。
② 参见湖南省长沙市中级人民法院（2020）湘 01 行初 118 号行政判决书。
③ 参见浙江省高级人民法院（2019）浙行终 902 号行政判决书。
④ 参见江苏省南通市中级人民法院（2021）苏 06 行终 10 号行政判决书。
⑤ 参见江苏省高级人民法院（2017）苏行终 1308 号行政判决书。

这使得坚持形式化认定标准的法院实际上又陷入根本性窘境，迫使法院在面临这一问题时不得不重新审视这一做法。例如，某案例中，四川高院一改原审法院坚持的形式化认定规则，经实质审查认为该文件"属于党组织对做好相关征地拆迁工作的要求，属于党务信息，而非政府信息"，再未提及制定主体、发文字号等。①

综上，不公开案例的裁判理由主要可以归纳为三类：其一，依据制定主体、发文字号、抬头机关等形式要素排除政府信息范畴；其二，依据文件内容，实质认定不满足政府信息的条例界定；② 其三，结合形式要素与实质内容，认定不属于政府信息。

（2）公开案例

经统计，法院认为应当信息公开的案例有 8 个，涉及 10 份裁判文书（见表2）。其中，法院均认定相关文件属于政府信息，毕竟只有落入政府信息范畴才能接受政府信息公开的规制，但裁判理由有所不同。

表 2　党政联合发文公开的裁判案例

序号	案例名称	案号
1	袁某甲、袁某乙诉某县人民政府政府信息公开案	（2015）赣中行初字第 79 号
2	王某某诉某市人民政府政府信息公开案	（2018）豫 96 行初 8 号
3	卓某某诉某市某镇人民政府政府信息公开案	（2019）闽 05 行终 63 号
4	陈某某诉某市某区人民政府政府信息公开案	（2014）郑行初字第 323 号；（2015）豫法行终字第 00133 号
5	刘某某诉某市某区人民政府政府信息公开案	（2015）郑铁中行初字第 33 号；（2016）豫行终 97 号
6	孙某等 5 人诉某市某区人民政府政府信息公开案	（2015）郑铁中行初字第 194 号
7	宋某某诉某市某区人民政府政府信息公开案	（2018）赣 10 行初 147 号
8	董某某诉某市水务局信息公开案	（2016）津 0101 行初 267 号

---

① 参见四川省高级人民法院（2020）川行终 734 号行政判决书。
② 2019 年《政府信息公开条例》的修订将"政府信息"定义修改为"行政机关在履行行政管理职能过程中制作或者获取的……"较之修订前，将"履行职责过程中"修改为"履行行政管理职能过程中"，其主要目的在于澄清"职责"的行政属性，避免与相关主体的私法活动相混淆。由于党政联合发文的信息公开问题并不涉及相关主体私法活动所带来的信息，因此，2019 年修订并不影响对过去司法逻辑的判断审视，也不会影响对此类信息所涉公开规则的思考。

具体而言，在案例1中，法院认为"文件内容属于政府履行公共管理职责范畴"；① 在案例2中，法院认为该文件是为推进建设工程的顺利实施，属于行政职责范畴；② 在案例3中，法院认为该文件体现出行政机关履行对村委会工作指导帮助的法定职责。③ 上述案例的认定直接指向内容，即从文件本身实质认定属于"履行职责"或"履行行政管理职能"的政府信息。在案例4中，鉴于文件的抬头和落款单位等，一、二审法院均认为该文件是由区委办公室和区政府办公室共同作出，④ 因此属于政府信息；在案例5中，一审法院认为"某区人民政府系该文件的制作机关"，从而判定为政府信息。⑤ 与案例1至案例3不同，案例4和案例5对政府信息判断的核心要素是制作主体、抬头单位、落款单位等形式要件，而由于裁判时间早于上述最高人民法院的裁判案例，可见该两个案例更超前地塑造了"政府信息"形式化认定标准，与之不同的是，此时的形式化标准规则认可行政机关作为文件的制作机关。需要注意的是，在案例5中，二审法院似乎认识到"以制作主体等形式要素认定"存在局限，又或是认为一审法院对此已作出明确的阐述，其裁判说理未再指明制作机关，而是直接认定属于政府信息。⑥ 与上述案例又有所不同，在案例6中，法院认为该文件落款加盖区政府公章，且实际用于指导政府相关部门开展拆迁工作；⑦ 在案例7中，法院明确指出"党政联合发文的主体包括党政机关，内容可能既包括党务信息，又包括政府信息，不能据此简单判断属于政府信息"，后又着眼于文件所包含的信息内容有"工作目标、处理范围和对象、处理原则、处理办法、工作步骤、相关政策、其他"等部分来判定。⑧ 可见，案例6和案例7突破单一的认定标准，既关注到制发主体、落款单位等形式要素，也强调体现行政职能的内容要素。但需要特别指出的

---

① 参见江西省赣州市中级人民法院（2015）赣中行初字第79号行政判决书。
② 参见河南省济源市中级人民法院（2018）豫96行初8号行政判决书。
③ 参见福建省泉州市中级人民法院（2019）闽05行终63号行政裁定书。参见《中华人民共和国村民委员会组织法》第五条第一款：乡、民族乡、镇的人民政府对村民委员会的工作给予指导、支持和帮助，但是不得干预依法属于村民自治范围内的事项。
④ 参见河南省郑州市中级人民法院（2014）郑行初字第323号行政判决书；参见河南省高级人民法院（2015）豫法行终字第00133号行政判决书。
⑤ 参见郑州铁路运输中级法院（2015）郑铁中行初字第33号行政判决书。
⑥ 参见河南省高级人民法院（2016）豫行终97号行政判决书。
⑦ 参见郑州铁路运输中级法院（2015）郑铁中行初字第194号行政判决书。
⑧ 参见江西省抚州市中级人民法院（2018）赣10行初147号行政判决书。

是，案例7并非像案例1至案例6一样采取"一刀切"方式认定信息的唯一性，法院明确党政联合发文可能兼具党务信息和政务信息的双重性，为后续司法裁判提供了全新的视野。另外，有别于上述案例，在案例8中，法院以政府未能提交可以证明案涉信息的制作主体及具体内容的证据，且现有证据无法证实不属于政府信息为由撤销不公开答复，即从举证责任的视角作出有利于当事人的判决。①

综上，公开案例的裁判理由主要可被归纳为三类：其一，依据抬头单位、落款单位、制定主体等形式要素认定属于政府信息；其二，依据文件内容，实质认定满足对政府信息的条例界定；其三，结合形式要素与文件内容，认定属于政府信息。

事实上，无论法院最终作出支持公开或者不公开的裁判，除了个别法院未在文书中予以实质说理而直接作出裁判，其裁判理由背后展现的是遵循相同或不同的裁判标准、裁判逻辑所推导出的结论。

2. 裁判标准及裁判逻辑

实践中，不公开案例与公开案例的裁判理由均展现出形式化标准、实质化标准以及形式化与实质化标准相结合（以下简称"双重标准"）三种裁判标准。

其一，形式化标准。②经统计，有75份裁判文书采取形式化标准认定，占据目前主流地位。结合《党政机关公文处理工作条例》之规定，案例中的形式化标准集中表现为制发主体（制定主体）、发文机关标志、发文字号、公文标题、主送机关、发文机关署名（印章）、印发机关、归档机关8种类型（见表3）。

表3　采取各类形式化标准的裁判文书数量

形式化标准	裁判文书数量（份）
制发主体（制定主体）	64
发文机关标志	12
发文字号	44

---

① 参见天津市和平区人民法院（2016）津0101行初267号行政判决书。
② 本文所提形式化标准，是指法院仅以发文字号、发文机关标志等纯粹外在要素作为判断信息属性的核心因素，或者是表面上也审查文件内容，但实际仍以外在要素作为核心。

续表

形式化标准	裁判文书数量（份）
公文标题	2
主送机关	4
发文机关署名（印章）	7
印发机关	2
归档机关	1

可见，制发主体（制定主体）和发文字号无疑占据主流地位，这反映出各地法院大多遵循最高人民法院确立的以制发主体和发文字号为核心要素的形式化认定标准。但各地法院运用此标准说理却有不同，如有的案例中，法院认为文件以党委文号制发，系以市委办为制定主体的党政联合文件，即制定主体具有单一性，据此否认政府信息；[1] 也有的案例中，法院认为文件"属于市水务局党委与市水务局共同制定的党政联合发文"，基于主体的双重性，进而推导出不符合政府信息的主体界定；[2] 还有的案例中，法院肯定行政机关参与文件制作的地位，认为发文的主体通常包含政府，所含信息也可能涉及与行政机关履职密切联系的政务信息，不宜笼统认为不属于政府信息。[3] 另外，有法院仅以单一形式要素作为认定标准，如有的案例中，法院以党组织的发文字号判定为党务信息。[4] 也有法院以综合形式要素作为裁判标准，如在有的案例中，法院以制发主体和发文字号为标准判定不属于政府信息。[5] 相较之下，综合要素似乎具有天然的优越性，或是作为补强内心确信及裁判说理工具，甚至有法院延伸至综合四种形式要素加以认定。[6] 事实上，一旦深究往往会发现实践中诸多案例存在自发的矛盾，如有法院指出"落款有政府字样"，但又同时阐述"不能改变以党组织文号印发的文件性质"，这意味着同样作为形式要素的"发文字号"而非"落款单位"决定文件性质；[7]

---

[1] 参见山东省烟台市中级人民法院（2019）鲁06行初9号行政判决书。
[2] 参见天津市高级人民法院（2017）津行申421号行政裁定书。
[3] 参见江西省抚州市中级人民法院（2018）赣10行初147号行政判决书。
[4] 参见山东省高级人民法院（2017）鲁行终891号行政判决书。
[5] 参见四川省高级人民法院（2019）川行终543号行政判决书。
[6] 参见江苏省高级人民法院（2017）苏行终1308号行政判决书。
[7] 参见河南省周口市中级人民法院（2016）豫16行初233号行政判决书。

而在另一案例中，文件的抬头单位和落款单位包括行政机关，但法院认为其以党组织为制定主体并以党委文号制发，① 这未免出现既坚持形式化标准，又忽视部分形式要素的矛盾现象。这又引发诸多问题，如发文字号是否具有天然的优先性，形式化标准内部是否划分等级序列，等等。

其二，实质化标准。② 经统计，有 4 份裁判文书采取实质化标准。具体而言，有法院认为党委制作的信息涉及履行社会公共管理职责内容，应纳入政府信息范畴，即认定关键在于信息内容。③ 基于此，尽管案涉文件采取党委字号、以县委办和县政府办作为制定主体，但法院最终以文件的内容属于履行公共管理职责为由认定为政府信息。但该案裁判时间较早，当时最高人民法院尚未确立形式标准。有法院认为案涉文件内容中的"暂停村主任职务"属于行政机关履行法定职责；④ 有法院经审查认为"文件属于党组织对做好相关征地拆迁工作的要求"；⑤ 有法院以"信息系某市卫生健康委员会撰写并结项的调研成果，并不涉及行政管理"为由排除政府信息的范畴。⑥ 可见，在最高人民法院确立形式标准规则后，也有部分法院尝试向实质化审查突破。另，在"柴某等案"中，⑦ 法院认为"虽文头为'中共某委员会文件'，但内容却为搬迁安置方案，明确了搬迁范围、安置方式以及政府职能部门的责任分工，显然属于政府职责范围内的工作，系某政府针对特定对象作出并影响到被搬迁人权利义务的具体行政行为"。尽管该案由系行政复议，并非政府信息公开，但聚焦于审查内容实质要素的裁判思路与前述案例基本一致。

其三，双重标准。⑧ 经统计，共有 9 份裁判文书采取双重标准。例如，在某案例中，法院认为该文件由区委制发，内容是设置拆迁指挥部的组成机构以及明确组成人员、机构职责，故认定不属于政府信息。⑨ 在这类案例中，法

---

① 参见山东省烟台市中级人民法院（2019）鲁 06 行初 9 号行政判决书。
② 本文所提实质化标准，是指法院仅以文件实质内容作为判断信息属性的核心因素，或者是表面上也审查发文字号、发文机关标准等外在要素，但实际上仍以文件内容作为核心。
③ 参见江西省赣州市中级人民法院（2015）赣中行初字第 79 号行政判决书。
④ 参见福建省泉州市中级人民法院（2019）闽 05 行终 63 号行政裁定书。
⑤ 参见四川省高级人民法院（2020）川行终 734 号行政判决书。
⑥ 参见上海铁路运输法院（2023）沪 7101 行初 576 号行政裁定书。
⑦ 参见山西省吕梁市中级人民法院（2022）晋 11 行初 41 号行政判决书。
⑧ 本文所提双重标准，是指法院既审查制定主体、发文字号、发文机关标准等外在要素，同时也审查文件实质内容，从而共同决定信息属性。
⑨ 参见最高人民法院（2016）最高法行申 3522 号行政裁定书。

院大多将外在形式要素与文件实质内容进行物理性混合，但未阐述二者在认定过程中各自发挥的作用，亦未明确发生冲突时如何取舍认定，难以体现出逻辑推导的完整过程。需特别关注的是，在某案例中，法院指出文件主体"通常既包括党组织，也包括行政机关"，文件信息"通常既可能涉及党务信息，也可能涉及政务信息"，不能据此简单认定是否属于政府信息，而应当"根据联合发文的具体情况作具体分析"。① 具体到该案中，法院首先根据形式要素认定行政机关作为文件的制发机关，后根据文件所包含的内容实质符合政府信息的要求，综合判定文件包括政府信息。与上述案例不同，该裁判说理有较为明确的阐述，既关注制发主体等形式要素，明确行政机关制作地位作为政府信息存在的前提，亦强调文件内容的关键性，从而综合认定政府信息。可见，双重标准的出现凸显出部分法院既要坚持由最高人民法院确立并维持的形式化标准，又试图采取实质化认定标准，故尝试在裁判理由部分将二者加以融合，但这也对逻辑说理提出了更高的要求。

  基于上述标准，法院遵循以下逻辑思路作出裁判：一是不公开裁判逻辑。其一，坚持形式化标准，仅以制定主体、发文字号等作为核心要素，但侧重于认定体现党组织地位的形式要素，忽视体现行政机关的形式要素。例如，在某案例中，尽管该文件抬头机关包括区政府，但法院仅以党委的发文字号作为标准逻辑，从而作出不公开的裁判。这一逻辑占据目前司法实践的主流地位。② 其二，坚持实质化标准，主要审查文件内容不满足履行行政职责或管理职能，从而认定不属于政府信息。例如，某案例中，法院聚焦于审查文件内容是否符合政府信息。③ 其三，坚持双重标准，既通过制定主体、发文字号等凸显党组织主体，同时又审查文件内容不属于履行行政管理职能，如某广西高院案例。④ 二是公开裁判逻辑。其一，坚持形式化标准，集中审查标题⑤、

---

① 参见江西省抚州市中级人民法院（2018）赣10行初147号行政判决书。
② 参见山东省高级人民法院（2017）鲁行终891号行政判决书。
③ 参见四川省高级人民法院（2020）川行终734号行政判决书。
④ 参见广西壮族自治区高级人民法院（2020）桂行终637号行政判决书。
⑤ 《党政机关公文处理工作条例》第九条第七项规定：（七）标题。由发文机关名称、事由和文种组成。

发文机关署名①、印章②等，明确行政机关的制作机关地位，进而认定属于政府信息，如某河南高院案例。③ 其二，坚持实质化标准，文件内容一旦涉及履行公共管理职责，无论形式要素如何体现，均应将其纳入政府信息范畴，如某赣州中院案例。④ 其三，坚持双重标准，既指明行政机关的形式要素，也审查文件的实质内容，综合判定属于政府信息公开范畴，如某抚州中院案例。⑤

（三）司法裁判样本结论

事实上，司法裁判及其说理所凸显出的裁判标准的选择和裁判逻辑的遵循，不仅仅是事实认定与法律适用的问题，实际上也进一步印证了承办法官对于此类文件所持的观点态度。

综上，包括最高人民法院在内的多数法院明显偏向采取形式化裁判标准、遵循不公开裁判逻辑，即对由党组织参与制定的党政联合发文的信息公开问题总体上持谦抑立场。同时，有部分法院尝试突破主流裁判标准及裁判逻辑，换言之，探索对最高人民法院确立"一般"规则的例外情形适用。由此，这在一定程度上引发类案裁判规则尚不统一的现象，折射出当前司法实践中面临的诸多难题。

二、党政联合发文信息公开的司法裁判困境及成因

（一）司法裁判面临的困境

1. 主流裁判标准与逻辑尚需检视

在最高人民法院形成并确立形式化裁判标准和不公开的裁判逻辑之后，"以形式为主，以不公开为原则"逐渐占据司法实践的主流地位。尽管这能够保证司法裁判的统一性和可预测性，但其存在固有的局限。

首先，发文字号等形式要素与文件属性之间并不存在必然关联。根据

---

① 《党政机关公文处理工作条例》第九条第十一项规定：（十一）发文机关署名。署发文机关全称或者规范化简称。
② 《党政机关公文处理工作条例》第九条第十三项规定：（十三）印章。公文中有发文机关署名的，应当加盖发文机关印章，并与署名机关相符。有特定发文机关标志的普发性公文和电报可以不加盖印章。
③ 参见河南省高级人民法院（2015）豫法行终字第00133号行政判决书。
④ 参见江西省赣州市中级人民法院（2015）赣中行初字第79号行政判决书。
⑤ 参见江西省抚州市中级人民法院（2018）赣10行初147号行政判决书。

《党政机关公文处理工作条例》①，发文机关标志、发文字号及归档机关等通常凸显出主办机关的地位，但无法据此排除其他机关作为协办或者参与机关的地位存在。因此，以形式要素凸显的主办机关认定文件具有排他的唯一属性，实际上忽视了另一机关参与制定过程的作用地位，显然缺乏事实和法律依据，因此形式标准并不具有天然的优越性。其次，退一步讲，即便形式要素能够在一定程度上体现党政联合发文的属性，鉴于党政机关共同作为联合文件的制发主体，形式要素必然会出现二者的身影，如在某案例中，法院既指出该文件系"以党组织文号印发的文件"，又指出"文件落款有政府字样"，②这意味着某一形式要素可能未必会同时凸显，但综合判断一定会体现党组织与行政机关的存在，单纯借助某一形式要素来凸显某一机关的地位并不合理，除非要素内部不同类型存在等级序列。换言之，即便依据发文字号、发文机关标志等认定属于党务信息，无法否认的是，这类文件的标题抬头、落款单位、印发机关等也会体现行政机关的身影，具备政府信息的因素，而与落款单位相较，发文字号是否具有必然的优先性？因此，倘若刻意寻找某些形式要素作为认定的裁判标准，同时又忽视其他形式要素，实际上有实现预先设定不公开目的之嫌。可见，以形式要素认定不公开的逻辑进路存在自发且难以调和的矛盾，可能诱发行政机关主动拉上党组织联合发文从而逃避司法审查的现象，有违党政联合发文制度的设立初衷。

2. 信息属性的认定规则尚未统一

司法实践中，党政联合发文的信息属性是此类案件的争议焦点，法院在裁判过程中针对信息属性的认定方式及结论不尽相同。具体而言：一是直接认定属于政府信息；③或直接认定不属于政府信息。④简言之，法院将视野完全聚焦于对政府信息的判断，不予讨论党务信息。二是直接认定属于党务信

---

① 《党政机关公文处理工作条例》第九条第四项、第五项规定：（四）发文机关标志。由发文机关全称或者规范化简称加"文件"二字组成，也可以使用发文机关全称或者规范化简称。联合行文时，发文机关标志可以并用联合发文机关名称，也可以单独用主办机关名称。（五）发文字号。由发文机关代字、年份、发文顺序号组成。联合行文时，使用主办机关的发文字号。第二十七条：需要归档的公文及有关材料，应当根据有关档案法律法规以及机关档案管理规定，及时收集齐全、整理归档。两个以上机关联合办理的公文，原件由主办机关归档，相关机关保存复制件。机关负责人兼任其他机关职务的，在履行所兼职务过程中形成的公文，由其兼职机关归档。
② 参见河南省周口市中级人民法院（2016）豫16行初233号行政判决书。
③ 参见河南省济源市中级人民法院（2018）豫96行初8号行政判决书。
④ 参见最高人民法院（2016）最高法行申3522号行政裁定书。

息或者党的文件，从而间接否认政府信息公开。[①] 这一认定方式遵循"非此即彼"的二值逻辑，形成了基于"属于党务信息"以论证"不属于政府信息"的思路，反之亦然。三是认定文件兼有双重信息属性，[②] 这一认定是将文件信息进行物理分割，将其中的政府信息纳入公开范围，将党务信息予以排除。此外，也有法院主动回避对信息属性的正面认定，仅以系"党政联合发文"或"党政混同信息"为由予以排除，[③] 其中缘由引人深思。需特别注意的是，同一案例中不同审级法院的认定亦不尽相同，如某些案例中，一、二审法院均认定该文件系党务信息而非政府信息，最高人民法院未采取这一途径，而直接认定不属于政府信息，未再提及党务信息。[④]

上述认定规则的不统一引发诸多问题：其一，法院能否认定党务信息，《中国共产党党务公开条例（试行）》等党内法规能否作为裁判依据。实践中，法院为填补论证的需要，主动创造了"党务信息"这一法律概念，实际上也将法院推向"进退维谷"的境地，其中也涉及如何选择裁定、判决的裁判方式等问题。其二，倘若能够形式认定党务信息，但是否必然排除政府信息属性，这实际又指向党政联合发文的属性界定。例如，在某案例中，该论断能够成立的前提是坚持党政联合发文具有党内法规单一属性，[⑤] 无论其是否科学，遵循这一逻辑方能推导出排除政府信息属性。其三，倘若认定文件兼具政府信息与党务信息性质，能否实现将其严格区分，从而提炼出政府信息。其四，政府信息在经过信息混同或者融合后，是否会自然失去其可公开性，能否仅以申请公开的信息系"党政联合发文"为由否认政府信息公开等，亟待回应解决。

（二）司法裁判困境的成因

1. 缺乏针对性规范依据

目前，我国党内法规体系和国家法律体系对于党政联合发文的信息公开问题尚无针对性规定，最高人民法院亦未作出相关的司法解释，因此该问题

[①] 参见山东省高级人民法院（2017）鲁行终891号行政判决书。
[②] 参见江西省抚州市中级人民法院（2018）赣10行初147号行政判决书。
[③] 参见最高人民法院（2020）最高法行申6304号行政裁定书。
[④] 参见北京市第二中级人民法院（2015）二中行初字第2053号行政判决书；北京市高级人民法院（2016）京行终2344号行政判决书；最高人民法院（2016）最高法行申3525号行政裁定书。
[⑤] 参见山东省高级人民法院（2017）鲁行终891号行政判决书。

尚处于法律规范的空白或者模糊地带，法院只得聚焦于现有的制度规范进行司法审查，由此导致法律适用中存在理解不一的现象。另外，多地对此问题进行了先行探索。例如，上海市政府将依法履行行政管理职能的党组织公开政府信息的活动纳入规定的调整范围。[①] 各地在实践中规定、做法不一，直接影响到司法裁判依据，亟待未来立法时加以明确。

2. 倾向于将党政联合发文简化为单一属性

实践中，在传统政府信息公开领域，司法机关面对行政权保持相对克制谦抑的态度。[②] 而在党政联合发文信息公开领域，主流裁判路径更凸显出严守司法克制主义的裁判立场，本质上是将文件固有的"党""政"双重属性简化为"党"单一属性，主动回避涉及政府职权范围的"行政"因素，即将党政联合发文直接认定为党务信息或者党的文件，进而回避对文件内容的实质审查。究其根本，党政联合发文的属性问题一直存在争议，学界和实务界对此尚未达成共识，目前主要有软法说[③]、制度说[④]、单一属性说[⑤]、双重属性说[⑥]等观点，基于此，法院针对党政联合发文信息公开在总体上持相对保守的态度，即坚持党内法规单一属性说。但事实上，单一属性说面临着难以凸显联合文件的制定主体、制定依据、调整范围等的二元性特征，更难以解释其实际效力外溢的问题。

3. 刻意对党政联合发文信息分割

实践中，多数法院在认定党务信息或政府信息的过程中已然陷入了"非此即彼"的逻辑陷阱。这与对党政联合发文的属性界定有关，此处不再赘述。但需要注意的是，即便法院承认此类文件兼具双重属性，从而认为文件包括

[①] 参见《上海市政府信息公开规定》第五十二条规定：依法履行行政管理职能的党的工作机构以及法律、法规授权的具有管理公共事务职能的组织公开政府信息的活动，适用本规定。

[②] 沈定成：《政府信息公开司法审查制度研究》，东南大学出版社2021年版，第61页。

[③] 参见罗豪才、宋功德：《认真对待软法——公域软法的一般理论及其中国实践》，载《中国法学》2006年第2期。

[④] 参见秦前红、张晓瑜：《论党政联合发文的制度属性》，载《中共中央党校（国家行政学院）学报》2021年第4期。

[⑤] 参见中共中央办公厅法规局编：《中国共产党党内法规汇编》，法律出版社2021年版；参见王振民：《党内法规制度体系建设的基本理论问题》，载《中国高校社会科学》2013年第5期；参见郭世杰：《论党内法规向国家法律转化的具体路径》，载《中共福建省委党校学报》2019年第1期。

[⑥] 参见宋功德：《党规之治：党内法规一般原理》，法律出版社2021年版，第856页；参见封丽霞：《党政联合发文的制度逻辑及其规范化问题》，载《法学研究》2021年第1期；参见张力：《党政联合发文的信息公开困境与规则重塑：基于司法裁判的分析》，载《中国法学》2020年第1期。

党务信息和政府信息，但二者是否能够作出严格的内容区分。例如，在某案例中，法院承认党务信息和政府信息同时存在，但只限于同一个文件中彼此独立的两部分，最终仍将申请公开的信息认定为党务信息或政府信息，从而作出裁判。① 事实上，在党的全面领导和中国新型政党制度的时代背景下，根据《中国共产党党务公开条例（试行）》第二条②与《政府信息公开条例》第二条③，党组织"实施党的领导活动"通常会涉及行政机关"履行行政管理职能"，行政机关"履行行政管理职能"必然亦离不开党组织"实施党的领导活动"。简言之，党务信息与政府信息在当下呈现出彼此交叉、相互融合的形态。倘若只聚焦于判断文件内容究竟属于党务信息或是政府信息，或者某些内容属于党务信息、某些内容属于政府信息，实际上系刻意且强行对二者进行物理性分割，加之法院难以实质审查认定党务信息，此举难具有可操作性，不仅会陷入循环论证的逻辑怪圈，也会存在超出司法权限边界之风险，最终难以有效破局。

三、党政联合发文信息公开的司法应对

尽管目前的司法裁判困境很大程度上源于缺乏明确的规范依据，需要未来从立法立规的层面构建制度，明确公开主体、范围、程序、救济等。但法院在当下不应"无所作为"，主动着眼于现有规范制度，构建起一套行之有效的司法应对机制，实现将党政联合发文纳入司法审查轨道。

（一）司法应对的基本原则

1. 坚持党政联合发文的双重属性

作为横跨党内法规制度体系和国家法律体系的极具中国特色的制度形态，党政联合发文的制定主体、调整事项、效力范围等无疑体现出典型的党政复合型特征，党组织联合行政机关发文无疑是将党的领导融入行政机关的权力运行实践之中，从本质上凸显党对行政机关的全面领导关系，实质影响到以国家社会治理事项为规范客体的行政职权，进而同时实现对党务与政务的调

---

① 参见江西省抚州市中级人民法院（2018）赣10行初147号行政判决书。
② 《中国共产党党务公开条例（试行）》第二条规定：本条例所称党务公开，是指党的组织将其实施党的领导活动、加强党的建设工作的有关事务，按规定在党内或者向党外公开。
③ 《政府信息公开条例》第二条规定：本条例所称政府信息，是指行政机关在履行行政管理职能过程中制作或者获取的，以一定形式记录、保存的信息。

整。因此，界定党政联合发文兼具党内法规与国家法律双重属性，能够从本质上科学揭示"党""政"复合结构要素，能够凸显我国特殊的政治和法治现象的"规范"特征，为党政联合发文的规范化水平、法治化进程提供了新的起点。基于此，法院在面对这类文件时应当认识到其固有的双重属性，承认其中内容可能会涉及公民、法人或其他组织权利和义务的"行政规范"事项，从而切实依法履行对其中政府信息的合法性审查职责，以期明确此类信息的判断标准，树立司法权威和公信力。

2. 遵循党政联合发文的不可分割性

党政联合发文的双重属性具体表现为"一体两面"特征，"一体"是指针对同一个文件，"两面"是指党务信息面向与政府信息面向，两种面向看似泾渭分明、毫不相关，但实际上呈现高度融合的形态。如上文所述，鉴于新时代背景下党对行政机关的领导关系、党务信息与政府信息目标价值的同一性以及司法谦抑原则[①]的考量，加之信息划分技术、成本等因素综合作用，至少目前强行分割党务信息和政府信息是难以实现的。对此，有学者主张以行政性作用的强弱程度进行划分，但"程度"标准的主观性和不确定性只会让这一思路处于理想化状态。事实上，法院无须将目光聚焦于某一信息究竟属于党务信息或是政府信息，或者某一信息的党务信息属性和政府信息属性的比重权衡，而只需将视野集中于具有国家法律属性与政府信息面向的文件信息，集中论证申请公开的信息是否满足《政府信息公开条例》对"政府信息"界定这一实质问题，即是否属于政府信息，不必讨论党务信息，最终据此作出是否落入政府信息公开范畴的裁判即可。

(二) 司法应对的具体进路

在坚持上述基本原则的基础上，司法应对实际上转化为法院对"政府信息"的实质认定，以及适用公开豁免规则等，因此具体进路可分成"两步走"：第一步对"是不是政府信息"进行认定，第二步对"能不能信息公开"进行审查。

---

① 参见黄永维、郭修江：《司法谦抑原则在行政诉讼中的适用》，载《法律适用》2021年第2期。

1. 对"是不是政府信息"的认定

根据《政府信息公开条例》第二条,① 可提炼出政府信息四要素:主体要素、职能要素、来源要素、载体要素。在这一步骤中,法院应对文件是否同时具备上述四要素加以审查。

(1) 主体要素

在判断是否属于政府信息时,法院论证行政机关作为参与制作的主体地位是证成的首要前提,因此从逻辑上应首先审查行政机关是否为党政联合发文的制作机关。而在某案例②中,法院认为"党委制作的信息涉及履行社会公共管理职责内容,应纳入政府信息范畴",这一逻辑只注重职能要素,将实质内容作为唯一依据,忽视了政府信息的主体要素,也忽视了制作涉及公共管理职责内容信息的主体本应是行政机关。根据《党政机关公文处理工作条例》第九条规定,法院可通过发文字号、发文机关标志、公文标题、印章、落款单位等形式要素综合判断行政机关是否为文件的制作主体。需要特别注意的是,党政联合发文本身就是党组织与行政机关采取联合形式发文,即党组织作为主办机关地位并不排斥行政机关作为协办或者参与的地位,倘若仅以发文字号、发文机关标志等直接排除行政机关的地位,存在明显不当。

(2) 职能要素③

职能要素是判断文件是否属于政府信息中最为核心的部分,对"行政"属性的识别问题是目前司法裁判中的重点、难点。首先,具体行政机关是否享有特定行政权。法院应依据《宪法》《地方各级人民代表大会和地方各级人民政府组织法》以及具体机关"三定"方案等审查其是否具有特定行政职能。其次,具体行政机关是否"履行行政管理职能"。法院对此应当摒弃形式化标准,转向实质化标准,集中审查信息内容是否属于"履行行政管理职能",即某特定行政机关是否在相应职权范围内履行相应行政职能。因此,经实质审查后,有以下情形规则:其一,仅有联合发文的形式,内容仅涉及宏观上党的领导或党的建设工作,属于"绝对党务型"党政联合发文,无法满

---

① 《政府信息公开条例》第二条规定:本条例所称政府信息,是指行政机关在履行行政管理职能过程中制作或者获取的,以一定形式记录、保存的信息。

② 参见江西省赣州市中级人民法院(2015)赣中行初字第79号行政判决书。

③ 《政府信息公开条例》修订之前,这一要素指向的是"职责",但并未明确是何种职责,诸多学者明确指出其履行的是"行政"职责,司法实践也是遵循"行政职权的行使"的认定标准。新修订的《政府信息公开条例》明确以"履行行政管理职能"取代"履行职责",对其进行具体化明确。

足该职能要素。其二，仅有联合发文的形式，内容实际完全指向具体的行政管理事务，属于"绝对行政型"党政联合发文，满足该职能要素。上述两种情形仅作为名义上的"党政联合发文"，实际上属于纯粹的党务信息或政府信息。其三，内容既涉及宏观政策方向指引等党的领导活动，也涉及具体行政事务等行政管理领域，本质上属于党领导下的行政机关履行行政管理职能，应当认定其具备职能要素。这是实践中最为常见且最为复杂的情形，也是"名副其实"的党政联合发文。

(3) 来源要素

判断这一要素的关键在于如何理解"行政机关制作或者获取"：是仅包括单独制作或者获取的情形，还是能涵盖与其他机关共同制作或者获取的情形。鉴于党政联合发文呈现"井喷式"增长的发展态势以及充分保障公民知情权的需要，法院不应对此作出严格的限缩解释，从文义解释出发也应当认定包括共同制作或者获取的情形，认为"共同制作"不属于"行政机关制作"的逻辑①亦有违常理。基于此，就"制作"而言，法院可以在审查主体要素的同时进行考量，即以诸多形式要素判断行政机关作为主办或者协办机关的共同制作地位。就"获取"而言，法院可采取"实际持有说"，即以行政机关是否实际持有进行判断，如根据《党政机关公文处理工作条例》第二十七条的规定，②若行政机关作为主办机关，则由其对原件进行归档；若党组织作为主办机关，则由行政机关保存复制件。可见，无论行政机关归档原件或是保存复制件，均能证明其实际持有该信息。

(4) 载体要素

对于信息载体，要求满足"以一定形式记录、保存的信息"。在政府信息公开的司法实践中，多数法院对此认定标准为该信息是否具有实际记载性且已经实际进行了记载，即将"一定形式"具化为实际记载。③无论作何解释，传统意义的文字形式以及现代意义的电子形式均无疑满足了该载体要素，

---

① 参见上海市静安区人民法院（2015）静行初字第237号行政判决书。
② 《党政机关公文处理工作条例》第二十七条规定：需要归档的公文及有关材料，应当根据有关档案法律法规以及机关档案管理规定，及时收集齐全、整理归档。两个以上机关联合办理的公文，原件由主办机关归档，相关机关保存复制件。机关负责人兼任其他机关职务的，在履行所兼职务过程中形成的公文，由其兼职机关归档。
③ 转引自王军：《"政府信息"的司法认定——基于86件判决的分析》，载《华东政法大学学报》2014年第1期。

实践中对此认定不存在争议，法院只需在形式上审查载体是否现实存在即可。

综上，倘若不满足上述要素之一，法院应判定不属于政府信息；倘若同时满足四要素，法院应认定属于政府信息，由此进入下一步审查。

2. 对"能不能信息公开"的审查

当申请公开的党政联合发文被认定属于政府信息时，未必必然进行政府信息公开，而是需要进一步审查"能不能信息公开"。

（1）审查信息公开豁免条款

根据《政府信息公开条例》第十三条第一款①之规定，第十四条②、第十五条③、第十六条④属于政府信息公开的豁免条款，鉴于此类文件不涉及个人隐私及商业秘密，故第十五条不作为其信息公开豁免情形。第一，对第十四条的法律适用。该条款具体包括以下三种情形：一是依法确定为国家秘密的政府信息。鉴于行政机关的专业性，法院首先应尊重行政机关认定国家秘密的首次判断权，依据《保守国家秘密法》等进行合法性审查，包括但不限于是否遵循定密依据、定密权限、法定程序等。需要注意的是，即便法院集中聚焦于联合文件的政府信息面向，鉴于此类文件事实上也可能包含党务信息，可能会涉及党的秘密和工作纪律等，而党的秘密和国家秘密具有极强的关联性和高度的重合性，需妥善处理好信息公开与保守党和国家秘密的关系，如可在个案中借助三方沟通协调机制等加以解决。二是法律、行政法规禁止公开的政府信息。法院应依法审查涉及政府职权范围事项的信息在特定行政领域中是否存在相应的禁止情形。三是公开后可能危及国家安全、公共安全、经济安全、社会稳定的政府信息。上述不确定法律概念的内涵与外延是开放式的，与党和国家秘密以及政治安全具有较强的关联性，也需妥善处理。对

---

① 《政府信息公开条例》第十三条第一款规定：除本条例第十四条、第十五条、第十六条规定的政府信息外，政府信息应当公开。

② 《政府信息公开条例》第十四条规定：依法确定为国家秘密的政府信息，法律、行政法规禁止公开的政府信息，以及公开后可能危及国家安全、公共安全、经济安全、社会稳定的政府信息，不予公开。

③ 《政府信息公开条例》第十五条规定：涉及商业秘密、个人隐私等公开会对第三方合法权益造成损害的政府信息，行政机关不得公开。但是，第三方同意公开或者行政机关认为不公开会对公共利益造成重大影响的，予以公开。

④ 《政府信息公开条例》第十六条规定：行政机关的内部事务信息，包括人事管理、后勤管理、内部工作流程等方面的信息，可以不予公开。行政机关在履行行政管理职能过程中形成的讨论记录、过程稿、磋商信函、请示报告等过程性信息以及行政执法案卷信息，可以不予公开。法律、法规、规章规定上述信息应当公开的，从其规定。

此，按照举证责任倒置规则，由行政机关对危及"三安全一稳定"承担说理举证义务，并提供已报请有关部门审核的依据材料。① 法院在审查时，要关注利益衡量问题，运用好"利益平衡规则"，② 比较公开与否对国家安全、公共利益等的影响，而利益衡量的结果就是政府信息公开与否的理由。必要时，亦可借助三方沟通协调机制。第二，对第十六条的法律适用。该条款包括内部性信息、过程性信息以及行政执法案卷信息③三种情形。④ 一般认为，申请公开的信息涉及内部机构人员、工作方案等内部性信息，或者请示批复、会议纪要等过程性信息的，法院应适用该豁免条款作出不予公开的裁判。而一旦上述信息向"外部性""处分性"转变，俨然难以再落入该条款的豁免范围。例如，文件信息实际作为行政机关作出具体行政行为的直接依据，在某案例中，尽管申请公开的"建设指挥部指挥长任命的文件及通知"属于内部性信息，但法院认为该文件实际用于建设工程的实施工作，属于行政职能范畴。⑤ 又如，文件信息已经对公民、法人或者其他组织的权利义务产生实质影响，在某案例中，申请公开信息为"党政联席会议的决定书或会议记录"，法院认为其系行政机关履行对村委会的工作给予指导、支持和帮助的法定职责，故应当公开。⑥

（2）建立法院与党组织、行政机关的沟通协调机制

鉴于党政联合发文兼具双重属性、党务信息与政府信息呈现深度融合，即便法院集中聚焦于审查认定政府信息，同处一个文件中的党务信息也难免会交叉牵涉其中，可能涉及前文提及的党的秘密、政治安全等，法院依然无法也不能完全忽视这一情形，从客观上仍面临对党务信息及党务公开的"决断"。因此，为探索推动党务公开与政务公开的衔接联动，可以引入法院与党组织、行政机关的沟通协调机制。具体而言，针对申请公开的信息，法院经

---

① 参见程琥：《新条例实施后政府信息公开行政诉讼若干问题探讨》，载《行政法学研究》2019年第4期。
② 参见沈定成：《政府信息公开司法审查制度研究》，东南大学出版社2021年版，第187页。
③ 鉴于实践中的党政联合发文基本不会涉及行政执法案卷信息的情形，故不作具体阐述。
④ 在《政府信息公开条例》修订前，内部性信息与过程性信息往往因缺乏第一步中的职能要素而被排除在政府信息范畴之外。新修订的《政府信息公开条例》出台后，明确了内部性信息与过程性信息均属于政府信息，但可以被豁免公开，故本文认为法院对其审查应由"是不是政府信息"进入"能不能信息公开"的豁免规则适用。
⑤ 参见河南省济源市中级人民法院（2018）豫96行初8号行政判决书。
⑥ 参见福建省泉州市中级人民法院（2019）闽05行终63号行政判决书。

形式判断认为属于党的领导建设工作等党内事务，经实质审查认为属于行政管理事务，即"名副其实"的党政联合发文。其一，对于明显不涉及党务公开豁免的，法院直接依法作出政府信息公开的裁判即可，仍无须讨论党务信息。其二，对于可能涉及上述党务公开豁免的，特别是行政机关在诉讼中的主张及举证依据均指向于此，法院可以针对个案通过召开联席会议等形式与党组织、行政机关加强协调交流，通知制发机关各自选派代表参加会议，就是否存在党务公开豁免情形听取代表意见及提供相应的证明材料，此时法院只进行形式审查，倘若无法提供相应的证明，法院应依法针对政府信息作出公开的裁判。倘若确有证据证明符合上述党务公开豁免规则，法院一般可以转化为依据《政府信息公开条例》第十四条关于国家秘密、"三安全一稳定"等规定予以豁免，此时的《中国共产党党务公开条例（试行）》等党内法规相关规定可以在裁判说理部分予以体现。① 当然，若能够作区分处理的，也可以作出部分信息公开的裁判，无论如何不应采取僵化"一刀切"处理方式，应当"具体情况具体分析"。但对于无法转化为通过政府信息公开豁免的政府信息，实际又满足党务公开豁免情形的，法院可以根据规定向有关党组织发送司法建议。② 有学者认为，人民法院司法建议的发送对象理所当然地包含党务机关。③ 另外，法院也可以探索通过向联合文件的制发机关发送意见函等方式听取其意见，以及直接向制发机关提出应当公开的司法建议等，加强良性互动，从司法层面上推动党务公开与政务公开的衔接联动。如此，方能在尊重党组织对党务的判断决定权与充分保障公民知情权之间实现兼顾，在法院依法履行合法性审查职责与司法对党组织及党务信息保持谦抑之间达到平衡。

四、结语

当今时代是信息时代，信息资源具有极其重要的意义。由于政府信息直

---

① 从最高人民法院的相关案例来看，党内法规可作为法院审案时的裁判说理。例如，在（2016）最高法行申1744号行政裁定书中，法院适用中共中央办公厅、国务院办公厅印发的《机关档案工作条例》进行说理。在（2018）最高法行申1589号行政裁定书中，法院适用《党政机关公文处理工作条例》进行说理。
② 参见《最高人民法院关于加强司法建议工作的意见》法〔2012〕74号。
③ 章志远：《挑战与回应：党政联合发文的法治化路径初探》，载《党内法规理论研究》2019年第1期。

接或间接与国家权力和公民权利相关,因此推动政府信息的公开已成为推进法治国家建设和国家治理体系现代化建设的重要抓手。[①] 党的十八大以来,作为中国特色社会主义国家治理体系下的产物,党政联合发文数量日益剧增、重要性日趋凸显,而这一极具中国特色的制度载体无疑给传统的政府信息公开带来了全新的挑战。本文通过结合党规与国法,在过程与手段上做一些调整,尝试构建起一套司法层面的应对机制,促使人民法院既能坚持司法谦抑原则、遵循司法审查的法定权限,又能坚守依法审判的底线、切实履行审查职责,从而实质性解决党政联合发文信息公开面临的难题,进而实现对公民知情权救济的终局保障。当然,本文旨在发现并提出问题,尝试构建的应对机制存在一定的局限,且仅作为司法审查视野下的法院应对方案,实为抛砖引玉,以期引起更多理论与实务界的关注。

(作者单位:浙江省高级人民法院)

[①] 参见耿宝建、周觅:《论政府信息公开领域起诉权的滥用和限制》,载《行政法学研究》2016年第3期。

政府会议纪要的司法规制

——以最高人民法院裁判为样本的分析*

王和平　朱启骞

【摘要】 基层政府以会议纪要而非行政决定的方式贯彻其行政意图时，可能减损市场主体合法权益或者增加其义务，却以"内部文件"为由避开行政诉讼的监督。考察司法实践中常见的内部行政行为、规范性文件、职权依据或行为、行政调解、行政协议这五类会议纪要，发现存在对纪要的审查门槛较高、审查程度不深、审查结果不同等问题。实践中，对会议纪要的审查多数还停留在是否可诉层面，其本质是司法衡量问题，即是否有必要通过司法介入的方式调整该行为。实际上，对当事人合法权益不产生"实际影响"的行政行为不能纳入司法审查范围。目前，对"实际影响"的考量因素主要为会议纪要和前后行政行为的关联性、会议纪要议定事项的限度等。在此基础上，从目的、内容和形式三个方面探求了会议纪要司法审查的分类识别标准。同时，对常见三类典型会议纪要进行了分析并就纪要中热点、难点问题提出了处理路径，以期实现法治政府建设目标。

【关键词】 会议纪要　法治政府　司法审查

一、法治政府建设新方向

2020年，习近平总书记在中央全面依法治国工作会议上强调"法治政府建设是重点任务和主体工程，要率先突破，用法治给行政权力定规矩、划界限，规范行政决策程序，加快转变政府职能"。[①] 为落实这一要求，《法治政

---

* 本文系江苏省社会科学基金项目"干部容错案例说理的可接受性及其实现研究"（22DJD003）的阶段性成果。

[①] 参见《习近平在中央全面依法治国工作会议上强调　坚定不移走中国特色社会主义法治道路　为全面建设社会主义现代化国家提供有力法治保障》，载《中国青年报》2020年11月18日，第1版。

府建设实施纲要（2021—2025）》明确提出要"加快构建职责明确、依法行政的政府治理体系，全面建设职能科学、权责法定、执法严明、公开公正、智能高效、廉洁诚信、人民满意的法治政府，为全面建设社会主义现代化国家、实现中华民族伟大复兴的中国梦提供有力法治保障"。[①] 为此，法治建设需要关注行政权的规范运行，通过法治手段降低行政权力行使的不确定性，才能更好发挥法治"固根本、稳预期、利长远"的作用。党的二十大报告指出："法治政府建设是全面依法治国的重点任务和主体工程。转变政府职能，优化政府职责体系和组织结构，推进机构、职能、权限、程序、责任法定化，提高行政效率和公信力。"政府角色转变决定了权力行使从刚性向柔性、单一决策向多部门共同研究、行政首长决定向会议决议方式转变。在会议决议已经成为各级政府及其职能部门行使职权的主要模式背景下，行政决定开会研讨是行政机关的常见决策模式，通过会议纪要方式将会议决策固定下来并下发执行也就成为行政管理的重要方式之一。

根据《党政机关公文处理工作条例》第八条第十五项之规定，纪要适用于记载会议主要情况和议定事项。由于制作简便、规范化程度低、内容不受限制、无固定权限与程序限制，基层管理实践中出现纪要的性质不清、定位不准、界限不明、法律依据不足及内容泛化等问题：有的行政机关以会议纪要代替行政决定，直接影响市场主体的生产经营活动；有的以会议纪要作为不履行与市场主体所签行政协议或所作承诺的正当理由；有的将会议纪要作为规范性文件使用，以普遍规制方式影响市场主体的活动；有的以会议纪要介入民事纠纷，处理平等主体间的民事权利；还有的行政机关对会议纪要采取"实用主义"态度，合则用，不合则强调"纪要"不是行政决定，甚至直接再通过会议出台新的纪要推翻原有纪要。

会议纪要虽然并非传统意义上典型的行政行为，但其产生的问题值得关注，需要妥善处理。纠正会议纪要存在的相关问题，使之规范化、法治化，成为政府决策与管理的有效手段，打造国际化、法治化、透明化的营商环境，人民法院通过行政诉讼进行的司法监督显得尤为重要。然而，由于种种原因，司法对会议纪要的审查仍是个案，实务界对会议纪要的可诉性、如何"外

[①] 《法治政府建设实施纲要（2021-2025年）》，载中国政府网，http://www.gov.cn/zhengce/2021-08/11/content_5630802.htm，2024年11月1日访问。

化"、起诉期限、审查强度，以及合法性审查标准等关键问题，远未形成统一的裁判尺度。

此外，此前涉及会议纪要的规定，主要以规范性文件方式进行规范：以优化营商环境相关规定为例，各地政府及其部门不少是通过发布规范性文件的方式进行规范，如地方性法规《辽宁省优化营商环境条例》，对行政机关招商引资中随意承诺和变更、行政执法权滥用等情况作出规制。但这些措施回应的是各地实际，具有明显的地域特色。同时，这些规定未考虑到名为会议纪要实为其他行政行为等现象及分流处理；相关规定主要对行政机关作出禁止规定，也未从法治的不同维度考量及考虑各责任主体的协作和制约，相应措施具有单向性，亟须制定会议纪要的制作、效力、审查等基本规则。

鉴于此，本文对最高人民法院近年来审理的典型案例进行梳理和分析，研究会议纪要的规范与审查，以解决基层政府依法"纪要"、依法执行问题。

二、会议纪要的司法实践现状分析

严格来说，会议纪要只是形式而非独立的行政行为。由于纪要适用于会议记载，因而会议纪要的性质、内容取决于会议的性质、内容以及具体形成的决议的性质。为分类考察，笔者以"会议纪要"为关键词在中国裁判文书网搜索最高人民法院行政裁判文书共计 680 份（截至 2022 年），从中筛选出以"会议纪要"为审查对象的文书 132 份。对此，根据会议纪要的司法认定实践做分类梳理，以尝试归纳会议纪要司法审查的一般标准。

（一）司法实践认定现状

司法实践对会议纪要的处理类似原《中华人民共和国合同法》（已失效）（以下简称《合同法》）第一百二十四条[1]以及《中华人民共和国民法典》（以下简称《民法典》）第四百六十七条第一款[2]中"无名合同参照有名合同处理"的方式，按已有行政行为分类审查，基本体现为"内部行政行为、规范性文件、职权依据或行为、行政调解、行政协议"这五类。其中，涉及内

---

[1] 《合同法》第一百二十四条规定：本法分则或者其他法律没有明文规定的合同，适用本法总则的规定，并可以参照本法分则或者其他法律最相类似的规定。

[2] 《民法典》第四百六十七条第一款规定：本法或者其他法律没有明文规定的合同，适用本编通则的规定，并可以参照适用本编或者其他法律最相类似合同的规定。

部行政行为的有 41 个案件，案件类型主要为政府信息公开、行政征收等；涉及行政允诺的有 5 个案件，其他案件相对分散。具体情况为：

1. 内部行政行为

案例一：某科技公司等诉某市人民政府行政纠纷案①

案情：某市政府召开市政府办公会议，作出"368 次会议纪要"对某科技公司等公司行使国有土地使用权权益予以限制，暂不办理土地抵押或其他登记业务申请。后某科技公司等公司提起行政诉讼，请求法院依法确认某市政府作出的"368 次会议纪要"中，关于对某科技公司等公司名下的房地产暂时控制等限制其行使国有土地使用权权益的内容违法并撤销。一审法院裁定驳回其起诉，二审维持一审裁定。某科技公司等公司不服原裁判，向最高人民法院申请再审。

最高人民法院再审认为，本案中，某科技公司等公司以某市政府"368 次会议纪要"限制其对涉案土地进行抵押为由，请求撤销该会议纪要的相关内容。但"368 次会议纪要"系记载和传达某市政府会议情况和议定事项的行政机关内部公文，并未向某科技公司等公司送达，也不直接设定某科技公司等公司的权利义务，并不对其产生直接影响。因此，某科技公司等公司对某市政府"368 次会议纪要"提起行政诉讼，不符合法律规定，不应得到支持。

从该案例看，最高人民法院一般按《党政机关公文处理工作条例》规定将会议纪要认定为记载和传达会议内容的内部意见，不涉及当事人权利义务，即既不为当事人设定权利义务，也不减损当事人权利义务。例如，在"尚某诉某市人民政府撤销会议纪要案"② 及"高某诉某自治区人民政府行政管理案"③ 中对会议纪要的认定同样遵循了这一思路。有些案例则以会议纪要约束主体的相对性来认定会议纪要具有内部性、不对其他当事人产生影响而否定其可诉性。有的案例直接认为会议纪要的效力仅限于行政机关内部，对相对人要产生影响必须由行政机关另行作出行政行为。④ 这些案例均从会议纪要的形式判断其性质，认定其系内部性行为。

---

① 参见最高人民法院（2021）最高法行申 3064 号行政裁定书。
② 参见最高人民法院（2017）最高法行申 8731 号行政裁定书。
③ 参见最高人民法院（2018）最高法行申 1179 号行政裁定书。
④ 参见最高人民法院（2020）最高法行申 5918 号行政裁定书。

内部性会议纪要还常见于行政征收案件中,如在征收决定和征收补偿决定前一般开会决策并形成会议纪要,没有后续外化过程,实际对当事人产生影响的是征收或补偿决定。① 信息公开纠纷案件中,纪要的内部特性更加明显,不仅认为会议纪要"属于行政机关内部公文……属于意思形成的信息,一旦过早公开,可能会引起误解和混乱,或者妨碍坦率的意见交换以及正常的意思形成,从而降低政府效率",② 法律依据上多数适用《国务院办公厅关于做好政府信息依申请公开工作的意见》(国办发〔2010〕5 号)第二条③作为不公开这类会议纪要的理由。还有的认为制作会议纪要的审批程序属于内部管理。④

最高人民法院认定会议纪要为内部行政行为的理由大同小异:基本为"内部记录+不产生对外法律效力+不直接为当事人设定权利义务"或强调会议纪要未外化,具有内部性和过程性。对于会议纪要"直接向相对人作出""送达""执行"等情况,最高人民法院认可会议纪要由内部行为转化为外部行为。⑤ 例如,在"马某诉某市人民政府确认会议纪要违法案",最高法院认为内部会议纪要内容需要经过审批、具体实施后才对相对人产生实际影响。⑥

据此,对这类会议纪要是否纳入司法审查的边界可归纳为两要素:一为是否为当事人设定权利义务;二为是否公开或者实施。对此,前述案例一亦作出明确论述:368 次会议纪要系记载和传达某市政府会议情况和议定事项的行政机关内部公文,并未向某科技公司等公司送达,也不直接设定某科技公司等公司的权利义务,并不对其产生直接影响。因此,从规范角度,如会议纪要为当事人设定权利义务,则需要公开或者送达,否则不能作为确定权

---

① 参见最高人民法院(2020)最高法行申 1559 号行政裁定书。
② 参见最高人民法院(2017)最高法行申 1310 号行政裁定书。
③ 《国务院办公厅关于做好政府信息依申请公开工作的意见》(国办发〔2010〕5 号)第二条规定:……行政机关在日常工作中制作或者获取的内部管理信息以及处于讨论、研究或者审查中的过程性信息,一般不属于《条例》所指应公开的政府信息……
④ 参见最高人民法院(2017)最高法行申 1015 号行政裁定书。
⑤ 最高人民法院(2017)最高法行申 5512 号行政裁定书认定"该会议纪要未通过送达等途径外化";最高人民法院(2017)最高法行申 2037 号行政裁定书则以会议纪要内容没有直接对外作出而否定其对外效力。从以上裁判文书可以推论,"送达"或"直接向当事人作出"是最高人民法院认可的内部行政行为外部化的一种方式。
⑥ 参见最高人民法院(2019)最高法行申 14183 号行政裁定书。

利义务的依据。这在《中华人民共和国行政处罚法》中也有所体现。①

2. 规范性文件

案例二：任某、尚某等诉某市人民政府撤销会议纪要案②

案情：某公路项目经立项审批、用地征收，由原某县政府进行建设。某县政府召开县长办公会议形成《会议纪要》，其中载明："线外拆迁问题，路肩至主房门面墙5米范围内或5米外因公路提高、降低导致出路、出水不畅无法生活的，经本人同意，原则上可按线外拆迁户对待。"任某等人认为该条内容违反了《公路安全保护条例》的规定，影响其合法权益，遂提起行政诉讼，请求法院撤销会议纪要或者判决某市政府重新作出具体行政行为。一、二审法院均未支持其诉请，任某等人不服原裁判，向最高人民法院申请再审，某市政府抗辩会议纪要属于规范性文件。

最高人民法院再审认为，根据相关规定，公路建筑控制区划定前已经合法修建的不得扩建，因公路建设或者保障公路运行安全等原因需要拆除的应当依法给予补偿。据此，对于公路建筑控制区划定前已经合法修建的房屋，因公路建设或者保障公路运行安全等原因需要拆除的才予以拆除，不需要拆除的则不予拆除。本案中，任某等人的房屋修建于案涉省道扩建之前，在省道建筑控制区15米范围内，原某县政府根据实际情况作出被诉会议纪要，系行政机关行使自由裁量权的范畴。因此，原审法院判决驳回任某等人的要求撤销被诉会议纪要的诉讼请求，并无不当。

发布规范性文件是政府对社会秩序整体规范的重要方式，法治政府建设要求完善这类文件制定和审核程序，以会议纪要代替规范性文件规避了程序限制。同时，《中华人民共和国行政诉讼法》（以下简称《行政诉讼法》）第五十三条明确对规范性文件不单独审查，这也是为何案例二中当事人对会议纪要提出异议时，政府以"属于规范性文件"抗辩，目的在于排除审查，这种抗辩容易得到法院认可且不会进入司法审查程序。但也存在例外，如《最高人民法院公报》2003年第4期刊登的"吉德仁等诉盐城市人民政府行政决定案"中，针对名为规范性文件，实质针对具体对象、事项作出决定且要求

---

① 《中华人民共和国行政处罚法》第五条第三款规定：对违法行为给予行政处罚的规定必须公布；未经公布的，不得作为行政处罚的依据。
② 参见最高人民法院（2017）最高法行申6674号行政裁定书。

执行的行为，江苏高院就明确该会议纪要是可诉的行政行为并予以审查。①2014年2月24日，最高人民法院办公厅《关于印发〈行政审判办案指南（一）〉的通知》（法办〔2014〕17号）中明确："行政机关发布的具有普遍约束力的规范性文件不可诉，但包含具体行政行为内容的，该部分内容具有可诉性。"该规定实际对规范性文件又作了进一步区分和细化，从内容角度决定这类纪要的审查方向。

3. 职权依据或行为

案例三：某房地产公司诉某区人民政府不履行法定职责案②

案情：某区法院公开拍卖半成品商住楼未成功，某区政府召开前述资产处置的协调会并形成《会议纪要》，提出"四个允许"："1. 允许补办立项、建设、征地、消防等有关审批手续。2. 允许按照现状规划指标续建（除12号楼需保持现状完善建设外）。3. 两块未建空地共7.4亩允许适度放宽规划指标建设。4. 允许竞得者更改生活小区名称。"2004年再次拍卖后，某房地产公司中标并交足款项。后某房地产公司请求对项目规划指标进行调整，但直至2016年，《会议纪要》载明的允许事项都未办理完，某房地产公司提起行政诉讼，要求法院确认某区政府未履行会议纪要的法定职责的行为违法等。一审法院驳回其诉请，二审维持原判决，某房地产公司不服原裁判，向最高人民法院申请再审。

最高人民法院再审认为，行政机关的"法定职责"的渊源甚广，既包括法律、法规、规章规定的行政机关职责，也包括上级和本级规范性文件以及"三定方案"确定的职责，还包括行政机关本不具有的但基于行政机关的先行行为、行政允诺、行政协议而形成的职责。会议纪要是行政机关常用的公文格式。原《国家行政机关公文处理办法》（已失效）第二条规定，行政机关的公文（包括电报，下同），是行政机关在行政管理过程中形成的具有法定效力和规范体式的文书，是依法行政和进行公务活动的重要工具。第九条第十三项规定，会议纪要适用于记载、传达会议情况和议定事项。《党政机关公文处理工作条例》第八条第十五项规定，纪要适用于记载会议主要情况和

---

① 参见江苏省高级人民法院（2003）苏行终字第025号行政判决书，载《最高人民法院公报》2003年第4期。

② 参见最高人民法院（2018）最高法行再205号行政判决书。

议定事项。可见，会议纪要已经议定的事项，具有法定效力，非依法定程序不得否定其效力，无论是行政机关还是相对人均应遵照执行。会议纪要议定的行政机关职责，亦因此而转化为该行政机关的法定职责。对本案而言，《会议纪要》议定的"四个允许"，是某区政府就涉案房地产后期开发的行政允诺，也即成为某区政府及其职责部门相应的法定职责。因此，最高人民法院撤销原裁判，确认某区政府未履行会议纪要确定职责的行为违法，并责令其限期依法履行该纪要确定的职责。

除了《地方各级人民代表大会和地方各级人民政府组织法》规定的政府权限，还存在法规、规章、规范性文件明确的政府及其部门职责。最高人民法院在案例三中，即将会议纪要议定事项认定为政府的职权依据。实践中，会议纪要被认定为政府职责的理由包括以下两类：

（1）行政允诺

例如，在"某房地产公司诉某区管理委员会请求置换土地案"中，突破性地将"行政机关的先行行为、行政允诺或协议"都纳入政府部门法定职责的渊源，并以此支持行政相对人要求政府履行会议纪要的请求。[①]

行政机关在资源利用和分配方面具有先天优势，这为其招商引资时作出行政承诺提供了诸多便利，会议纪要往往成为承诺载体。市场主体基于对行政机关公信力和会议纪要公文形式的信赖，积极投入融资和开展生产经营活动，但行政机关因领导换届、政策变更等原因拒绝执行会议纪要的情形不在少数。对此，《国务院办公厅关于聚焦企业关切 进一步推动优化营商环境政策落实的通知》（国办发〔2018〕104号）明确："各地区、各部门要把政府诚信作为优化营商环境的重要内容……凡是对社会承诺的服务事项，都要履行约定义务，接受社会监督，没有执行到位的要有整改措施并限期整改，对整改不到位、严重失职失责的要追究责任。"[②] 但这一规定系方向性倡导，内部自纠式的规定难以直接规制行政行为。前述案例从行政允诺角度将会议纪要认定为职责依据，不仅有利于推动政府诚信履行招商引资中对市场主体的承诺，而且对改变政府随意承诺等现象有积极意义。

---

① 参见最高人民法院（2019）最高法行申8477号行政裁定书。
② 《国务院办公厅关于聚焦企业关切 进一步推动优化营商环境政策落实的通知》（国办发〔2018〕104号），载中国政府网，http：//www.gov.cn/zhengce/content/2018-11/08/content_5338451.htm，2024年11月7日访问。

再如，在"饶某诉某区人民政府不履行法定职责案"中，最高人民法院针对具体问题进行具体分析，认为：1. 区政府负责将饶某信访事宜有关工作开展情况和后续处置专题报告市政府的内容属于上下级内部呈报的内部管理行为；2. 区政府并非相关补偿工作的法律责任主体，未认定区政府具有依据会议纪要直接向饶某付款的法定职责。① 换言之，对于法律、法规有明确职责主体规定的内容，最高人民法院未直接依据会议纪要认定职责。这一认定和案例三存在一定冲突。无独有偶，在"某工程运输公司诉某市工商行政管理局工商行政撤销决定案"中，行政机关主动提出以政府会议纪要作为其行政行为的权源依据，以证明其行为的合法正当性，但这一观点被最高人民法院否定。② 因此，并非所有涉及政府责任的会议纪要都被认定为政府职权依据，具体得区分会议纪要内容属于负担性还是授益性后再行判断。

（2）职权行为

典型之一是行政审批，《最高人民法院公报》2004 年第 11 期刊登的"念泗三村 28 幢楼居民 35 人诉扬州市规划局行政许可行为侵权案"中，当事人起诉撤销规划局核发的《建设工程规划许可证》，一审法院依上述逻辑认可会议纪要具有规划审批的作用。鉴于政府在土地、规划方面的审批权，③ 法律法规未规定批准形式，包含政府对土地、规划等同意表示的会议纪要也就被认定为批准，成为法院审查具体行政行为的程序内容。

典型之二是行政决定，如企业兼并、划拨土地决定。例如，在"某集团有限公司与某内燃机有限公司、某机械工业总公司企业兼并纠纷案"中，某市政府因企业兼并其他企业给予政策支持的申请作出会议纪要，工商部门根据会议纪要和企业申请颁发了营业执照；④ "刘某诉某区政府、某区建设发展公司行政管理案"中，会议纪要载明"从区建设发展公司承建的梅园路东段划出价值 2000 万元的地块，供施工单位开发，地价以有权机关评估的价格为准"，被法院认为是土地使用权的划拨。这类会议纪要实际代替了具体行政

---

① 参见最高人民法院（2019）最高法行申 9747 号行政裁定书。
② 参见最高人民法院（2014）行提字第 14 号行政判决书。
③ 《中华人民共和国土地管理法》规定了人民政府对土地利用总体规划、土地开发建设等方面的审批权；《中华人民共和国城乡规划法》规定了人民政府对城市、镇总体规划的审批权。
④ 参见最高人民法院民事审判第二庭编著：《最高人民法院关于企业改制司法解释条文精释及案例解析》，人民法院出版社 2015 年版，第 301—313 页。

决定。①

4. 行政调解

案例四：某建筑工程公司诉某区人民政府土地征用、划拨案②

案情：1998年1月，某区政府作出《关于某中学用地问题的会议纪要》载明，决定征用某建筑工程公司下属单位预制厂所在地用于某中学扩建，以某中学为名征地，某中学以地换地。1998年7月，某区政府作出《某中学用地协调会议纪要》载明，经与会同志反复磋商，达成共识，取消原纪要以地换地、以房换房的意见，划拨征用某建筑工程公司预制厂南边部分计6.015亩土地，每亩按16400元的标准补偿。某建筑工程公司提起行政诉讼，要求法院确认某区政府于1998年1月和1998年7月征用、划拨其6.015亩国有土地使用权的行政行为无效。一审法院驳回其起诉，二审维持原裁定，某建筑工程公司不服原裁判，向最高人民法院申请再审。

最高人民法院再审认为，某中学取得某建筑工程公司的国有土地使用权，是基于1998年7月3日双方之间签订并经某市政府批准的转让协议。虽然某区政府1998年7月作出的《某中学用地协调会议纪要》第三项载明："由区教委上报立项，划拨征用某建筑工程公司预制厂南边部分计6.015亩土地"，但是没有证据表明某区政府实际实施了"征用"某建筑工程公司土地，再"划拨"给某中学的行政行为。再审申请人与某中学签订协议书虽然是根据某区政府1998年7月所作会议纪要进行的，但该会议纪要是在某区政府组织下，各方当事人进行协商达成一致意见基础上形成的结果，并不具有强制执行力。再审申请人起诉要求确认某区政府于1998年1月21日和7月1日征用、划拨其6.015亩国有土地使用权的行政行为无效，缺乏事实根据。

该案例中会议纪要内容主要是各部门职能分工、工作原则等方面安排，未被认定为行政决定。又如，在"某房产开发有限公司诉某市人民政府其他行为违法案"中，最高人民法院认定两份会议纪要涉及对案涉商住楼问题的协调、调查处理措施和产权登记推进工作，本质上是政府协调其职能部门解决问题。③

---

① 参见福建省高级人民法院（2016）闽行终961号行政裁定书。
② 参见最高人民法院（2017）最高法行申1802号行政裁定书。
③ 参见最高人民法院（2018）最高法行申11426号行政裁定书。

《地方各级人民代表大会和地方各级人民政府组织法》规定上级政府对下级政府、本级政府对其部门系领导关系,这一关系促使政府成为涉市场主体事项的协调者,会议纪要成为协调处理的载体。正是由于行政调解体现了双方当事人的意思自治,双方当事人可以不经过调解程序或者不达成调解协议而直接起诉,即使是已经达成了调解协议,该调解协议也不具强制执行力,不具有限制人民法院对相关民事争议再行处理的效力。这类会议纪要中,行政机关是居中协调者,争议解决实质是双方当事人的合意,不涉及行政职权。

2009年7月24日印发的《最高人民法院关于建立健全诉讼与非诉讼相衔接的矛盾纠纷解决机制的若干意见》(法发〔2009〕45号)指出:"行政机关依法对民事纠纷进行调处后达成的有民事权利义务内容的调解协议或者作出的其他不属于可诉具体行政行为的处理,经双方当事人签字或者盖章后,具有民事合同性质,法律另有规定的除外。"对于这类会议纪要引发的纠纷定性及处理,明确除了法律、司法解释明确作为行政纠纷处理,一般按民事纠纷处理。

5. 行政协议

案例五:某纸业公司诉某县人民政府、某镇人民政府不履行行政协议纠纷案[①]

案情:某县政府各部门就某纸业公司的处置方案召开会议并形成会议纪要,议定"由某镇政府全权负责某纸业公司关闭相关处置工作"等内容。在资产评估基础上,某纸业公司与某镇政府多次协商并报请某县政府同意,签订《资产转让协议书》,明确依据会议纪要的要求,某纸业公司关闭公司,将公司资产清算后转让给某镇政府,该政府支付转让费等。协议签订后,某纸业公司尚有894.6万元没有得到支付。某纸业公司提起行政诉讼,要求两政府支付转让费及其利息,但未得到一、二审法院支持,于是向最高人民法院申请再审。

最高人民法院再审认为,案涉《资产转让协议书》系某镇政府为落实《会议纪要》决定与某纸业公司签订的,该协议的缔结主体为某镇政府,符合行政协议的主体要素。本案的争议焦点在于某县政府是否还是本案的适格被告。依据《中华人民共和国环境保护法》的相关规定,某县政府具有实施

[①] 参见最高人民法院(2017)最高法行申195号行政裁定书。

其行政区域环境保护治理工作的行政职责。《会议纪要》系在某县县委、县政府等主要领导参与的情况下,根据国家产业发展政策和按照上级党委、政府的要求,为实现节能减排目标而作出的关于关闭某纸业公司的专题纪要。该纪要决定,由某镇政府全权负责某纸业公司关闭相关处置工作。某镇政府依据《会议纪要》与某纸业公司签订《资产转让协议书》,系履行上级机关的决定,应视为某县政府委托某镇政府与某纸业公司通过《资产转让协议书》设定了相应的权利义务关系。另,某镇政府在签署协议前要报请县政府审核同意,在随后某纸业公司的催款过程中时任某县政府的县长在转让协议上也批示,要求分管副县长组织研究资金支付和国土使用权证等事项,亦进一步印证某县政府与某纸业公司之间的权利义务关系。故,依据《行政诉讼法》第二十六条第五款"行政机关委托的组织所作的行政行为,委托的行政机关是被告"的规定,原审法院认定某县政府系本案的适格被告,并无不当。

"行政协议"被逐步接受源于《行政诉讼法》第十二条第一款第十一项①的规定,案例五是行政协议被认可的表现。如认为《资产转让协议》是民事协议,按原《合同法》的规定应认为《资产转让协议》当事人一方是某镇政府,但法院却依据《行政诉讼法》第二十六条之规定,基于某县政府和某镇政府间的上下级关系认定构成行政委托,显然超出民事范畴。该案例还明确了行政协议和民事合同的识别标准:包括形式和实质标准,前者指主体,后者是标的及内容,即为行政法律意义上的权利义务,其中包含了行政职权、目标等方面内容。法院还认为行政协议具有强制执行力,并由行政机关自行执行或申请强制执行来实现其权益,这也是行政协议不同于民事协议之处。

此案之前,行政协议多经民事诉讼解决。

(二) 会议纪要司法审查中存在的问题

从司法实践看,对于以会议纪要形式出现的行政行为,司法保持较为谨慎的态度。审查特点主要体现如下:

一是审查门槛较高。多数法院认为会议纪要具有内部性,不对相对人实际权利产生影响,进而认为不属于受案范围并否定其可诉性,导致会议纪要

---

① 《中华人民共和国行政诉讼法》第十二条第一款第十一项规定:人民法院受理公民、法人或者其他组织提起的下列诉讼:(十一)认为行政机关不依法履行、未按照约定履行或者违法变更、解除政府特许经营协议、土地房屋征收补偿协议等协议的。

进入审查的数量减少。"是否对相对人产生实际影响"已经成为划分内外部行政行为、过程性行为和终局性行政行为的实践界限，这也是会议纪要进入审查前难以逾越的门槛。截至目前，理论对于何为"实际影响"未有定论，相对人和司法对于"实际影响"的认定存在很大差别。目前，从程序角度看，"实际影响"的举证责任分配给了原告，具体看会议纪要是否有外化的典型行为等形式。换言之，"实际影响"标准被替换为"外化"形式。这一形式固然有利于司法实际操作，但也存在认定僵化现象，忽略了"对相对人产生实际影响"这一核心：如笔者承办的案件中，政府会议纪要明确为扶持经济薄弱村，只有特殊主体才可以取得加油站，其他企业不再具备资格，法院以该纪要作为企业合作加油站合同能否履行的判断依据。这种民事影响是否属于行政诉讼法意义上对相对人的"实际影响"？如按当前对会议纪要的司法实践，这类会议纪要显然因为未公开或未实施等情况无法进入行政诉讼受理范围，加上证据原件保存于政府部门，相对人往往缺乏举证会议纪要真实且存在的能力，实际也剥夺了当事人权利的救济路径。申言之，问题在于，"实际影响"的判断权是在相对人、司法裁判者还是一般人的普遍视角？如"实际影响"作为规则由司法决定，是否存在法院既当规则制定者又当裁判者之嫌？

二是审查程度有限。法院审查会议纪要多从公文形式或会议纪要形成过程考量其定性，即使将会议纪要纳入审理范围，从搜索案例看，多数先入为主地认为会议纪要是政府沟通协调处理的结果或过程性记载，据此对这类会议纪要仅作形式审查，不再对纪要中涉及的权利义务进行条分缕析，也不对政府通过会议纪要行权的影响进行分析，审查程度有限；审查相对具有一定实体意义的则是行政允诺类会议纪要，但法院也多从诚信角度将允诺作为政府履职的依据，并未结合"职责法定"原则，各类法律、法规、规章与允诺之间的关系进行深入分析和厘清，审查程度有限也导致裁判结果受争议或存在矛盾裁判等情形。

三是审查结果不同。对同一类型的会议纪要，不同法院审查结果不同：对于具有政府及其部门协调事项内容的会议纪要，有的认为构成行政调解，有的认为构成行政协议，有的认为这类会议纪要不具有强制执行力。对于会议纪要中涉及具体部门职责的事项，有的认为构成行政允诺，应予履行；有的认为仅是常规化记载具体事项内容，或者是上下级监督的内部关系，不具有可履行的内容……这些不同认定不仅影响相对人的权利救济，也让会议纪要处于一种不稳定的状态，难以对政府通过会议纪要行权的方式加以规范。

此外，笔者搜索的是进入司法审查视野的会议纪要，仅是政府及其部门以会议纪要形式行权的"冰山一角"。即使如此，当前对会议纪要的司法审查现状也难以满足这类行政行为的规范目标，会议纪要到了经立法或专门司法解释予以分类规范的时机。

三、会议纪要的可诉性辨析

实践中，对会议纪要的审查还停留在是否可诉方面，这是会议纪要规范路径中需要解决的首要问题。《行政诉讼法》第十二条关于受案范围的规定是可诉行政行为的范围依据。根据该条第一款第十二项之规定，法院受理公民、法人或其他组织提起的认为行政机关侵犯其他人身权、财产权等合法权益的案件。从立法技术看，该兜底条款概括了本款其他项内涵，"认为"二字具有主观意义，即以当事人对行政机关行为的主观判断作为案件受理条件，这是对可诉性的误解。实际上，对当事人合法权益不产生"实际影响"的行政行为不能纳入司法审查范围，即使受理也只是为明晰处理范围而进行的程序筛查，不涉及行为的合法性审查。申言之，关于会议纪要的可诉性，本质是司法衡量问题，即是否有必要通过司法介入调整该行为。对此，行政行为的"成熟原则"作出了回答："成熟问题应从两个方面来看，即问题是否适宜于司法裁判，以及推迟法院审查对当事人造成的困难。"[①] 从价值层面看，"成熟原则"为避免过早裁判导致的抽象问题审查和干涉行政决策，要求被诉行政行为成熟，而非中间性判断。结合实践，笔者认为，对"实际影响"的考量因素主要为：

（一）会议纪要和前后行政行为的关联性

会议纪要直接对相对人产生影响的，具有可诉性。例如，在最高人民法院第22号指导案例"魏某高、陈某志诉某县人民政府收回土地使用权批复案"中，该案裁判要点指出，地方人民政府对其所属行政管理部门的请示作出的批复，一般属于内部行政行为，不可对此提起诉讼。但行政管理部门直

---

① 王名扬：《美国行政法（下）》，中国法制出版社1995年版，第645页。

接将该批复付诸实施并对行政相对人的权利义务产生了实际影响,行政相对人对该批复不服提起诉讼的,人民法院应当依法受理。① 该案例中,相应批复或之后并不存在征收决定或补偿决定,实际是以纪要代替决定并予以实施,也就具有可诉性。

可诉性审查实际考量了会议纪要和前后行政行为之间的关系,包括会议纪要为后续行政行为吸收或会议纪要是对某一行政行为的重复,真正影响市场主体权益的往往是会议纪要的前行为和后行为。这类典型的后行为如"某采石场诉某县人民政府强制关停行为案",采石场的经营主体对会议纪要不服起诉,但会议纪要仅要求职能部门依法履行法定职能,关闭采石场主要是因职能部门认为采石场的经营不符合条件,会议纪要并不实质影响当事人的合法权益。② 需要其他行政机关实施后续的法律行为,会议纪要的内容才能得以实现,则该会议纪要不具有可诉性。③ 这里就存在一个判断何者为终局性行为的问题。

申言之,前文提及的外化等方式仅仅是实践中总结出用来识别"对相对人产生实际影响"的标志,但两者不能等同。具体还要看结果,即行为本身是否对相对人产生实质影响,且这种影响是法律意义上的权益减损或义务增加,且紧迫到必须通过司法途径进行救济。④ 这种紧迫性表现为除了通过司法途径,当事人已无法通过其他方式降低或者消除该行为带来的不利影响。因此,市场主体应厘清权利受影响的实质原因,再及时提起行政复议和诉讼,避免执着于会议纪要而耽误权利救济时间。

(二) 会议纪要议定事项的限度

同样是政府通过会议纪要对涉及市场主体权益的事项作出安排,司法审查却存在三种审查模式:

一是"陈某、薛某等38人诉某市人民政府不履行法定职责案"所涉按"上级机关履行对下级机关的层级监督职责"来进行认定和审查,并据此认

---

① 最高人民法院2013年11月8日发布。
② 参见最高人民法院(2018)最高法行申2451号行政裁定书。
③ 参见戴文波:《会议纪要是否具有可诉性的界分》,载《人民司法》2020年第11期。
④ 参见最高人民法院(2017)最高法行申908号行政裁定书。此外,会议纪要的可诉性问题,还内含了一个前提,即会议纪要存在,这里就有一个举证责任分配的问题,实践中这类起诉条件也由行政相对人承担。

为不具有可诉性。①

二是"某纸业公司诉某县人民政府、某镇人民政府不履行行政协议纠纷案"所涉"将会议纪要主体作为后续协议主体及诉讼被告以明确相应责任",即将会议纪要当作合同来处理。②

三是"某房地产开发有限公司诉某区人民政府不履行法定职责案"所涉通过"议定职权转化要求政府履行职责",即将会议纪要认定为政府允诺并作为履行依据。③

三种模式中会议纪要的可诉性表现出递进强化状态,审查强度不同。笔者认为,具体审查时,需要区分政府及其部门对市场主体所涉事项的作用程度和目的:第一,如会议纪要未对政府及其职能部门作出新的安排,无论会议纪要存在与否,具体工作均由各职能部门依法定职责做,则会议纪要仅仅是一种工作安排的简单记载,该纪要并不可诉,如"广州市海龙王投资发展有限公司诉广东省广州市对外经济贸易委员会行政处理决定纠纷案",最高人民法院认为,筹委会的纪要只具有行政指导性质,不具有强制力,该纪要中关于"同意海龙王公司参加珠江侨都项目的投资"的内容,不能改变珠江侨都公司各方的法律地位。海龙王公司只有通过与珠江侨都公司各方谈判,并经过主管机关依照法定程序予以审批,成为珠江侨都公司的股东,方可拥有对珠江侨都项目的投资开发权。上诉人海龙王公司认为筹委会纪要使233号通知与其形成法律上的利害关系的上诉主张不能成立。④ 第二,会议纪要不具体指向个人,但相对人有相对确定的范围,如针对某地补偿费分配的决议,会对相对人权利义务产生实质影响,具有可诉性。第三,会议纪要是行政机关在招商引资等特殊领域在其法定职责范围内作出的具有承诺性的内容,则依其与市场主体合意内容及形式分别确定是协议还是议定事项的职权转化,再据此确定履职内容。

四、会议纪要司法审查的分类识别标准

合理分类和精准识别是为了分流处理,从而保障市场主体合法权益。在

---

① 参见最高人民法院(2017)最高法行申6687号行政裁定书。
② 参见最高人民法院(2017)最高法行申195号行政裁定书。
③ 参见最高人民法院(2018)最高法行再205号行政判决书。
④ 参见最高人民法院(2001)行终字第2号行政裁定书,载《最高人民法院公报》2002年第6期。

解决纪要可诉性问题基础上,司法对会议纪要应当采取何种分类识别标准?会议纪要形式内容不同,所认定类别也在转变,结合会议纪要相关司法实践及争议情况,分析会议纪要的识别标准递进层次为:

第一层次是会议纪要目的。会议纪要中一般有基本情况描述或会议主题,纪要本身也有形成背景,这些是判断纪要目的的标志。如行政机关为协调市场主体生命周期中所涉许可等单方行政行为或矛盾纠纷中形成会议纪要,或政府为推动某项目或处理事宜进行工作安排,要求各职能部门依法办理,或行政机关为规范一段时期内的违法行为等情况,则有构成内部会议纪要、行政调解和规范性文件的可能。但目的审查不能直接决定会议纪要的性质,还需要查看会议纪要内容。

第二层次是会议纪要内容。纪要内容直接关系行政行为是否发生转化,因此内容问题实际也是限度问题。为避免以偏概全,可考虑按法律解释方法进行,尤其是文义解释、体系解释,即综合诉讼中当事人对会议纪要提出异议的内容和会议纪要主体作出的其他行为进行考量。会议纪要是否构成行政的前置程序、为后续行为吸收,还是已然成熟,能够独立、终局性地对相对人产生实质影响,实际也是在行政决策效率与保护相对人权益之间进行平衡。

至于会议纪要具体构成何种行政行为,需要考虑其是否具备这类行政行为的基本要素:如在认定会议纪要是否构成合同,首先需要看纪要内容是否包含合同主体、意思表示和可执行性等条件,[①] 下一步再从合同当事人地位、是否行使行政优益权等角度区分其构成民事合同还是行政协议。如行政机关以会议纪要发布决定、命令或行政调解超出组织协调范畴,为当事人设定权利义务的内容,将涉及内部会议纪要的外化和行政调解转化为行政决定;如内容针对特定主体、特定事项,则由抽象行政行为转化为具体行政行为;还有如案例三体现的议定事项转化为职权,实践中也存在将议定事项认定为上下级监督的观点。申言之,鉴于不同行为处理对当事人的重大影响,前述转化认定需要注意限度。纪要内容包含另一行为的全部转化要件才能转化,不能仅因部分要件存在就认定转化,否则超出必要限度。

第三层次是会议纪要形式。这主要是界分内部会议纪要及其外化、协议

---

① 参见贺小荣主编:《最高人民法院第二巡回法庭法官会议纪要(第三辑)》,人民法院出版社2022年版,第123页。

类和其他类型行为。内部会议纪要在关注纪要内容是否设定当事人权利义务情况下，还关注是否具有外化形式；协议类如案例五之所以未将《会议纪要》直接认定为行政协议，隐含前提在于认为协议还需要两方签字的形式。至于是认定为民事协议还是行政协议，鉴于行政协议相较于民事协议有更多特殊性，故可以考虑围绕行政协议的特征做反向排除性审查。

综上，会议纪要识别效果基本未超出现有行政行为的分类范畴，但也存在一些新形式，表明行政行为分类受到"对行政行为概念的不同理解、司法实践需求"[1]等方面影响而愈加精细化，精准识别仍需结合现有行政诉讼法规定和有关理论，实行要件式审查。

五、典型会议纪要的合法性审查

识别会议纪要类型后，对纳入司法审查范围的会议纪要，如何进行合法性审查？对此，笔者选取了值得关注的三类会议纪要相关热点问题进行考察：

（一）行政协议类会议纪要的处理

1. 是否可超越职权达成协议类会议纪要

对这类会议纪要，核心需要先解决以下问题，即行政机关是否只能在法定权限内通过会议纪要签订协议？超越法定职权所签协议的法律后果如何？《最高人民法院关于适用〈中华人民共和国行政诉讼法〉若干问题的解释》（法释〔2015〕9号，已失效）第十一条曾明确行政机关在法定职责范围内签订的具有行政法上权利义务内容的协议属于行政协议。有观点认为，"过于强调行政协议的职权法定，结果只会是行政机关采用协议方式实施行政管理的空间越来越小，行政协议沦为执行法定职权的方式之一。"[2] 笔者部分赞同该观点。因行政协议关涉公共利益、政府公信力，不宜随意否定其效力。是否属于法定职责一般经过实体审查才能明确，"行政协议"这一类别的明确只是为案件受理提供识别标准，不涉及实体审理，强调法定职责是对这类会议纪要的苛求。《最高人民法院关于审理行政协议案件若干问题的规定》（法释〔2019〕17号）（以下简称《行政协议若干规定》）第一条对行政协议作出的定义已删除法定职责等内容，弱化了"法定职责"要素。

---

[1] 应松年主编：《当代中国行政法（上卷）》，中国方正出版社2005年版，第526页。
[2] 张祺炜、金保阳：《法定职责外行政协议的适法性》，载《行政与法》2018年第9期。

另外，承认法定职责外的协议类会议纪要，又存在不符合行政行为职权法定原则，鼓励行政机关通过会议纪要进行自我授权的权力扩张，以及通过会议纪要随意允诺而无法履行等情形。例如，实践中常见的招商引资类框架协议、土地出让协议，对经济发展有促进作用，但因法定职责问题面临无法履行情形。《行政协议若干规定》第十条将法定职权纳入被告举证范围，第十五条、第十六条、第十九条分别对协议无效、协议变更、解除及协议不能履行作出补偿原告的规定而非赔偿，就限定了权益保护范围，一旦行政机关超越职权签订行政协议或无法履行时，为履行协议进行前期投入的市场主体将存在巨大损失，实际是将职责审查责任或注意义务加于市场主体。行政协议中的行政优益权并非仅仅基于行政机关主体的优先性，而是行政协议涉及的公共利益相较个人利益的优先，故行政协议中优益权也需要有法律依据。[1]

行政协议本身是现代行政法治的现实需求，即引入协商的程序机制，通过公私融合、降低相对人对行政行为的抵触性来提升行政效率。[2] 因此，面对前述两难困境，在审查这类"公私交融"的行政协议类会纪要时，需要区别对待，即先明确诉求内容针对的义务是行政职责范围内的内容，还是并无职责限定内容的义务，这决定了法院审查方法和范围的不同：前者是全面性、公法意义上的审查，尤其对这类会议纪要效力及是否履行进行审查，不以当事人异议与否为限；后者更多采用民事方式，围绕当事人诉求进行审查。

但这里就涉及这类会议纪要的执行主体是否能作为会议纪要所涉案件被告问题。对此，笔者认为，可根据各主体对会议纪要所涉事项的主次作用和执行目的判断：如会议纪要载明事项是会议召集主体或纪要制作主体的主办事宜，这种主办包括某类事项的法定权限、实际组织工作等，则执行主体不应被认定为被告；如会议纪要的执行主体是受上级委托或为配合会议召集或纪要制作主体的职责，则执行主体不应被认定为被告；如会议纪要的执行主体在执行时可选择做与不做或完全是为自身利益而做，则执行主体可作为被告；如前述主体在会议纪要的履行中交替出现或发挥作用基本相当，则将前述主体均纳入被告将更有利于这类会议纪要的履行，优化营商环境。市场主体要注意会议纪要的相关主体身份，收集好签订协议、履行中的相关证据，

---

[1] 参见郭雪、杨科雄：《传统行政协议优益权的行使》，载《法律适用》2021年第6期。
[2] 参见徐键：《功能主义视域下的行政协议》，载《法学研究》2020年第6期。

最大限度实现自己的合法权益。

2. 审查时民事和行政法律规范如何适用

行政协议同时具有"行政"和"协议"特性，融合了公私两个方面内容。对于这类会议纪要，法律适用需要体现前述特性。关于是否可以在行政行为审查中适用民事法律规范，有观点认为，满足"与行政行为的合法性相关，与利害关系人的财产权、人身权等相关，涉及民行交叉，涉及经济法的法律"这些条件时，行政审判可适用民事法律规范。①《行政协议若干规定》第二十七条第二款亦规定："人民法院审理行政协议案件，可以参照适用民事法律规范关于民事合同的相关规定。"

笔者认为，法律未禁止行政协议适用民事规范，故行政协议可以同时适用行政及民事规范。另外，行政协议与民事合同最大的不同之处在于前者的缔约主体和公共利益的缔约目的。从各国行政协议类型来看，法国强调对政府行政优益权的保护，德国强调对私权的保障和对权力的制约监督。②换言之，各国行政协议侧重保护重点不同，实质是行政协议目的的具体化。因此，需要综合行政协议类会议纪要所涉争议、双方对引发争议的过错、行政机关职责履行情况等方面，在个案中衡量保护哪一方更利于实现公共利益，从而选择适用行政及民事法律规范。当然，民事法律规范适用范围仍需要做一定限制，避免协议性过分干扰行政性，降低行政效率。另外，所适用的民事规范具体条款也需要考虑。如地方政府对今后一段时期的倾向性规范与在先形成的行政协议类会议纪要中权利义务存在矛盾的，是否适用《民法典》关于履行不能的规定，阻却这类行政协议履行？这些都是需要思考的问题。

法律法规都是公开的，任何人不能以不知法免责。对市场主体而言，签订行政协议时也有一定注意义务，如关注行政机关的职责、纪要所涉事项的合法性等，降低这类会议纪要的不可履行性，实现营商环境优化。

（二）行政允诺类会议纪要的处理

从前述冲突案例延伸的问题是，涉及政府及其部门作为或义务内容的会议纪要是否可以一概认定为政府职责的依据？笔者认为：第一，要区分会议纪要载明的政府及其部门的义务内容是否已有法律、法规、规章或其他规范

---

① 参见江必新、梁凤云：《行政诉讼法理论与实务》，北京大学出版社 2011 年版，第 1033 页。
② 参见麻锦亮：《纠缠在行政性与协议性之间的行政协议》，载《中国法律评论》2017 年第 1 期。

性文件予以规定由其他部门承担，或者内容仅仅属于常规性的内部管理事项，则不能以会议纪要作为政府及其部门的法定职责依据。第二，需要进行利益价值考量，即从政企关系和优化营商环境出发，在政府诚信作为与企业合法权益维护之间进行平衡认定。如会议纪要议定的事项系属政府及其部门就其法定职责范围内的事项或就与法律、法规、规章规定不冲突的事项内容进行允诺，则该内容构成行政机关的法定职责，相对人可以依据会议纪要诉请行政机关履行义务。例如，《最高人民法院公报》2017年第11期刊登的"崔某某诉某县人民政府行政允诺案"，江苏高院明确要求政府按招商引资的通知予以履行。① 该案裁判的缺憾在于，未进一步作出具体确定的履行判决，而是宽泛要求政府履行通知义务。第三，会议纪要不能成为行政机关后续行政行为合法与否的判断依据。因为会议纪要可以成为相对人诉请履职的依据，但并非其他行政行为的法定依据，也不能证成其合法性。因此，需要具体结合行政行为是否具有其他法律依据来具体判断其合法性。

(三) 规范性文件类会议纪要的处理

《最高人民法院关于适用〈中华人民共和国行政诉讼法〉的解释》（法释〔2018〕1号）第二条明确了规范性文件的内涵，《行政诉讼法》第三十四条和第五十三条分别规定了行政诉讼被告提交规范性文件和规范性文件的附带审查制度，规范性文件类的会议纪要也需要受前述规定约束。

调研显示，当前规范性文件审查重点在于这类文件是否存在违反上位法的规定，同时，法院对规范性文件出现了主动审查的情况，审查时基本遵循"是否在规定期限内提起—是否属于规范性文件范围—是否为行政行为依据—规范性文件是否适用于本案—规范性文件是否合法"这一流程，限缩了规范性文件审查范围。② 名为会议纪要实为规范性文件，给相对人增设了义务或责任，却规避了制定程序的正当性，受到这类会议纪要影响的市场主体众多，从权利公正角度，规范性文件理应作为行政行为合法性判断的重要环节。但也要注意规范性文件审查附带性，当依据规范性文件作出的行政行为本身不属于受案范围或者原告提起审查的规范性文件并非被诉行政行为作出依据时，

---

① 参见江苏省高级人民法院（2016）苏行终字第90号行政判决书。
② 参见任成飞、李士得：《穿行于主观与客观诉讼之间：规范性文件审查的现状和问题——以"中国裁判文书网"案例为样本分析》，载中华人民共和国最高人民法院行政审判庭编：《行政执法与行政审判（总第77集）》，中国法制出版社2020年版，第82页。

无须对规范性文件作出审查，这是边界。

需要注意的是，对于名为会议纪要实为规范性文件，如因前置性流程而限制规范性文件审查范围，无疑会导致行政行为合法性审查的部分缺漏，因此需要强化对会议纪要内容的识别，并通过扩展附带审查的启动主体、明确审查标准的方式对这类会议纪要予以规范，且主要围绕是否"减损公民、法人和其他组织权利或增加其义务"审查，如上位法对于某个行政违法行为只规定了限制该行政许可、限制期限3年，而规范性文件却规定5年内不再受理该许可申请，明显存在扩大限制范围和限制时间的情形，这也是审查时这类文件中常见的问题。

对此，北京知识产权法院的一些行政裁判提供了思路：规范性文件应当从主体、职权、内容、程序四个方面进行附带审查。在审查规范性文件的规范性程序时，可以按《国务院办公厅关于全面推行行政规范性文件合法性审核机制的指导意见》（国办发〔2018〕115号）和《国务院办公厅关于加强行政规范性文件制定和监督管理工作的通知》（国办发〔2018〕37号）的规定，对规范性文件制定过程中的评估、公开征求意见、审核、集体决议等基本程序进行审查。地方上，2022年7月29日公布的《江苏省行政程序条例》、2022年8月1日施行的《江苏省行政规范性文件管理规定》对规范性文件的制定权限、制定程序、备案作了细致规定，尤其制定程序从前端预先规范了规范性文件的形式、内容，有助于规范性文件质量提升，这些法规及规章都应当成为法院审查规范性文件类的会议纪要是否合法的依据。

鉴于法院不独立审查规范性文件和前述审查流程的存在，市场主体对这类会议纪要提出审查请求的同时，要针对关联的行政行为提起请求，充分说明规范性文件与被诉行政行为的关联性以及对自身的重大影响，避免附带审查的请求因前置程序被排除。

（作者单位：南京师范大学）

行政复议申请期限中"知道或应当知道"标准的适用性审视

魏 清

【摘要】 行政复议申请期限的计算问题,特别是"知道或者应当知道"标准的适用性与准确性,目前在学术界和实践中尚未达成一致。该标准对于确定当事人提出行政复议申请的合法性至关重要,直接影响当事人诉权的实现和行政争议的及时解决。2023年修订的《行政复议法》增加了"应当知道"的规定,却未对其作出明确界定,容易在实践中引发争议。《行政复议法》及相关司法解释对申请期限的规定涵盖了一般规则和特殊情形,但所有这些规定都依赖于"知道或者应当知道"标准的明晰界定。这一标准的法理基础和立法目的在于平衡权利保护与行政效率,以确保行政争议得到公正且及时的处理。笔者针对实践中行政复议出现的理解和适用不一致、事实认定困难等问题进行了检讨反思,并提出适用"知道或者应当知道"的主客观标准。

【关键词】 行政复议 申请期限 应当知道 主观标准 客观标准

引言

作为法定的行政救济程序,行政复议是公民、法人和其他组织针对行政机关不当行政行为提出异议并寻求法律救济的重要途径,也是行政法领域的核心内容。其目的在于保障各方的合法权益,推动行政法治的实现。行政复议不仅为当事人提供了快捷的行政争议解决平台,而且通过纠正行政机关的错误决定,促使其依法行政,从而维护了行政法律秩序、促进了法治政府的建设。换言之,行政复议申请期限作为重要的制度安排,直接影响到行政复议的公平性和有效性。为了确保行政纠纷能够在一个合理的时间框架内得到有效解决,需要精心设定行政复议的申请期限。这一期限对于申请人而言,既是对其权利的一种保障，同时也构成了其法律义务的一部分。该期限旨在激励申请人在察觉到相关权益受损时迅速采取行动，以防止其行政复议救济权利的丧失。因此，明确申请期限的具体标准对于行政复议程序的适用范围和实然效果至关重要。因此，对行政复议申请期限的标准进行深入的分析和讨论，不仅在理论上具有重要意义，在实践操作中也同样至关重要。

在计算行政复议申请期限时，"知道或者应当知道"的认定标准起着至关重要的作用。这一标准要求申请人在适当的时间和条件下能够意识到自己的权利受到了侵害，并据此计算申请期限。然而，在实际操作中，对于如何界定"知道或者应当知道"的理解和应用存在差异，这导致了一些争议和不确定性。例如，行政机关是否提供了充分的信息和通知、申请人对法律知识的了解程度，以及在特定情境下的合理预期等因素，都可能对"知道或者应当知道"的判断产生影响。因此，为了确保行政复议申请期限的合理性和公正性，有必要对"知道或者应当知道"的标准进行更为深入的研究，以对其进行明确。这将有助于提高行政复议制度的透明度和可预测性，从而促进其健康发展，最终实现法律的公平正义。这不仅有助于指导当事人正确行使权利，也有助于统一实践中的适用标准，提高行政复议制度的透明度和可预测性，从而促进行政复议制度的健康发展，最终实现法律的公平正义。

一、行政复议申请期限的立法框架、司法认定及学理呈现

要深入理解行政复议申请期限的适用标准，就必须把握其法律框架。我国的行政复议的法律框架主要依托于《行政复议法》及其相关的行政诉讼法律、法规和司法解释。[①]

（一）《行政复议法》对申请期限的具体规定

1.《行政复议法》作为行政复议制度的基石，详尽阐述了行政复议的适用范围、操作程序以及期限等关键要素。该法律旨在保障当事人在权利受损后能够在一个合理的时间范围内寻求法律救济，同时兼顾法律关系的稳定性与行政效率。根据《行政复议法》的规定，行政复议申请期限的计算以公历法定时间为标准，并明确了节假日期间的相应处理规则。通常情况下，申请

---

① 王有翠：《高校学生申诉制度的思考》，载《四川教育学院学报》2008年第11期。

期限设定为当事人知晓或应当知晓行政行为之日起 60 日内，但在紧急情况下，如涉及生命或财产安全，该期限可以适当延长。这在一定程度上增加了行政复议申请期限的弹性，体现了法律对公平和正义的追求。此外，该期限类似于民事诉讼中的除斥期间，具有特定的法律后果，如超期可能导致丧失起诉权。

2.《行政复议法》还对行政复议申请期限中"知道或者应当知道"作出规定，这些特别规定旨在保障当事人的权利和利益。具体而言，《行政复议法》第二十条第一款规定了行政复议的申请期限，明确指出公民、法人或其他组织在知道或者应当知道具体行政行为之日起 60 日内可以提出行政复议申请。然而，该法并未详细定义"知道或者应当知道"的具体含义。虽然《行政复议法》第二十条第三款规定了行政机关告知"申请行政复议的权利、行政复议机关和申请期限"之义务，但申请期限的起算点依然离不开对"知道或者应当知道"的清晰界定①。《行政复议法实施条例》第十五条进一步细化了时效起算点的计算方式，也依旧存在一定的模糊性。例如，规定了具体行政行为通过公告形式告知受送达人的，自公告规定的期限届满之日起计算，但对于公告的具体形式、范围和效力未作详细规定。

综上，行政复议申请期限的立法旨在平衡法律效力的及时确定与当事人权益的保护。通过不断完善法律文本的可操作性解释，可以进一步提升行政复议制度的效率与公正。

(二) 司法解释关于行政复议申请期限计算的认定

司法解释是对法律条文的具体解释和适用，而裁判案例则是在司法实践中形成的具有指导意义的具体案件。

1. 在行政复议申请期限方面，司法解释和裁判案例对于明确适用标准、确定期限计算方法以及特殊情形下的期限处理具有重要作用。一方面，司法解释在解释和规范行政复议申请期限方面发挥着重要作用。最高人民法院等司法机关发布的相关司法解释，对于行政复议申请期限的适用标准、期限计算方法等方面进行了详细的解释和规定。例如，司法解释可能对"利害关系

---

① 值得注意的是，二者的"知道或者应当知道"有区别。第二十条第一款是"知道或者应当知道""该行政行为"，第三款则是"知道或者应当知道""申请行政复议的权利、行政复议机关和申请期限"，通过第三款的补强，进一步加大了对行政相对人申请复议权利的保障力度。

人""行政行为作出之日"的具体含义进行解释，以明确行政复议申请期限的适用范围和起始时间，从而为行政复议的实际操作提供了具体指导。另一方面，裁判案例通过具体案例的审理和认定，形成了一系列具有指导意义的判例，为行政复议申请期限的适用标准、特殊情形下的期限处理等问题提供了实际操作的经验和借鉴。行政复议机关在具体案件中对于行政复议申请期限的适用标准进行界定，并根据案件事实和法律规定进行具体裁判，为行政复议申请期限的适用提供了具体的参考依据。

2. 在司法实践中，行政机关未能充分履行告知义务，将导致行政相对人无法及时知晓具体行政行为的内容和申请复议的权利。在海南某公司与海南省人民政府之间的行政复议案件中，① 出现了关于起诉期限的争议。在该案件中，行政机关在执行行政行为时，并未通知相关公民、法人或其他组织其起诉期限。因此，起诉期限应从这些主体实际知晓或应当知晓起诉期限之时开始计算。由于行政机关未能提供书面决定，也未明确告知相关方其诉讼权利及复议期限，导致这些主体处于信息不对等的状态。在这种情况下，如果严格按照法律规定的 60 日期限执行，可能会损害相关方的权利。为了更有效地解决行政争议，该案件参考了当时（2000 年）有效的《最高人民法院关于执行〈中华人民共和国行政诉讼法〉若干问题的解释》（以下简称《若干解释》）第四十一条第一款的规定。② 根据该规定，在行政复议法及相关法规未明确指出在行政行为作出后未告知申请复议权利或期限的情况下，复议申请期限的问题应如何处理时，应本着保护申请人权益的原则，从相对人知晓或应当知晓行政行为内容之日起，计算 2 年的复议申请期限。

（三）学界关于行政复议申请期限计算的观点

行政法中的时效规定是各国行政程序法的核心部分，它通过时间上的设

---

① 参见人民法院案例库编号为 2023-12-3-016-018 之"海南某公司诉海南省人民政府行政复议案——起诉期限规定中'知道'和'应当知道'的判定"。

② 《若干解释》第四十一条第一款规定："行政机关作出具体行政行为时，未告知公民、法人或者其他组织诉权或者起诉期限的，起诉期限从公民、法人或者其他组织知道或者应当知道诉权或者起诉期限之日起计算，但从知道或者应当知道具体行政行为内容之日起最长不得超过 2 年。"《行政复议法》第二十条第三款规定"行政机关作出行政行为时，未告知公民、法人或者其他组织申请行政复议的权利、行政复议机关和申请期限的，申请期限自公民、法人或者其他组织知道或者应当知道申请行政复议的权利、行政复议机关和申请期限之日起计算，但是自知道或者应当知道行政行为内容之日起最长不得超过一年"，便是吸收了该条司法解释的精神。

置对行政法律关系中各方的行为设定限制，旨在提升行政效能并确保当事人的合法权益得到有效维护。① 在中国，尽管行政法学界尚未对行政法的时效制度进行广泛研究，但已有的关于诉讼时效制度为我们提供了分析视角。诉讼时效制度的价值取向是至关重要的议题，它不仅决定了时效制度的设计细节，也是评估其实际运作成效的重要标准。关于诉讼时效的价值取向，学界主要提出了效率论、秩序论以及二元价值论三种观点。② 笔者认为，二元价值论提供了一个更为全面的视角，它既符合现代社会对个人权利的尊重，也满足了公共秩序维护的需求，这一价值取向原则上也适用于行政法的时效制度。

此外，在探讨行政法时效制度的价值定位时，我们应当同时考虑两点论和重点论。所谓两点论，意味着时效制度应同时具备促进效率和保障权益的功能，平衡效率与公正的价值，两者都不可或缺。而重点论则强调，尽管时效制度包含双重价值，但针对不同主体的时效制度应有不同的价值侧重。例如，针对行政主体的时效制度（如作出行政处理决定期限的规定），旨在激励其积极履行法定职责，防止不必要的延误，通常设定较短且统一的时效期限，其重点在于提高行政效率。相较之下，针对行政相对人的时效制度（如行政复议申请时效的规定），则是考虑到申请人在行政管理关系中的相对弱势地位，除了设定一般的时效规定，还需考虑实践中可能出现的各种情况，并制定相应的例外规定，以便尽可能充分地保障申请人的复议救济权利。

二、行政复议机关适用"知道或者应当知道"标准的实践检视

行政复议机关在适用"知道或者应当知道"③ 标准时，会通过事实审查、合理性判断、当事人的注意义务、行政机关的告知义务、法律推定等主客观标准来确定当事人是否满足这一标准。本文将以下三个具有代表性的典型案例来说理。

（一）案情介绍和解析

案例1：某村民小组的部分村民对2008年被某省政府征地批复不满，

---

① 姜明安主编：《行政法与行政诉讼法》（第2版），法律出版社2006年版，第288页。
② 刘俊：《时效制度的二元价值——兼评我国诉讼时效制度的缺失》，载《河北法学》2007年第10期。
③ 蔡锟：《从监管与救济视角看行政复议法修订后的变化》，载《中国招标》2023年第10期。

2013 年申请了行政复议。申请人声称不知情，直到行政复议前才通过政府信息公开得知。他们认为审批程序违法，要求撤销批复。被申请人认为，批复已于 2008 年作出，距申请时间已有 5 年，被征地土地已使用多年。行政复议机关结合申请人签订的征地协议、领取的补偿款、土地移交使用等情况，驳回了复议申请。①

案例 2：某市劳动和社会保障局于 1997 年向范某颁发了《职工退休证》，但范某不服，于 2010 年向市人民政府申请行政复议，要求更改《职工退休证》中的参见时间。行政复议机关认为，1997 年已颁发了《职工退休证》。范某自退休以来一直凭证领取退休金，并在此之前多次申请仲裁和提起诉讼，应当知道《职工退休证》的内容。根据法规，申请人应当自知道《职工退休证》颁发之日起 60 日内提出复议申请，故申请超过了法定期限。行政复议机关作出了不予受理的决定。②

案例 3：杨某因被误登记为某公司股东，于 2019 年 3 月向某市场监督管理局申请撤销其在 2010 年和 2012 年的股东登记。在收到某市场监督管理局于 2019 年 5 月作出的不予撤销回复后，杨某于 2019 年 6 月向某市人民政府提出行政复议，请求撤销市场监督管理局的决定及其股东登记。2019 年 8 月，某市人民政府驳回其复议申请，杨某随后提起诉讼。某市人民政府辩称，杨某的申请超出了起诉期限，其反馈属于信访救济行为，不适用行政复议。某公司于 2010 年和 2012 年对杨某的股东信息进行登记，杨某先后通过举报和提起行政诉讼尝试撤销登记。2018 年 8 月，某市场监督管理局认为杨某的举报事实不成立。2019 年，杨某因不满市场监督管理局的处理结果，向某市人民政府申请行政复议，遭驳回后提起诉讼。河南省中级和高级人民法院均驳回杨某的诉讼请求，维持原判。③

案例 1 的争议焦点在于征地批复的行政复议申请期限问题。是否可以重新计算申请日期而不通知申请人？征地批复是通过公告告知被征地集体经济组织和被征地农户的。根据《行政复议法实施条例》的规定，征地公告期限

---

① 国务院法制办公室行政复议司编：《行政复议年度案例评选》（2014—2015），中国法制出版社 2015 年版，第 1—2 页。

② 国务院法制办公室行政复议司编：《行政复议典型案例选编》（第二辑），中国法制出版社 2011 年版，第 62 页。

③ 参见人民法院案例库编号为"2023-12-3-016-020"的"杨某诉某市人民政府驳回行政复议申请决定案"。

届满日为行政复议申请期限的起点。如果无法证明征地批复已公告，需根据案情判断：如果申请人通过行政复议、政府信息公开等途径了解了征收土地决定主要内容，可以以相关文件送达日为申请期限起算点；若申请人进行了土地补偿登记或领取了征地补偿安置费用，以此为起算点（但需排除有关市、县政府先组织征地补偿安置，后上报征地材料的情形）；如果市、县国土资源部门有证据证明依法公告征地补偿安置方案，且公告中载明了征收土地决定的主要内容，以公告规定期限届满日为申请期限起点；申请人对征地补偿、安置方案提出异议的，以提出异议的时间为起点。若存在多种情形，以最早的时间为起点。行政机关未告知被征地农民行政复议权利、复议机关或申请期限，申请期限应从公民、法人或其他组织知晓或应当知晓复议权利、复议机关或申请期限之日起计算，但不得超过2年。审查此类案件时，需依法规范行政机关行为、保护行政管理相对人的合法权益，同时尊重历史事实、依法维护行政法律关系的稳定，保护善意第三方的合法权益。对于被征地单位是否知晓土地征收问题，即使未签订《征地协议》，自家土地被他人占用，土地权利人也应当知晓，并积极寻求法律救济来保障自身合法权益。若只依赖法律条文表面意思审查历史遗留案件，可能导致征收土地决定因举证难而被撤销或确认违法，引发新的社会不稳定因素。在这类历史遗留的案件审查中，若一味拘泥于法律条文表面的意思，则一些十几年前的征收土地决定很可能因现在难以举证，而面临被撤销或者被确认违法的境地。这样，不但使历史事实与现在审查的事实不符，原本稳定的行政法律关系变得不稳定，还会产生不良导向，引导大家去翻旧账，造成新的社会不稳定因素。因此，在审查此类行政复议案件时，应当合理运用法律推定。

案例2的争议焦点主要包括以下两个方面：一是是否关于对所有具体行政行为不加区分地对告知行政复议权利的认定；二是在未被告知行政复议申请权的情况下行政复议申请期限的认定。[1]依据《行政复议法实施条例》第十七条的规定，当行政机关执行的具体行政行为可能对公民、法人或其他组织的权利与义务造成不利影响时，行政机关有义务告知其申请行政复议的途径、复议机关以及相关的申请期限。虽然在学术界存在一种普遍的看法，即行政机关在作出具体行政行为时应通知相对人有关行政复议和诉讼的权利，

---

[1] 温泽彬：《行政复议与宪法实施的状况与反思》，载《华东政法大学学报》2009年第5期。

但该条款并未强制要求在所有情况下都必须告知。特别是在本案中，对于被申请人所颁发的《职工退休证》是否对申请人的权利和义务构成不利影响，这一点存在争议。有观点认为，《职工退休证》颁发属于行政给付，不会对相对人产生不利影响，因此不适用上述条款；另一观点认为，任何具体行政行为都会影响相对人的权利和义务，只要存在影响，就有可能是不利的。对于第二个争议焦点，由于相关法律规定不明确，存在较大争议。一种观点认为，未告知行政复议申请权利属于未告知具体行政行为内容的组成部分，应视为相对人不知道具体行政行为内容，因此申请期限应参照民法相关规定；另一种观点认为，行政复议申请权利仅属于救济权利，不属于具体行政行为内容，因此申请期限应参照《行政诉讼法》规定。在办理案件时，行政复议机关应深刻理解立法本意，注意行政复议制度与其他法律制度的统一，避免长时间争论，确保案件处理稳妥。因此，未告知行政复议申请权利的，应当参照《行政诉讼法》及其司法解释的规定，行政复议最长申请期限从行政相对人知道或者应当知道具体行政行为内容之日起最长不得超过2年。本案中，申请人于1997年即已取得了《职工退休证》，却于10多年后方提出行政复议申请，在没有其他正当理由的情况下，应当认定其行政复议申请超过了行政复议申请期限。

案例3的争议焦点表面上看是关于行政诉讼案件起诉期限的问题，其实质是对于经过行政复议后行政诉讼起诉期限问题的界定，该案中杨某曾在经历了行政复议被驳回后又超过行政诉讼起诉期限重新向行政机关提起行政诉讼，实质上是变相规避起诉期限，这种显而易见的"知道"行为自然是不应得到法院支持。

因此，行政复议机关在处理案件时，需要深刻理解立法的初衷，同时注意确保行政复议制度与其他法律制度的协调一致，才能有效地处理案件。在具体案例中，行政复议机关在确定是否需要告知相对人行政复议申请权利时，应当遵循行政复议制度的核心精神，而不是局限于法律具体规定的模糊之处，如此可避免长时间的争论。而在确认最长申请期限时，又需要考虑行政复议和行政诉讼这两种行政争议救济渠道之间的连贯性、统一性、协调性，从而果断而又审慎地作出合理决定。在上述三个典型案例中，行政复议机关对"知道或者应当知道"的认定标准涉及事实依据的考量，即审查所有相关的证据材料，包括行政机关的通知、公告、决定书等，以确定是否存在充分的证据表明当事人"应当知道"行政行为的存在。在评估当事人是否满足"知道或者应当知道"标准的过程中，首先，需要判断当事人是否已经尽到了应有的注意义务。如果当事人因为自身疏忽而忽略了行政机关的通知或公告，那么可能会被认定为"应当知道"相关行政行为。与此同时，还需考察行政机关是否已经通过适当的方式向当事人传达了行政行为的信息。如果行政机关未能履行其告知责任，对于"应当知道"的判定可能会采取一个相对宽松的立场。其次，在评估过程中，一方面需要观察当事人在意识到或应当意识到行政行为之后的反应。如果当事人在合理的时间内采取了相应的行动，这可能意味着他们实际上并未知晓该行政行为。另一方面法律推定的适用也是确定当事人是否"应当知道"的一个重要手段。例如，若某项行政决策已经被公布在官方公报上，那么可以合理推断相关当事人已经"应当知道"该决策的内容。再次，平衡保护当事人诉权和维护行政效率之间的关系，避免因过于严格的标准而剥夺当事人的合法权利。最后，尽量明确对"应当知道"的认定，包括所依据的事实和法律理由，提供透明度和可预测性。运用合理性原则来判断当事人是否"应当知道"，考虑当事人的知识水平、职业特点和具体情况。

综上，行政复议机关对"应当知道"的解释和认定标准是一个综合考量事实、法律、当事人行为和特定情境的过程。这一过程要求行政复议机关进行细致分析，确保其决定既符合法律规定，又公正合理。

（二）申请期限中"知道或者应当知道"适用标准之实践反思

结合上述典型案例的分析，行政复议机关在适用"知道或者应当知道"标准时存在的问题主要包括以下四个方面：

1. 自由裁量和适用标准不统一。在运用"知道或应当知道"原则时，行政复议机构被赋予了一定的自由裁量权。然而，这种裁量权的界限和应用范围可能界定不清，从而增加了裁决结果的不确定性。不同地区的行政复议机构对于如何理解和应用"知道或应当知道"原则存在分歧，这可能导致类似案件的裁决出现差异。这种标准的不一致降低了法律的可预测性和统一性，给当事人带来了不确定性。当事人可能基于对行政机关行为的合理预期，错误地认为自己有更多的时间来响应行政行为，而实际上可能已经超出了法定的时限。

2. 事实认定和证据的收集与保存存在挑战性。在具体案件中，确定当事人是否"知道"某一事实较为直接，但要证明其"应当知道"则相对复杂。行政复议机构需要根据证据来推断当事人是否具备足够的信息和机会去了解相关的行政行为，这通常涉及对当事人行为和认知状态的主观评估。证明当事人"知道或者应当知道"的证据可能包括行政机关的通知、公告、通信记录等，但这些证据可能难以获得或随着时间的推移而丢失，增加了事实认定的难度。在某些情况下，行政复议机构可能将证明"应当知道"的责任分配给当事人，但由于证据难以获取，这就给当事人增加了额外的负担。

3. 行政机关在履行告知义务方面可能存在不足，未能向当事人明确传达行政行为的细节、后果以及申请复议或诉讼的权利和期限，导致当事人无法及时作出反应。此外，当事人的法律知识水平不一，对法律程序和时效的理解能力也不同，这可能导致即便在理论上应当知道的情况下，当事人实际上并不清楚自己的权利和期限。

4. 法律规定和司法解释可能存在局限性，未能明确界定"知道"或"应当知道"的具体情形，或在如何认定这些情形方面提供不足的指导，从而导致实践中的适用出现争议。司法解释可能不能涵盖所有可能的情况，或者在某些情况下的适用存在争议，导致法院在适用"知道或者应当知道"的标准时存在困难。

为了解决上述问题，明确和统一"知道或者应当知道"的主客观标准的司法解释是关键。概言之，一方面应当加强对行政机关告知义务的监督，确保其充分履行告知义务，另一方面对行政复议机关认定标准进行规范，减少裁量空间，从而提高行政复议决定的一致性和可预测性。

三、"知道或者应当知道"适用标准的影响因素和法理基础

（一）现行法律框架下申请期限的计算方法的影响因素

1. 主观因素影响。"知道或者应当知道"的认定标准具有显著的主观性。在实践中，行政复议机关依据此标准判定相对人是否具有相应的知情状态，常常依赖于相对人的主观陈述及间接证据的综合评估。[①] 例如，最高人民法

[①] 国务院法制办公室行政复议司编：《行政复议典型案例选编》（第二辑），中国法制出版社 2011 年版，第 60 页。

院在（2020）最高法行再374号行政判决中阐述："所谓'知道'，指有充分证据证明申请人知晓行政行为作出的时间；'应当知道'，则依据法官职业道德，利用逻辑推理和生活经验，基于相关证据推定申请人的知情时间。"间接证据的推定性质不仅增加了司法审查的复杂性，也可能造成判决结果的不一致，同时缺乏明确的标准可能影响法律的统一执行和可预见性。

2. 客观因素影响。根据《行政复议法实施条例》第十五条第一款第六项的规定，起算时效点的确定关键在于证据的收集与提供。相对人"知道或者应当知道"的证据主要分为直接和间接两种。直接证据是具体且直接关联的，能够明确显示相对人知情的时间点；而间接证据通常用于推断相对人的主观认知状态。在实践中，尤其在行政机关未履行告知义务的情况下，很难收集到足够的直接证据来明确行政相对人的知情时间，这不仅增加了行政诉讼的复杂性，也可能导致相对人因证据不足而丧失申请复议的机会。

当前法律规定在确定行政复议时效起算点方面存在不足，需要明确"知道或者应当知道"的适用标准，从而更好地保护行政相对人的合法权益。此外，加强对行政机关告知义务的监督和执行亦极为关键，确保行政相对人能够及时、准确地了解到行政行为内容及其相关的权利。

（二）"知道或者应当知道"适用标准的法理基础

1. "知道或者应当知道"标准在行政复议法中的应用，其法理基础可以从以下三个方面进行理解：（1）权利救济的及时性。其强调权利受到侵害的当事人应当在知道或应当知道权利被侵害后，及时采取行动寻求救济，以维护法律关系的稳定性和预测性。试图在保护当事人合法权益和提高行政及司法效率之间找到平衡点，确保行政复议制度既公平又高效。《行政复议法》第二十条第一款规定的"六十日内"便可看出法律对权利救济的及时性和紧迫性要求。（2）法律关系的明确性。法律通过设定"知道或者应当知道"标准，旨在为行政行为的效力提供明确的时间框架，从而明确行政法律关系，避免长时间的权利义务不确定状态。同时防止当事人以不知情为由，故意怠于行使权利，从而滥用法律程序，损害国家利益、社会公共利益或他人合法权益。"知道或者应当知道"的提法借鉴了《民法通则》第一百三十七条"诉讼时效期间从知道或者应当知道权利被侵害时计算"以及《若干解释》有关条文的表述，因此更为科学和严谨。一般情况下，"知道该行政行为之日"就是"应当知道作出行政行为之日"。① 例如，行政处罚决定书作出并送达相对人后，实际收到行政处罚决定之日即为知道，同时也是应当知道作出行政行为之日。"知道"相对来说系主观性判断，只有自身明了方能称为"知道"。相对人可以否认自己"知道"，如当事人可以主张自己没有收到行政处罚决定书。在这种情况下，必须客观地确定相对人知道的时间。这个时间就是"应当知道行政行为之日"。② 如果行政机关提出证据证明相对人已经签收或者采取邮寄送达、公告送达等方式，相应的时日（寄达时间、公告时间）即为"应当知道行政行为之日"。此处没有借用行政诉讼法的"作出行政行为"，是因为到了考虑"诉因"。③ 相比"知道"，"知道或者应当知道"是一个相对客观的标准。相对人自认"知道"的，可以认定为"知道";④ 相对人不承认"知道"但是有证据证明其"知道"的，也可以认定为"应当知道"。此外，行政机关的行政行为是有书面决定的，从公民收到书面决定时认定为"知道"，没有书面决定的，从口头通知公民时认定为"知道"。当然，现实生活中如何认定"知道"远比以上情形复杂得多，书面通知和口头通知的效力有先后之分。如果行政机关为了避免行政诉讼，在应当作出书面决定的场合，口头告知行政相对人行为，行政相对人以书面决定收到之日起算起诉期限的，法院应当支持；对于行政机关提出的已经口头先行告诉行政相对人的辩解，法院不应当支持。（3）法律保护的合理性。"知道或者应当知道"的概念体现了法律对当事人合理认知能力的预期，即在特定情况下，即使没有直接告知，当事人也应当基于常识和合理注意义务知晓相关事实。当事人根据法律规范的安定性能够预见自己行为的法律后果，"知道或者应当知道"标准正是为行政复议申请提供了类似确定性。

综上所述，"知道或者应当知道"标准在行政复议法中的应用，体现了法律对于当事人权利救济的及时性、法律关系的明确性、法律保护的合理性等多方面的考量。

---

① 母金荣：《刘某诉F县人民政府等行政强制案研究》，西南政法大学2020年硕士学位论文。
② 刘国：《职权撤销违法行政行为的时间限制及制度构建》，载《政治与法律》2020年第9期。
③ 所谓诉因，是行政诉讼中起诉人知道或者应当知道行为主体、行为结果、行为的重要理由、具体损害等足以认定被诉行为违法并带来损害的关键事实之日；对于行政法上不当得利返还诉讼，则应以起诉人知道或者应当知道不当得利成立之日为起诉期限起算日。详情参见肖泽晟：《我国行政案件起诉期限的起算》，载《清华法学》2013年第1期。
④ 母金荣：《刘某诉F县人民政府等行政强制案研究》，西南政法大学2020年硕士学位论文。

2. "知道或者应当知道"标准的立法目的。"知道或者应当知道"标准在立法中的目的是多方面的：(1) 促进诚信原则。立法鼓励当事人遵循诚信原则，合理地行使自己的权利，而不是故意忽视或怠于行使权利，从而防止当事人以不知情为由滥用法律程序，通过设定申请期限来限制无端拖延或无理取闹的行为以更好维护法律秩序和公平正义。(2) 提高行政效率。通过规定申请期限，促使行政争议得到及时解决，避免行政资源在长期悬而未决的争议中被浪费，提高行政机关的工作效率。(3) 保障司法资源的合理利用。通过规定申请期限，帮助法院和其他司法机关合理分配司法资源，优先处理那些在法定期限内提出的、具有合法性和正当性的案件。同时考虑到社会经济条件的不断变化，允许在特殊情况下对申请期限进行适当延长或扣除，以适应不同情况下当事人的实际需求。

综上，"知道或者应当知道"标准在立法中的目的在于构建一个既能够保护当事人合法权益，又能够确保行政和司法效率，同时促进法律秩序和社会公正的法律环境。

四、完善行政复议申请期限制度的应对策略

行政复议机关在认定当事人"知道或者应当知道"时，应当采用主观和客观标准相结合的方式。主观标准涉及当事人的注意义务、实际行为反应以及是否存在特殊情况等。客观标准则包括行政机关是否已经采取了合理的措施来告知当事人行政行为，以及当事人是否能够通过合理途径获知相关信息。

(一) 界定行政复议机关在判断"知道或者应当知道"情形时的主观标准

1. 在确定个体是否"知道或应当知道"某一行政行为时，行政复议机关将依据以下主观准则进行评估：(1) 注意义务的履行：行政复议机关评价当事人是否已尽到适当的注意义务。若当事人因疏忽而未留意到行政机关的通知或公告，则可能被推断为"应当知道"。(2) 行为反应的考量：行政复议机关审视行政相对人在意识到或依法应意识到行政行为之后所采取的行动。若当事人在合理的时间内有所响应，则可能说明他们之前并不知情。(3) 在特定情境下，行政复议机关可能依赖法律推定来断定当事人的"应当知道"状态。例如，若行政决策已被官方公告公布，可合理推断相关当事人已"应当知道"该决策。(4) 司法先例与解释的参照：为保证法律适用的连贯性和

确定性，行政复议机关在解释"应当知道"概念时，将参考相关的司法判例和司法解释。（5）行政复议机关会考虑是否存在特殊情况，如不可抗力或其他合理障碍，这些情况可能阻止当事人知道或应当知道行政行为。

2. 在上述考虑因素中，法律推定是相对争议较大的因素。比如，上述案例2中具体行政行为虽未依法送达法律文书，但有确实充分的证据证明①当事人已经知道该具体行政行为的内容，复议申请期限便可开始计算。《行政复议法实施条例》第十五条第二款规定就是针对应当送达而未送达情况下对相关公民、法人或者其他组织是否知道具体行政行为的一种事实推定，即如果知道应当送达而未送达法律文书，则推定相关公民、法人或者其他组织不知道具体行政行为。② 但是结合《行政复议法实施条例》第十五条第一款第六项规定，被申请人能够证明公民、法人或者其他组织知道具体行政行为的，行政复议申请期限自证据材料证明其知道具体行政行为之日起计算。即在复议被申请人有证据证实公民、法人或者其他组织已经知道具体行政行为的，则应按照第一款第六项的规定确定复议申请期限的起算点。那此时运用的就是法律推定，也就是所谓的"主观标准"。

（二）界定行政复议机关在判断"知道或者应当知道"情形时的客观标准

1. 从保护权益的角度出发，区分行政相对人和利害关系人二者的情况，明确行政复议申请期限的起算点。行政复议申请期限的计算应参照行政诉讼法中关于起诉期限起算点的立法例，而行政起诉期限计算方法的普遍做法是以行政决定的送达、公布或通知作为客观起算点。因此，笔者建议应该以行政行为是否送达或告知行政相对人和利害关系人来分别构建行政复议申请期限的起算点。具体而言分为以下两种情况：一是对于行政相对人，行政复议申请期限应从行政决定的送达、通知或公布期满之日起算。除非行政行为是当场作出的，行政机关在作出行政决定后，有义务将其通知送达给行政相对人。二是对于利害关系人，如果他们收到了关于行政决定的通知或送达，则应与行政相对人采用相同的申请期限起算点。然而，如果利害关系人未收到

---

① 张坤世、张阳：《法律文书未送达但相关人知道其内容的行政复议申请期限》，载《人民司法》2012年第4期。

② 蒙炳松：《论行政复议法中的时效制度》，载《贵州省人民政府公报》2003年第9期；黄金富：《具体行政行为未依法送达法律文书时复议申请期限的确定》，载《人民法院报》2011年2月24日，第6版。

通知或送达，则应以其实际知晓合法权益受到侵害之日作为申请期限的起算点。此处的"知晓"指的是利害关系人已经在事实上意识到其权益受损，而非理论上的应知情状态。[①] 如此便可确保行政复议申请期限的确定既符合法律规定，又充分考虑到当事人的实际知情情况，从而平衡行政效率与当事人权益保护的需求。

2. 为了更好地衔接行政诉讼法和行政复议法的关系，建议在行政复议法中也设置最长申请期限，该期限不同于诉讼时效。诉讼时效是实体法特别是民法上的制度，是指权利人持续不行使权利而于时效期间届满时消灭其请求权的时效。[②] 如果超过了诉讼时效期间，利害关系人丧失的是胜诉权，而非起诉权；如果超过了申请期限，利害关系人丧失的则是行政复议权。

参考借鉴关于最长起诉期限内容是将司法解释的条文上升为法律条文。对于涉及不动产的行政案件，之所以规定 20 年的最长起诉期限，主要原因：一是不动产涉及的财产价值巨大，应当在起诉期限上给予特殊的保护；二是不动产涉及的行政行为主要是行政登记，行政机关的不动产登记行为不一定在作出之时及时告知所有的利害关系人；三是不动产涉及的利害关系人往往人数众多，涉及历史因素较多，需要考察不动产的转移、继承、申请登记等一系列情况。据此，行政诉讼法借鉴了《民法通则》中 20 年最长诉讼时效的规定。对于其他案件自行政行为作出之日起超过 5 年提起诉讼的，人民法院不予受理。需要注意的是，最长起诉期限的起算点是绝对客观标准。[③]《行政诉讼法》第四十六条第二款规定的最长起诉期限的起算点与该条第一款规定的起算点不同。第一款规定的起算点是"知道或者应当知道作出行政行为之日"，这个起算点取决于相对人"知道或者应当知道"的日期，具有一定的主观性。换言之，这个起算点标准也可以视作相对客观的标准。而第二款规定的起算点是"从行政行为作出之日起"，对于行政行为作出的时间而言，这是一个绝对客观的标准。

3. 建议增加行政复议申请时效的延长。最初在原《行政复议条例》中有

[①] 杨彬权、王周户：《域外行政诉讼起诉期限制度比较研究——兼论对我国行政诉讼起诉期限的修改与完善》，载《河北法学》2014 年第 4 期；杨彬权：《行政诉讼起诉期限存在的问题及修改建议》，载《西部法学评论》2014 年第 3 期。

[②] 刘文宇：《重思保证保险的法律适用》，载《东北师大学报（哲学社会科学版）》2013 年第 3 期。

[③] 白娟：《行政诉讼起诉期限制度研究》，南京师范大学 2012 年硕士学位论文，第 43 页。

关于"申请延长期限"的规定，但后来的《行政复议法》以时效中止代替了上述规定。但二者是否能够互相替换，是存在异议的。时效的中止只能发生在时效进行当中，而时效的延长则主要是发生在时效届满之后。时效的中止，其中不可抗力或其他正当理由成为法律规定，相对人所经过的申请时效期间扣除耽误的时间后仍是 60 日，行政机关对此并无裁量权，时效的延长则是有特殊情况经相对人申请，由有管辖权的行政复议机关决定。行政复议法没有延长时效的规定，难免出现因时效届满不能作出中止处理的特殊情况时，无从调整的情形。[①] 因此，增加申请时效的延长有其可取之处。

综上，行政机关告知义务的履行情况对"知道或者应当知道"标准的适用具有重要影响。为了进一步提高行政复议和行政诉讼的效率，保护当事人的合法权益，需要对行政机关的告知义务作出明确规定，并加强监督和执行。

结论

笔者探讨了行政复议申请期限中"知道或者应当知道"主客观标准认定的法理支撑、立法宗旨、实际应用情况及其面临的挑战，并据此提出了一系列具体建议。保障行政复议申请期限的公正性和合理性，关键在于准确界定"知道或者应当知道"主客观标准的应用。鉴于此，立法和司法机构应通过进一步完善行政复议的法律框架，从而增强其精准性和可操作性。此外，行政机关应当加强履行告知义务，确保当事人能够充分了解其权利，从而保障其知情权。

（作者单位：武汉大学）

---

① 蒙炳松：《论行政复议法中的时效制度》，载《贵州省人民政府公报》2003 年第 9 期。

案例分析

股东代表诉讼、民法中合同条款在行政协议案件中的运用

董 巍 秦 翠

【裁判要旨】

行政协议性质的认定应综合把握，可将适用行政职权标准作为必要条件。行政协议具备合同属性，行政相对人有权以合同之诉为诉因提起股东代表诉讼，可就行政协议争议主张民法的合同权利，请求适用附条件条款和情势变更原则。

【案情】

原告（上诉人）：某农业技术发展有限公司（以下简称农业公司）。

被告（被上诉人）：北京市规划和自然资源委员会某分局（以下简称市规自委某分局）。

第三人：某经纪有限公司（以下简称经纪公司）。

经纪公司是涉案地块的土地使用者，取得《国有土地使用证》，用途为工业。农业公司系经纪公司持股20%的股东。

2018年12月25日，原土储某分中心与经纪公司签订《收购合同》，约定甲方收购乙方涉案土地，未按约支付补偿款则应支付违约金。第四条约定：土地入市交易完成返还甲方项目成本后30个工作日内，甲方向乙方支付全部

收购补偿款。

2019年3月8日，经纪公司完成土地权属注销，2019年6月11日，经纪公司与原土储某分中心等签订《政府储备土地交接单》，涉案地块完成政府储备工作。2019年6月28日，某区政府向某市规划和自然资源委员会发送《某区人民政府关于涉案地块土地开发成本有关事宜的函》，载明：建议该区涉案地块按照招拍挂方式供应；本次提请审核地块拟于2019年第三季度供应。2021年8月26日，农业公司致函经纪公司催告该公司与原土储某分中心沟通，即时启动土地入市供应工作或采取其他救济措施，否则其将以股东身份代行相关职能。同年9月17日，经纪公司复函称现已完成入市前置工作，正积极配合相关工作，来函相关内容不属于其工作权限范围。

经纪公司一审出具情况说明，认为其不应作为案件第三人。市规自委某分局一审出具《关于国有土地收购工作有关的说明》等材料，拟将该宗地全部纳入限制建设区，待批复后同步落实入市，涉案地块暂不具备入市条件，原土储某分中心还需开展相关工作。另查，该中心相关职能已并入某区规划和自然资源综合事务中心。

【审判】

法院生效裁判认为，原土储某分中心隶属于市规自委某分局，负责土地储备具体实施工作，《收购合同》是其代表政府调控土地市场的行政管理行为，符合行政协议特征，合法有效，因此属于行政诉讼受案范围。

《公司法》第一百四十九条、第一百五十一条①赋予股东维护公司利益的起诉权，且并未将股东代表诉讼限制在民事诉讼范围内。农业公司诉前已致函经纪公司，且经纪公司回函表示不属于其工作权限范围。经纪公司亦不同意农业公司关于其怠于履行合同的相关说法，认为《收购合同》尚在正常履行中，合同完成条件尚未成就，故农业公司有权依《公司法》第一百五十一条第三款提起本案之诉。

如合同双方经充分磋商，并明确约定一方合同义务的履行以合同外其他主体向其履行的行为作为前置条件时，应将此类条款理解为附条件条款。因为合同双方已明确表明一方履行行为须待他人向其履行完毕作为前置条件，

---

① 现为《公司法》第一百八十八条、第一百八十九条。

该类条款不应再被理解为附期限条款。因土地交易完成和返还成本，具有不确定性，《收购合同》第四条应理解为附条件条款。合同签订时未违背一方真实意思表示且主合同义务履行条件尚未成就。市规自委某分局一直积极推进涉案土地入市，未支付土地补偿金并未违约，不应承担违约责任。

原土储某分中心负责土地储备具体实施，考虑到储备土地供应所需期间，其与经纪公司约定付款不属于格式条款而应予无效。涉案土地入市交易属于过程性行为，双方订立合同时应充分考虑，土地规划因素是正常缔约风险，不属于"不能预见、不属于商业风险的重大变化"。如果将给付条件变更为立即付款，对缔约各方均不公平。

北京市怀柔区人民法院一审判决驳回农业公司的诉讼请求。农业公司向北京市第三中级人民法院提出上诉。北京市第三中级人民法院二审判决驳回上诉，维持一审判决。

【评析】

一、行政协议性质的认定

（一）行政协议认定的本质要素

《最高人民法院关于审理行政协议案件若干问题的规定》第一条规定了行政协议的概念，为审判实践中判断《行政诉讼法》第十二条列举类型以外的协议是否属于行政协议提供了依据。根据这一规定，符合行政协议的定义需包括以下四个要素：一是主体要素，即必须一方当事人为行政机关，另一方为行政相对人；二是目的要素，即必须是为了实现行政管理或者公共服务目标；三是内容要素，即协议的标的内容必须具有行政法上的权利义务；四是意思要素，即协议双方当事人必须协商一致。

但司法实务中，对行政协议的认定标准仍需综合把握。一方面，行政协议本身兼具公法和私法的特性，不能仅凭主体要素这一形式标准及意思要素进行认定。另一方面，目的要素和内容要素所强调的行政性存在较大的法律解释空间，容易造成争议。德国以协议标的判断为主，并在协议标的判断中强调协议对行政处分或其他公权力措施的替代。[1] 故，针对内容要素这一实

---

[1] 凌维慈：《行政协议实质标准的判断方式——最高人民法院行政协议典型案例第 1 号评析》，载《法律适用》2022 年第 1 期。

质标准，行政法上的权利义务取决于是否行使行政职权、履行行政职责。行政机关作出单方行政行为是以具备法定职权为依据，故作为对单方行政行为的替代，行政协议内容要素中最具有决定性意义的是"是否行使行政职权、履行行政职责"这一本质要素，而目的要素是判断是否行使行政职权的辅助要素，特别是在行政决定法律依据构成要件不充足的情况下。

行政职权标准为综合把握行政协议认定要素提供了思路。行政机关达成的协议必须在其具有自由裁量权的处置范围内，且不违反法律的强制性规定，不损害国家利益、社会公共利益。行政协议的审查严格受限于与行政管理、公共服务等相关的"职权"行为，若案涉协议的行政主体一方不具备相应行政职权，即不具备履行协议所约定的给付义务的能力，则该协议不应适用《行政诉讼法》进行审查，换言之，行政主体一方具备相应的行政职权是认定案涉协议属于行政协议的必要条件。其内在的审查逻辑是，行政机关为行使行政职权、履行行政职责而约定的协议内容可以被自然推定为行政法上的权利义务内容即具备行政协议的内容要素。当然，即便具备相应行政职权，但若案涉协议并无实现行政管理或者公共服务的目标，那么也不能认定为行政协议，因为公益目的是行政主体在行政协议中行使行政优益权时的价值所在，这是由行政法目的正当性审查原则所决定的。

(二) 涉案《收购合同》属于行政协议

《土地储备管理办法（征求意见稿）》①（原《土地储备管理办法》已于2023年1月3日失效）规定了土地储备的概念，即县级（含）以上自然资源主管部门为调控土地市场、促进土地资源合理利用、落实和维护所有者权益，依法取得土地、实施资产管护、组织前期开发、储存以备供应的行为。同时明确，土地储备工作统一归口自然资源主管部门管理，土地储备机构承担土地储备的具体实施工作。还规定了土地储备机构的性质，即县级（含）以上人民政府批准成立、具有独立的法人资格、隶属于所在行政区划的自然资源主管部门、承担本行政辖区内土地储备工作的事业单位。但《土地储备管理办法（征求意见稿）》并没有关于授权土地储备机构实施收回国有土地使用权的相关规定。同时，《土地管理法》第五十八条规定，为公共利益需要使

---

① 《关于公开征求〈土地储备管理办法〉（征求意见稿）意见的公告》，载自然资源部网站，https://m.mnr.gov.cn/gk/tzgg/202405/t20240521_2845902.html，2024年11月1日访问。

用土地的,由有关人民政府土地行政主管部门报经原批准用地的人民政府或者有批准权的人民政府批准,可以收回国有土地使用权,对土地使用权人应当给予适当补偿。也就是说,为公共利益需要,土地行政主管部门经过人民政府批准,具有收回国有土地使用权的行政职权,有权作出收回国有土地使用权决定等行政行为。

具体到本案中,《收购合同》系原土储某分中心按照某区政府在《关于某区HR07-04××-00××、00××地块土地使用权的请示》上的批示和《国有土地使用权收购补偿方案审核会会议纪要》文件精神与经纪公司签订,而原土储某分中心隶属于市规自委某分局,故涉案《收购合同》应当视为作为土地行政主管部门的市规自委某分局,经过某区政府批准替代行政决定,行使收回国有土地使用权的行政职权行为,因此,该《收购合同》的签订主体并非平等民事主体,双方属于管理与被管理的关系,签订一方虽然是原土储某分中心,但法律责任的归属者及本案的适格被告应为市规自委某分局。且该《收购合同》虽然基于自愿有偿原则而签订,但其目的系为实现调控土地市场、促进土地资源合理利用这一行政管理目标,维护公共利益,因此,符合上述行政协议的全部四个要素,特别是本质要素,故应认定其为非平等民事主体之间签订的行政协议。

二、行政协议纠纷中股东代表诉讼的适用

(一)股东代表诉讼适用于行政协议纠纷

基于合同之债的意定性,公司股东通常并非合同的签订主体,严格依据合同的相对性原则,则公司股东一般无法绕过公司提起合同之诉,也无须被公司相对人直接主张权利。而"与行政行为有利害关系"是认定行政诉讼原告主体资格的合理标准。根据公司法的相关原理,公司具有独立意志、独立财产和独立人格,公司独立于公司股东而存在。公司股东向公司认缴和交付出资,并按照其股权比例或持有的股份比例对公司享有权利。公司股东原则上不能代表公司,因此,一般情况下,公司股东与行政行为不具有利害关系,不具备提起行政诉讼的原告主体资格。但《公司法》第一百八十九条规定赋予了股东维护公司利益的起诉权,规定了股东可以提起股东代表诉讼及提起股东代表诉讼的条件和程序。从立法目的来看,股东代表诉讼机制的设计实际上是允许在公司内部救济途径失效的情况下,股东代位公司提起诉讼、行使公司对外的权利,其诉权源于公司的诉权。在允许债权人提起代位权诉讼的情况下，依据举轻以明重的规则进行当然解释，公司股东在其他法定条件达成的情形下，当然可以基于合同之诉（非仅限于侵权之诉）提起股东代表诉讼，由于诉讼权益及法律效果归属于公司，并未突破合同相对性原则。股东代表诉讼在维护小股东权利方面意义重大，体现了公司意志和股东意志的冲突和协调。

同时，《公司法》第一百八十九条第三款规定，公司股东在他人侵犯公司合法权益，给公司造成损失而公司怠于行使诉权的情况下可以以自身名义向人民法院提起诉讼。其中"他人"并未明确限定为民事或商事交易主体。可见，《公司法》并未将股东代表诉讼限制在民事诉讼范围内，公司股东亦有权提起行政诉讼。且行政协议本身兼具行政性和协议性，公司股东如果在民事诉讼中可以作为原告提起诉讼，那么不能因为相关争议纳入行政诉讼而导致其丧失原告主体资格。只要是属于公司的诉讼权利，都可以理解为存在股东代表诉讼的空间。当行政机关不履行或不按照约定履行行政协议使公司及股东权益遭受侵害，且公司不提起诉讼时，股东可以依法提起行政诉讼。

（二）提起股东代表诉讼的条件

首先，股东需符合法律规定要件。基于有限责任公司的人合性和封闭性，《公司法》对有限责任公司提起股东代表诉讼的股东资格未作限制，而考虑公司权利和股东权利的折中，对股份有限公司提起股东代表诉讼的股东资格则要求是连续180日以上单独或者合计持有公司1%以上股份的股东，即通过持股比例及时间限制防止滥诉。其次，股东必须在诉前用尽公司内部救济。即股东可书面请求监事会或不设监事会的有限责任公司的监事、董事会或者不设董事会的有限责任公司的执行董事提起诉讼。只有前述监事会、不设监事会的有限责任公司的监事，或者董事会、执行董事收到书面请求后拒绝提起诉讼，或者自收到请求之日起30日内未提起诉讼，或者紧急情况、不立即提起诉讼将会使公司利益受到难以弥补的损害的，前述股东有权为了公司利益以自己的名义直接向法院起诉，无须穷尽公司内部救济路径。当然，如果股东能够通过自身起诉的途径获得救济时，不应提起代表诉讼。否则有悖股东代表诉讼制度的设置意图。

本案中，农业公司系经纪公司持股20%的股东，具备提起股东代表诉讼的股东资格。且农业公司提起本案诉讼前已书面致函经纪公司，要求其与原土储某分中心沟通，即时启动土地入市供应工作，以及采取其他救济途径保证土地入市工作的继续推进。经纪公司的回函及向一审法院出具的情况说明等已经明确表明其不会就《收购合同》的履行对市规自委某分局提起诉讼。在此情况下，农业公司在诉前已用尽公司内部救济，在其认为原土储某分中心怠于履行相关职能、经纪公司怠于履行合同相关约定，使其作为公司股东的权益遭受了损害的情况下，有权基于股东代表诉讼制度提起本案诉讼。

三、合同条款及原则分析在行政协议中的适用

行政协议与民事合同的区别在于行政主体一方具有事实上权力和资源的强势地位，加之行政协议以行政优益权理论为基础，行政主体的事实优势地位更易被强化。但行政协议的本质属性依然是合同，因此其制度设计应当保持权力理性，以控权论为立场，从行政法上的比例原则出发，在不与法律规定相冲突的前提下，赋予行政协议双方合同权利。

（一）合同义务履行附条件条款的辨析适用

市场交易中，为权利实现或义务承担添加"条件"或"期限"，是交易合同中常见的条款。当合同中对一方履行某项义务附加了特定内容，而该内容没有实现时，如何理解该条款的性质以及如何判断是否应当履行义务，是司法实务中的重难点问题。涉案《收购合同》第四条约定：土地入市交易完成返还甲方项目成本后30个工作日内，甲方向乙方支付全部收购补偿款。对于该条款应认定为对土地补偿款付款期限约定不明，按照民事法律规定在债权人请求履行时即时履行，还是认定为合同义务履行的附条件条款，各方存在争议。

根据《民法典》第一百五十八条及第一百六十条的规定，附条件是一种将来的或然事实，该条件未来可能发生也可能不发生，已经发生的或者将来确定不会发生的事实，不能视为民事法律行为的条件；附期限是以将来确定发生的事实为内容的附款。附条件和附期限可以对应合同效力，也可以对应合同履行。而履行期限是当事人交付标的或者行为的日期，即权利人要求义务人履行的请求权的发生时间，涉及的是合同履行问题。根据《民法典》第五百一十条、第五百一十一条的规定，如果对履行期限约定不明，应当进行协商，协商不成依据交易习惯，还不能确定的，债权人可以随时要求履行，但应当给足对方必要的准备时间。同时，根据《民法典》第一百四十二条第一款规定，对履行某项义务附加特定内容如何定性，应当探究合同主体在缔约时的真实意思表示，即按照所使用的词句，结合签订合同的目的和动机等，确定意思表示的含义。具体到本案中，合同双方基于对国有土地使用权收购的交易主体、交易过程的客观认识，充分考虑合同双方的权利义务情况进行《收购合同》第四条有关合同履行内容的约定，不违背合同对方的真实意思，应认定为合同主体存在"只有附加的特定内容实现时，才应当履行义务"的合意，属于合同义务履行的附条件条款，且不属于对履行期限约定不明、协商不成，债权人可以随时要求履行的情况。另，因该条约定不涉及合同效力本身，不违反法律、行政法规强制性规定，且基于国库支付制度，不存在违反收支两条线规定的情况，故在双方当事人充分合意并达成一致的情况下，农业公司主张应立即付款，缺乏相应依据。

此外，由于我国缺少大陆法系国家关于履行行为附条件的法律规范，故在实务个案中，基于交易安全、诚实信用和全面履行原则，应综合分析整体案情，力求实现各方利益平衡。《关于国有土地收购工作有关情况的说明》等显示土地储备一方一直在积极推进涉案土地入市工作，但是至今未能完成，考虑国有土地使用权收购合同牵扯利益重大，程序复杂，影响交易的主客观因素较多，现有证据不能证明土地储备一方存在拖延入市或恶意阻止支付条件成就的行为，故不将《收购合同》第四条约定认定为履行期限约定不明而认定为附条件条款，不会导致双方权利义务失衡。

（二）行政协议中的情势变更

1. 情势变更的审查标准

《民法典》第五百三十三条规定首次以法律的形式确立了情势变更制度。情势变更原则的价值基础是民法的公平原则，对合同双方当事人利益的平衡是其根本目的。具体含义是合同成立以后、履行完毕之前，合同的客观情势发生了当事人在订立合同时无法预见的、不属于商业风险的重大变化，且该变化不可归责于双方当事人，但足以使得合同目的落空或失去意义，强行维持合同原有效力将导致合同当事人之间的显失公平，此时，人民法院可以适用情势变更原则变更合同内容，调整平衡双方当事人的利益，维护经济流转的正常秩序。基于法律行为基础理论的普适性，情势变更原则同样适用于行政协议领域，但其不同于行政机关因公共利益需要或者其他法定事由行使的单方变更、解除权，判断是否适用的关键在于"无法预见的、不属于商业风险的重大变化"以及"明显不公平"的衡量。首先，对"无法预见"的判定，若采用主观标准则应以遭受不利益一方当事人的实际情况为准，若采用客观标准，则应从一般理性人的角度进行衡量。从公平原则出发，应结合主客观标准进行审慎衡量。其次，情势变更与商业风险的界分，需要参照合同约定，并从可预见性、归责性以及产生后果等方面进行分析。最后，继续履行合同是否对于当事人一方明显不公平，在行政协议案件中则需要考量到对公益和私益的平衡。且根据最高人民法院关于认真学习贯彻《最高人民法院关于适用〈中华人民共和国民法典〉合同编通则若干问题的解释》的通知，根据案件的特殊情况，确需在个案中适用情势变更原则的，应当由高级人民法院审核，必要时应报请最高人民法院审核。可见，情势变更原则在民事审判中适用之难。

2. 本案不构成情势变更

本案中，农业公司主张涉案《收购合同》签订后，针对土地入市出现"多规合一平台"政策调整，以及涉案土地纳入生态控制区导致土地入市面积缩小的情况。但根据合同内容，涉案土地入市交易这一条件属于过程性行为，土地规划因素是正常缔约风险，双方在订立合同时应当充分予以考虑，且即使存在农业公司主张的"情势变更"，也不构成土地补偿款立即给付的基础性条件，而是涉及涉案合同是否应当继续履行或者应否解除。此外，目前情况下继续履行合同并不存在利益显著失衡的问题。故，本案不应适用情势变更原则。

（作者单位：北京市第三中级人民法院）

诚实信用原则在行政协议中的适用

林劲标　严崇哲

【裁判要旨】

行政机关应按建设诚信政府、优化营商环境的要求，在履行行政协议义务时恪守诚实信用原则，遵循契约精神。在行政协议相关条款对主债务履行期限约定不明时，行政机关仍应秉持诚信原则并在合理期限内履行协议义务，否则应认定其构成迟延履行并承担相应违约责任。

【案情】

原告（被上诉人）：某建筑安装工程有限公司（以下简称建筑公司）。

被告（上诉人）：某区人民政府（以下简称某区政府）。

为进一步完善物流配送系统，提高商运能力，某区政府引进建筑公司参与某区水产品仓储物流园项目。2014年6月18日，某区政府与建筑公司签订《水产品仓储物流园项目投资建设协议书》，次日又签订《水产品仓储物流园项目补充协议书》。两份协议约定：水产品仓储物流园项目计划用地面积约14万平方米，建筑公司总投资约为3亿元；某区政府以招标或拍卖或挂牌（以下简称招、拍、挂）形式公开组织项目用地出让；建筑公司将通过招、拍、挂形式公开交易的方式取得项目用地使用权；建筑公司在补充协议签订之日起10个工作日内向某区政府支付履约金人民币2050万元，该履约金由某区政府专项用于该项目用地的土地开发费用支出，之后，建筑公司需根据某区政府征地及办理国土用地批文的实际需要支付相关资金；某区政府按时办理用地报批、征收，依法组织项目用地公开出让；并约定违约责任等。协议签订后，建筑公司于2014年6月27日向某区土地储备中心汇款2050万元。

但某区政府一直没有按协议书约定对涉案土地以招、拍、挂形式公开组织项目用地出让，也没有退还建筑公司履约金。2020年9月22日，建筑公司向某区政府发出《关于终止协议及退款的函》，该政府未作回应。同年10月12日，建筑公司再次发出《关于尽快给予回复的函》，某区政府也没有作出回复。

建筑公司认为，协议签订后，该公司积极履行了合同义务，但某区政府的行为严重违反了合同诚信原则，并严重损害该公司合法利益。该公司作为中小企业，因政府长期不履行合同占用企业巨额资金拒不退还的行为迫入困境。某区政府的违约行为违反了国务院《保障中小企业款项支付条例》精神，也为当地政府开展招商引资树立了坏榜样。建筑公司遂向阳江市中级人民法院提起行政诉讼，请求判令：1. 解除《水产品仓储物流园项目投资建设协议书》《水产品仓储物流园项目补充协议书》；2. 责令某区政府退还建筑公司人民币2050万元，并赔偿利息损失，利息以2050万元为本金按全国银行间同行业拆借中心5年期以上的LPR公布价，自2014年6月27日起计至某区政府退还全部款项时止。

庭审中，某区政府辩称，建筑公司所诉称的计划用地，该府已委托了某街道办事处与用地所属村委会签订了《征收（用）土地协议书》。某区政府于2014年已向某省国土资源厅上报了《关于审批某区2014年度第四批次城镇建设用地的请示》。2015年4月，某省国土资源厅作出《某省国土资源厅关于某区2014年度第四批次城镇建设用地的批复》，该批次用地中包含本项目用地约11万平方米（涉案项目14万平方米）。某区政府在双方签订协议后，积极委托属下街道办与土地权属村委会签订征地协议，已履行了部分协议义务，并没有出现违约行为。至于《关于终止协议及退款的函》《关于尽快给予回复的函》至今未回应的问题，事实上某区政府于2020年11月2日将函件转交某区土地储备和城市更新事务中心办理，因该中心部分经手人员已调离原单位，故未能在短时间内了解清楚情况予以回函。某区政府还主张，涉案协议书并没有对该项目用地进行招、拍、挂出让的时间作出具体的约定，故其到目前为止尚未开展对用地进行招、拍、挂出让，没有违反协议约定，请求法院驳回建筑公司的诉讼请求。

【审判】

广东省阳江市中级人民法院审理认为：协议签订后，建筑公司于2014年6月27日向某区土地储备中心汇款2050万元，但某区政府自双方签订协议之日起已经过6年多的时间里一直没有按协议书约定对涉案土地以招、拍、挂形式公开组织项目用地出让。在收到建筑公司发出的《关于终止协议及退款的函》《关于尽快给予回复的函》后，某区政府没有给予回应，也没有退还建筑公司款项。某区政府的行为属于当时施行的《合同法》第九十四条规定的"迟延履行主要债务，经催告后在合理期限内仍未履行"的情形，建筑公司请求解除《水产品仓储物流园项目投资建设协议书》《水产品仓储物流园项目补充协议书》，符合法律规定，且不损害国家利益、社会公共利益和他人合法权益，应予支持。某区政府还应当退还建筑公司已支付的履约金2050万元，并支付利息损失。2021年5月26日，阳江市中级人民法院作出判决：一、解除建筑公司与某区政府于2014年6月18日签订的《水产品仓储物流园项目投资建设协议书》和于2014年6月19日签订的《水产品仓储物流园项目补充协议书》；二、限某区政府自判决生效之日起10日内退还建筑公司履约金人民币2050万元，并以2050万元为基数，支付自2014年6月27日起计至实际给付之日止的利息。其中2019年8月19日之前的利息按同期中国人民银行公布的贷款基准利率计付，2019年8月20日之后的利息按同期全国银行间同业拆借中心公布的贷款市场报价利率（LPR）计付。如未按本判决指定的期间履行给付金钱义务，应当依照《民事诉讼法》第二百五十三条的规定，加倍支付迟延履行期间的债务利息。

一审宣判后，某区政府不服，上诉至广东省高级人民法院。

广东省高级人民法院审理认为：关于《水产品仓储物流园项目投资建设协议书》和《水产品仓储物流园项目补充协议书》是否应予解除的问题。《合同法》第九十四条规定："有下列情形之一的，当事人可以解除合同：……（三）当事人一方迟延履行主要债务，经催告后在合理期限内仍未履行……"本案中，协议签订后，建筑公司于2014年6月27日依约向某区土地储备中心汇款2050万元，但某区政府一直没有按上述协议约定对涉案土地以招、拍、挂形式公开组织项目用地出让，也没有将上述款项退还建筑公司。虽然上述两协议并未明确约定某区政府履行出让涉案土地的期限，但《水产品仓储物流园项目投资建设协议书》第十六条规定"在本协议签订之日起三年内，对该项目免收属甲方本级收取的所有行政事业性收费和按阳江市有关规定免收或减收经营服务（中介）性收费"，可见某区政府（甲方）与建筑公司在签订涉案协议时应该对组织项目用地出让的时间并非无期限要求，而是有合理的预判。自双方于 2014 年 6 月签署协议之日至建筑公司提起本案诉讼已过六年，某区政府仍没有对涉案土地以招、拍、挂形式公开组织项目用地出让。当建筑公司向某区政府发出《关于终止协议及退款的函》《关于尽快给予回复的函》催告某区政府履行协议义务时，某区政府也一直没有作出回复。某区政府在庭审中亦表示无法确定涉案土地以招、拍、挂形式组织项目用地出让的时间。根据上述合同约定及实际履约情况足以认定，某区政府未在合理期限内履行协议书规定的义务，属于上述规定的"迟延履行主要债务，经催告后在合理期限内仍未履行"的情形，建筑公司起诉请求解除上述两协议，于法有据，且未损害国家利益、社会公共利益和他人合法权益，依法应予支持。某区政府主张其已组织下属部门开展土地征收工作，已部分履行协议约定，不构成迟延履行，理据不足，不予支持。关于某区政府是否应向建筑公司退还 2050 万元并支付相应利息的问题。《合同法》第九十七条规定："合同解除后，尚未履行的，终止履行；已经履行的，根据履行情况和合同性质，当事人可以要求恢复原状、采取其他补救措施、并有权要求赔偿损失。"某区政府的行为已经构成违约，该违约行为致使不能实现合同目的，建筑公司有权解除合同并要求某区政府赔偿损失。建筑公司为履行合同缴纳的 2050 万元，某区政府应当予以退回，并应当支付资金占用期间的利息。一审判决的利息支付基数、期间和利率，于法有据，应予维持。2022 年 6 月 30 日，广东省高级人民法院作出二审判决：驳回上诉，维持原判。

【评析】

本案涉及的投资协议属于招商引资协议，是典型的行政协议。协议中涉及土地的征收、整备、交付、项目建设等，在双方对履行期限约定不明的情况下，如何判断行政机关是否存在迟延履行致使合同目的不能实现，行政协议是否可以判决解除，相关违约责任如何承担是案件审理的焦点。

一、行政协议的解除权特性和行使限制

《最高人民法院关于审理行政协议案件若干问题的规定》（以下简称《行政协议解释》）第十七条规定："原告请求解除行政协议，人民法院认为符合约定或者法定解除情形且不损害国家利益、社会公共利益和他人合法权益的，可以判决解除该协议。"第二十七条第二款规定："人民法院审理行政协议案件，可以参照适用民事法律规范关于民事合同的相关规定。"本案争议发生时有效的《合同法》第九十四条规定以及现行《民法典》第五百六十三条中均规定，当事人一方延迟履行债务或者有其他违约行为致使不能实现合同目的的，当事人可以解除合同。可见，合同解除权分为约定解除权和法定解除权。在合同法上，约定解除权是当合同双方约定的解除条件成就时，解除权人可以解除合同；法定解除权，属于形成权，是指权利人在法律规定的解除事由出现时，依单方意思表示即可使民事法律关系消灭的权利。在行政法领域，行政协议是一种特殊的行政管理活动，既具有行政管理活动"行政性"的一般属性，同时也具有"协议性"的特别属性。一方面，行政主体与协议相对方平等协商订立协议，协议双方均依照协议的约定履行各自的义务；另一方面，行政主体作为公共事务管理者，出于国家行政管理目标，法律允许行政主体在行政协议的履行过程中享有一定的行政优益权。行政协议基于其合同性兼顾行政性，解除权行使程序亦有其特性。如行政机关基于国家利益和社会公共利益的考量，认为继续履行行政协议可能出现严重损害国家利益、社会公共利益的情形，可以通过单方变更、解除行政协议的方式行使行政优益权。此时行政协议解除权的行使，本质是行使行政职权行为，若行政相对人未在法定行政起诉期限内就解除行为提起诉讼，该解除权会如同一般行政行为产生不可争力、公定力和约束力。而当行政相对人作为守约方，因行政机关违约行为致使合同无法履行而行使解除的，其行使的实际是解除协议的形成诉权，即诉请人民法院判决解除协议的诉讼权利。换言之，该协议并不因行政相对人单方发出解除通知而产生解除的法律效力。在行政协议解除的实质条件上，《行政协议解释》第十七条明确规定了合同解除除满足约定解除、法定解除相关条件外，还需要满足不损害国家利益、社会公共利益和他人合法权益的前提条件。人民法院在审理行政协议纠纷时，需要时刻关注该协议所涉及的国家利益和社会公共利益，当然也需要关注行政相对人作为社会资本方的合法权益，既要强调意思自治，也要强调对行政权的监督，还要关注国家利益、社会公益、个人利益之间的衡平，非因相对人坚决请求予以解除而行政协议又必须解除的，人民法院应当优先适用调解或继续履行判决。行政协议诉讼本质上仍为公法诉讼，在裁判的法律适用上，应当优先适用行政法律规范的同时，也可以适用与行政法律规范不冲突的民事法律规范，且当协议出现无效情形时，当事人未依照法院释明更换诉讼类型时，将面临诉讼请求被驳回的可能。

二、行政协议约定不明时应当运用诚实信用原则

本案中，某区政府是否构成违约的关键在于是否迟延履行协议约定的主债务，从而导致合同目的不能实现。从《水产品仓储物流园项目投资建设协议书》及补充协议内容看，某区政府履行以招、拍、挂方式出让涉案土地是其合同的主要义务，但两份协议书均未明确土地出让的最终期限。由于涉案项目用地需要按照《土地管理法》规定的国家土地征收程序完成征收后，再通过土地招、拍、挂的方式通过土地二级交易市场进行出让。出让前期的土地征拆、补偿安置、土地平整等环节本身就有工作难度大、不确定因素多、耗时周期较长等因素。因此，在协议约定不明确的情形下，如何确定协议的履行期限，如何判断行政机关的协议履行程度，是确定其是否违约的关键。

诚信原则作为《民法典》的一项重要原则，有"帝王条款"之称。《民法典》中明确要求民事主体从事民事活动应当遵循诚信原则，秉持诚实，恪守承诺。在合同法上，诚信原则还有填补合同漏洞、帮助合同争议条款解释、明确缔约过失责任、确定合同附随义务的作用。随着国家进一步优化营商环境，加强社会信用体系建设，诚信政务、诚信政府已经成为法治政府的必然要求、应有之义。《优化营商环境条例》第三十条明确规定，国家加强社会信用体系建设，持续推进政务诚信、商务诚信、社会诚信等建设。第三十一条规定，地方各级人民政府及其有关部门应当履行向市场主体依法作出的政策承诺以及依法订立的各类合同，不得以行政区划调整、政府换届、机构或者职能调整以及相关责任人更替等为由违约毁约。因国家利益、社会公共利益需要改变政策承诺、合同约定的，应当依照法定权限和程序进行，并依法对市场主体因此受到的损失予以补偿。中共中央、国务院印发的《法治政府建设实施纲要（2021—2025年）》明确提出："加快推进政务诚信建设。健全政府守信践诺机制。建立政务诚信监测治理机制，建立健全政务失信记录制度，将违约毁约、拖欠账款、拒不履行司法裁判等失信信息纳入全国信用信息共享平台并向社会公开。建立健全政府失信责任追究制度，加大失信惩戒力度，重点治理债务融资、政府采购、招标投标、招商引资等领域的政府失信行为。"据此，人民法院审理行政协议纠纷时，对于行政机关义务的履行，不能仅局限于条款的约定，对于条款约定不明的，应当审查行政机关履行行为是否符合诚信政府、法治政府的要求，确定其合同义务。本案中，涉案协议虽并未明确约定某区政府履行出让涉案土地的最终期限，但《水产品仓储物流园项目投资建设协议书》第十六条规定"在本协议签订之日起三年内，对该项目免收属甲方本级收取的所有行政事业性收费和按阳江市有关规定免收或减收经营服务（中介）性收费"，可见某区政府（甲方）与建筑公司（乙方）在签订涉案协议时对组织项目用地出让的时间并非无期限要求，而是有合理期限上的预判。亦即，结合诚实信用原则，某区政府一般应在三年内基本实现涉案用地具有出让的条件，涉案仓储物流园项目基本具备投入经营使用的条件，否则应认为其存在逾期或迟延履行合同义务的情形。况且，自双方于2014年6月签署协议之日至建筑公司提起本案诉讼已过六年，上诉人已无法获得减免行政事业性收费及经营服务性收费的任何优惠，加之某区政府在庭审中表示仍无法确定涉案土地以招、拍、挂形式组织项目用地出让的具体时间。至此，建筑公司的优惠政策及投资目的均已落空，若继续无期限的等待将势必会对建筑公司的利益造成严重损害，故应当认定某区政府的行为已构成"迟延履行主要债务，经催告后在合理期限内仍未履行"的根本违约情形。某区政府作为土地征收主体及涉案招商引资协议的主导者，对涉案协议的启动、文本的草拟本就享有"先手优势"，亦对土地招、拍、挂前期准备工作的时长具有一定预判，在此情况下，若继续认为协议仍在合理的履行期限范围内，则对建筑公司明显不公，也违背了诚信政府的基本要求，不利于法治营商环境的建设。

三、招商引资协议的违约责任一般应适用严格责任原则

某区政府主张其已积极组织属下街道办与村委会签订征地协议，并向省国土资源厅申请办理相关用地批复手续等，由于征地程序的复杂性，已部分履行合同，并无过错，不应承担违约责任。那么，在行政协议纠纷中，应当如何进行归责？

《行政协议解释》第十九条规定了行政机关未依法履行、未按约定履行行政协议的法律责任。对于行政机关而言，违约责任与违法责任并不完全画

等号,违约责任属于违法责任,但不构成违约不等于不用承担违法责任,特别是在行政机关未遵守法律法规有关缔约程序规定的情况下,即使未违约也仍要承担违法责任。对于违约责任的归责原则,民法上有严格责任、过错推定责任、公平责任等多个归责原则,而行政协议违约责任采用的主要是严格责任原则,特定类型采用过错责任。本案涉及招商引资协议,因招商引资合作涉及领域广、投资成本高、周期长,涉及国家利益和公共利益,协议生效后应保持相对稳定。行政机关作为较强势一方,更应带头履行协议义务,兑现招商承诺,防止行政权力任性和随意性。在严格责任原则下,责任构成仅以不履行为要件,行政相对人只需向法庭举证证明行政主体未履行协议的客观事实,无须证明行政机关是否存在过错;行政主体主张免责,则必须证明存在法定的免责事由。在招商协议纠纷中,优先适用严格归责原则,有利于树立各方契约精神,营造良好法治营商环境,有助于政府与社会资本之间建立良好的合作互动关系。本案中,某区政府自协议签订后超过六年,仍未履行协议约定的主要义务即用地出让,且庭审中仍无法明确土地出让的具体履行时间,客观上属于未在合理期限内履行协议的行为,已构成违约,其主张已委托签订征地协议、启动征地报批程序等,均不属于法定免责事由,不能证明其不存在违约行为。

四、违约赔偿应当遵循充分赔偿原则

行政协议属于双方法律行为,与一般行政侵权行为不同,违约责任的赔偿标准一般不适用国家赔偿法的规定。对违约责任的承担,行政协议有约定的,应按照协议约定;行政协议没有约定的,则一般适用民事法律规范规定。在原告请求解除行政协议成立的情况下,一般应当采用返还原物、赔偿损失等违约责任承担方式。对于违约赔偿的范围一般要以存在损失为提前。《行政协议解释》第十九条明确了行政协议违约的充分赔偿原则。《民法典》第五百八十四条规定:"当事人一方不履行合同义务或者履行合同义务不符合约定,造成对方损失的,损失赔偿额应当相当于因违约所造成的损失,包括合同履行后可以获得的利益;但是,不得超过违约一方订立合同时预见到或者应当预见到的因违约可能造成的损失。"由此确定,违约补偿性损害赔偿的范围应当包括赔偿实际损失和可得利益的损失。本案中,建筑公司已依约缴纳履约金人民币 2050 万元,在某区政府构成根本违约的情况下,建筑公司所缴纳的 2050 万元及在此期间产生的利息均属于建筑公司的现实损失,建筑公司请求判决某区政府退回2050万元并赔偿资金占用期间的贷款利息损失，具有事实根据和法律依据，人民法院应予支持。

关于利息的计付起点问题，某区政府主张协议中约定双方解除协议的，应不计息退还履约金，即使计算利息，也应从建筑公司2020年9月22日向该府发出《关于终止协议及退款的函》时即从催告义务履行起算。但本案协议的解除系因某区政府迟延履行主债务导致合同目的不能实现所致，而非双方协商解除的情形，某区政府应当承担违约赔偿责任，相关利息损失属于守约方建筑公司的可得利益损失，依法应予赔偿。某区政府从2014年6月27日起便占用建筑公司支付的2050万元，从该时间起算利息符合损失发生时间的客观事实，且在利息的计付标准上，人民法院判决适用同期银行贷款利率而非较低的存款利率，均符合充分赔偿原则。

(作者单位：广东省高级人民法院)

轻微违法经营行为不予行政处罚的司法审查

张祺炜

【裁判要旨】

行政机关对市场主体的违法经营行为进行行政处罚，不应拘泥于具体执法领域的法律法规，而是应处理好行政处罚法与特别法、法定要件和自由裁量、市场主体权益与社会公共利益、教育与处罚等之间的关系，充分考虑行政处罚法规定的轻微且没有危害后果不罚、首违不罚、没有过错不罚等基本原则，以及优化营商环境规范性文件、免罚清单的适用，从而作出合法、合理的行政处罚。

【案情】

原告（上诉人）：毛某等22人。

被告（上诉人）：某市卫生健康委员会（以下简称某卫健委）。

第三人（上诉人）：某融酒店管理有限公司（以下简称某融酒店）。

毛某等22人系某融广场北楼业主，某融酒店住所地为某融广场南楼36-47层、北楼18-26层。2019年12月13日，某融酒店向某卫健委提交行政许可申请表、营业执照、相关图纸、室内空气检验报告等材料，申请办理公共场所卫生许可证。12月17日，某卫健委作出第320601-×××186号《卫生许可证》（以下简称186号许可证），许可某融酒店经营项目宾馆。2019年12月28日，某融酒店开业，2020年1月21日，毛某等22人向某卫健委举报某融酒店在北楼7层无证经营。1月28日，某卫健委到某融酒店现场核查，2月26日，某卫健委向某融酒店作出《卫生监督意见书》，要求某融酒店不得超出许可范围经营，立即停止将北楼7层部分作为大堂使用的行为。后因某融酒店已停止7层酒店大堂的使用，且某融酒店于2020年5月12日申请将卫生许可证的地址增加北楼7层，某卫健委遂未再作出处罚决定。毛某等22人认为某卫健委对某融酒店无证经营行为不予处罚属于不履行法定职责，遂提起诉讼，请求法院判决某卫健委对某融酒店无证经营行为进行处罚。

【审判】

江苏省南通经济技术开发区人民法院一审认为，某融酒店于2019年12月28日开业，至2020年2月停止经营，某融酒店此期间在北楼7层的经营行为实质上属于无证经营状态，某卫健委除责令限期改正外，还应适用《公共场所卫生管理条例实施细则》第三十五条第一款规定并处罚款，而某卫健委并未作出处罚决定，属于不完整履职。判决：一、责令某卫健委于判决生效之日起三个月内对案涉无证经营投诉事项作出处理决定；二、驳回毛某等22人的其他诉讼请求。

一审宣判后，毛某等22人、某卫健委、某融酒店均不服提起上诉。

江苏省南通市中级人民法院二审认为，《行政许可法》第八十条第二项规定，被许可人超越行政许可范围进行活动的，行政机关应当依法给予行政处罚。第八十一条规定，公民、法人或者其他组织未经行政许可，擅自从事依法应当取得行政许可的活动的，行政机关应当依法采取措施予以制止，并依法给予行政处罚。由此可见，超越许可范围和未取得许可从事营业活动的行为，都属于行政许可违法行为。本案中，某融酒店领取的186号许可证载明的经营地址为某融广场南楼36-47层、北楼18-26层，某融酒店在某融广场北楼7层设立酒店大堂的行为超出了许可范围，属于违法行为。

关于某卫健委有无完整履行法定职责，是否应当责令某卫健委对某融酒店继续作出行政处罚决定的问题。

首先，行政机关针对违法行为实施行政处罚时，应同时考虑《行政处罚法》原则性规定的规范和指引作用。《行政处罚法》规定，设定和实施行政处罚必须以事实为依据，与违法行为的事实、性质、情节以及社会危害程度相当。违法行为轻微并及时纠正，没有造成危害后果的，不予行政处罚。《江苏省优化营商环境条例》第六十二条第一款亦规定，对市场主体违法行为情节轻微，及时纠正且没有造成危害后果的，可以采取约谈、教育、告诫等措施，依法不予行政处罚。其次，对于行政机关实施行政处罚过程中的裁量空间，司法权应给予一定尊重，在行政机关的处理结论并无明显不当，不存在不当行使自由裁量权，且法院也没有充分理由否定行政机关判断的情况下，人民法院不应以自己的判断替代行政机关的判断。最后，《行政处罚法》规定的"不予行政处罚"，不能机械地理解为一定要求行政机关通过立案、调查、听取陈述申辩等处罚程序后，最终以不予行政处罚决定的形式作出判定。如果行政机关已实质上进行了调查，并通过法定途径作出了处理，且违法行为已经改正，也是履行法定职责的一种形式。

《公共场所卫生管理条例实施细则》第三十五条第一款规定，对未依法取得公共场所卫生许可证擅自营业的，由县级以上地方人民政府卫生计生行政部门责令限期改正，给予警告，并处以五百元以上五千元以下罚款。本案中，首先，从面积来看，某融广场南楼36—47层、北楼18—26层为某融酒店被许可的主要经营场所，北楼7层设立酒店大堂的面积远远小于许可范围。其次，从用途来看，酒店大堂是作为住宿场所的辅助设施使用，与新建、改建场所用于住宿存在本质区别。再次，从营业时长来看，某融酒店于2019年12月28日开业，至2020年2月停止经营行为，此后再未继续使用7层的酒店大堂，且营业时间较短。最后，从行为性质来看，某融酒店在某融广场北楼7层设立酒店大堂的行为属于违法行为的竞合，某区市场监督管理局曾就该行为以某融酒店自行改正为由不予处罚，该不予处罚决定也经生效判决认定为合法，本案的裁量亦应体现判决的一致性。

综上，某卫健委对于某融酒店在某融广场北楼7层设立酒店大堂的行为，向某融酒店发送卫生监督意见书后，认为某融酒店违法情节轻微并及时纠正，没有造成危害后果，遂不再作出行政处罚，认定事实清楚，所作处理符合行政处罚教育与处罚相结合、过罚相当的原则，也体现了对市场主体包容审慎监管的优化营商环境举措。遂判决：一、撤销南通经济技术开发区人民法院行政判决；二、驳回毛某等22人的诉讼请求。

【评析】

近年来，受国际国内因素的影响，诸多市场主体的生存发展成为经济社会发展重要的阶段性课题。行政机关通过教育手段指导企业合法合规经营，避免企业因轻微违法行为受到行政处罚、处罚公示、失信惩戒,有助于减轻企业发展成本,最大限度激发市场主体活力。《行政处罚法》规定的轻微且没有危害后果不罚、首违不罚、没有过错不罚等基本原则,以及各地优化营商环境政策性文件、免罚清单的出台,为行政机关包容审慎监管、审慎处罚提供了法律依据和政策支持。明确对轻微违法经营行为不予处罚遵循的基本规则,厘清不予行政处罚相关法定要素的司法审查标准,对营造和谐、稳定、法治化的营商环境,保障行政机关对市场主体包容审慎监管的各项政策措施合法合规、可持续发展,具有重要意义。

一、轻微违法经营行为不予行政处罚的法律规定、制度环境及理论依据

市场经营行为是指市场经营主体以营利为目的,从事商品生产经营和服务活动的行为。市场主体从事经营活动中,可能基于种种原因违反法律规定,仅仅从法律条文的视域对市场经营行为实施行政处罚,可能导致规则主义的奉行,造成法律适用的僵化,也不利于行政裁量的选择。只有在遵循轻微违法经营行为不予处罚的基本法则的基础上,充分理解并掌握政策导向、制度环境等外部因素,才能为行政机关实施处罚提供更为深刻、全面、透彻的法理支撑。

(一) 法律依据:行政处罚法律法规及免罚清单

一是规范行政处罚的法律。如《行政处罚法》第三十三条规定的"轻微且没有危害后果不罚""首违不罚""没有过错不罚",又如《自然资源行政处罚办法》第三十一条第一款第二项规定,违法情节轻微、依法可以不给予行政处罚的,不予行政处罚。二是涉及营商环境保护的法律及政策性文件。如《江苏省优化营商环境条例》第六十二条规定,对市场主体违法行为情节轻微的,及时纠正且没有造成危害后果的,可以采取约谈、教育、告诫等措施,依法不予行政处罚。三是行政处罚的裁量基准。不予行政处罚裁量基准最为典型的即免罚清单。免罚清单是近年来行政执法部门以规范性文件形式出台的对免予处罚的轻微违法行为进行列举规定的清单文本。[①] 如《长江三角洲区域税务轻微违法行为"首违不罚"清单》(已废止)、《南通市卫生健康系统涉企轻微违法行为不予行政处罚和一般违法行为从轻减轻行政处罚清单》等。

---

① 张淑芳:《免罚清单的实证与法理》,载《中国法学》2022 年第 2 期。

（二）制度环境：营商环境的保护与优化

2018年以来，国家鲜明地提出"六稳""六保"方针和任务，把保市场主体提升到更加突出的位置，有力支持了市场主体健康发展。《优化营商环境条例》的出台，标志着我国营商环境保护进入了法治化轨道，并作为一项重要制度纳入国家治理体系和治理能力现代化建设之中。从处罚结果来看，对于企业违法行为的处罚多为罚款、责令停产停业、吊销营业执照等，轻则导致企业经营雪上加霜，重则歇业倒闭，引发更多的连锁反应。企业是否受到行政处罚还关系处罚公示、失信惩戒，一旦企业出现该情形，在经营中可能处处受限，诸如贷款、招投标、上市等都将受影响。强调轻微违法经营行为不予处罚，不仅仅是对行政处罚法的简单重复，而是体现了在营商环境保护的大环境下，国家对企业经营行为包容审慎监管的政策取向。这就为行政机关实施自由裁量提供了相当性的分析工具，为行政机关更加审慎的选择处理手段提供了政策指引。

（三）理论依据：柔性行政执法方式的转变

柔性行政执法通常体现在行政协议、行政指导等事前、事中管理过程中，但并不意味着，柔性执法不是行政处罚的备选项。"行政罚之主要目的在于维持特定秩序，因此，介于所欲达成之目的，与处以行政罚二者间之关系，加以权衡，是否以其他方法，如作成负担处分或施以强制执行手段，反而更能有效地达到目的，即无须加以处罚。"[1]《优化营商环境条例》第五十九条规定，行政执法中应当推广运用说服教育、劝导示范、行政指导等非强制性手段。行政处罚目的、行政资源有限性等因素决定了现实生活中行政处罚适用既要考虑是否应当处罚，还要结合个案事实考虑是否需要处罚。违法经营行为通常侵害的是他人合法权益或者公共利益，对于危害后果轻微，或者侵害的仅仅是某种"法益"而不是具体结果，他人更希望企业及时改正、赔偿损失，是否处罚并非关注的焦点。行政机关通过约谈、协调、责令改正等"剑不出鞘"的方式让企业及时改正、赔偿损失，有时反而达到双赢的效果。如果企业改与不改均受到处罚，可能导致企业对及时改正违法行为丧失合理预期和积极性，不利于纠纷实质性化解。

---

[1] 翁岳生编：《行政法》，中国法制出版社2009年版，第813页。

二、对轻微违法经营行为实施处罚应关注的若干关系

行政机关对轻微违法经营行为不予行政处罚既是法律适用的过程，也是行政自由裁量权行使的过程，同时，违法经营行为还存在侵害他人合法权益甚至公共利益的可能，因此，行政机关在对违法经营行为查处过程中，应认识并处理好以下几方面的关系。

（一）行政处罚法与特别法之间的关系

行政处罚法是一部关涉行政处罚总则性的法律，它与特别法是整体性与局部性、个别性与一般性的关系。实践中，有的行政机关往往将目光放置于具体执法领域的法律，忽略行政处罚法的规定，从而导致机械适用法律，作出看似"合法"，实则违法的处理决定。如"方某某案""上海某男子修建香樟树案"等，行政处罚一经作出，即引发了普遍质疑。行政机关在实施行政处罚时，要注意行政处罚法与特别法之间的关系，重视教育与处罚相结合、减轻处罚、不予处罚等量罚规则及过罚相当原则对处理结论的指引作用。如中国行政审判案例第96号王某某诉某市林业局行政处罚案中，法院认为，原告的用地行为仅在审批环节违反了程序性规定，违法行为轻微，被告本可以通过通知原告补办审批手续的方式，使原告及时纠正，从而适用《行政处罚法》第二十七条的规定，不对原告处罚，但被告仅适用《森林法实施条例》第四十三条第一款之规定，对原告作出责令恢复原状并罚款的处罚，属于适用法律错误。[①]

（二）法定要件和自由裁量之间的关系

行政处罚存在大量自由裁量的内容。为避免行政自由裁量权滥用，除法律规定外，还存在以指导意见、免罚清单等诸多形式的裁量基准。一般情况下，行政机关应当严格遵循上述正式与非正式法源对违法行为构成要件、量罚幅度以及执法程序作出的规定。但是，行政管理事项纷繁复杂，与行政机关活动的深度和广度相比，规范性文件中所能规定的内容非常有限。因而，行政机关在裁量基准之外尚存判断之余地，已得到主流观点的认可。如有学者认为，下级行政机关完全可以在个案中不遵照适用上级行政机关制定的裁量基准，而是具体情况具体分析，作出既合法又合理的处理，即所谓"裁量

[①] 最高人民法院行政审判庭编：《中国行政审判案例》（第3卷），中国法制出版社2013年版，第76页。

基准的逸脱适用"。[①] 这意味着，一方面，即使某行为形式上符合裁量基准不予处罚的要求，但仍可能被处罚；另一方面，对裁量基准以外的轻微违法行为，也可能因特殊的事实、性质、情节等不予处罚。

（三）教育与处罚之间的关系

《行政处罚法》第六条规定了教育与处罚相结合原则，教育与处罚二者不可相互代替，不能偏废。首先，教育是行政机关的法定义务。《行政处罚法》第三十三条第三款明确规定了对违法行为不予行政处罚的，行政机关应当对当事人进行教育。其次，教育应当通过一定形式体现。行政机关履行教育职责的方式可以多样化，但应当以书面或者电子记录等形式体现，只有这样才能反映出行政机关确实履行了教育义务。最后，教育不限于行政程序。行政机关对于违法经营行为的监督管理贯穿始终，不仅包括行政处罚过程。如《江苏省市场监管领域轻微违法行为不予处罚和从轻减轻处罚规定》第四条第二款规定，对违法的当事人，应当强化事中事后监管，充分运用约谈、引导、建议、提醒、回访等行政指导手段，加强法治宣传和教育。

三、轻微违法经营行为不予行政处罚的司法审查

一是实体裁量的审查。实体裁量主要包括要件裁量（事实认定）和法律裁量（量罚）。传统观点认为法院对行政机关的事实认定和法律适用的审查强度是不同的，这更多的是建立在理论模型上作出的界说。事实上，法官通常难以对事实问题和法律问题的审查强度作理性的、客观的界分。事实问题和法律问题的区分在现实案例中有时是一个非常困扰人的问题，因为事实问题和法律问题的交错和缠绕在现实生活中也是一种普遍现象。所以，过分地在此问题上纠缠，不利于对公民的公法权利进行无漏洞和有效的保护。[②] 因此，法院可以对实体裁量作全面的、深层次的审查，既包括对事实认定是否清楚的审查，也包括对法律适用是否正确、量罚是否合理的审查。如本案中，法院认为，某融公司领取 186 号许可证载明的主要经营场所为某融广场南楼 36—47 层、北楼 18—26 层，其在北楼 7 层设立酒店大堂的面积远远小于许可范围，且是作为住宿场所的辅助设施使用，某融酒店于 2019 年 12 月 28 日开

---

① 熊樟林：《行政裁量基准运作原理重述》，北京大学出版社 2020 年版，第 149 页。
② 徐以祥：《行政法学视野下的公法权利理论问题研究》，中国人民大学出版社 2014 年版，第 129 页。

业，至2020年2月即停止了经营行为，营业时间较短，可以认定为违法情节且没有危害后果的行为。

二是程序裁量的审查。相对于实体裁量，法院对程序裁量的审查程度相对较弱，对于行政机关的程序选择应保持一定尊重。基于行政效率及缩减当事人负累之考虑，在行政机关不予处罚时，行政处罚法规定的陈述、申辩、听证等权利是否履行，可从宽掌握，行政机关未作出形式上的不予处罚决定书，也不宜简单地否认查处行为的合法性。如周某某诉北京市工商行政管理局丰台分局行政处理案、尹某某诉北京市朝阳区市场监督管理局行政处理案中，法院均认为，行政机关针对企业违法行为虽立案，但鉴于企业违法行为显著轻微，行政机关对企业作出行政指导，并进行销案处理，最终作出的销案答复实质为对案件不予处罚的后续处理结果，并无不当。[1] 又如本案中，法院认为，不能将不予行政处罚简单的理解为作出"不予行政处罚决定"，某卫健委对某融酒店的违法行为作出卫生监督意见书，也是作出处理决定的一种形式，在某融酒店违法状态已消除的情况下，无须再另行作出不予处罚之决定。

三是裁量基准的取舍。行政处罚涉及的裁量基准主要是免罚清单、指导意见等规范性文件。《行政诉讼法》第五十三条规定了规章以下的规范性文件可作为合法性审查的对象，《最高人民法院关于适用〈中华人民共和国行政诉讼法〉的解释》第一百四十九条明确了规范性文件合法性审查的规则，即行政行为所依据的规范性文件合法的，应当作为认定行政行为合法的依据；规范性文件不合法的，不作为认定行政行为合法的依据。"行政规则具有权威性，故法院需要根据其权威性程度的大小决定相应的尊重程度。"[2] 相对于实体裁量和程序裁量，法院对裁量基准的尊重程度最高，因为裁量基准通常是相应行政管理领域在执法实践中总结形成的，具有一定的权威性、合法性、科学性。法院通常只对量罚方式、幅度是否违反法律保留之情形审查，至于免罚行为的范围、不予处罚的构成要件应予尊重。在裁量基准合法的情况下，同行政机关可以"脱逸适用"一样，法院亦存在不予适用的可能。正如有学者所述，依据合法的裁量基准作出的行政决定，即使是适用于满足该裁量基

---

[1] 参见北京市丰台区人民法院（2014）丰行初字第32号行政判决书、北京市第三中级人民法院（2019）京03行终853号行政判决书。

[2] 俞祺：《行政规则的司法审查强度：基于法律效力的区分》，法律出版社2018年版，第185页。

准所规定的要件等的具体案件,也有违法的情形。在不适合原封不动地适用这一基准的特殊事由存在于具体案件中时,无视或轻视应考虑的特殊事由,机械地或统一地适用裁量基准作出的"僵硬"的行政决定,可能会因缺乏裁量权行使之合理性而违法。[①]

(作者单位:江苏省南通市中级人民法院)

[①] [日] 平冈久:《行政立法与行政基准》,宇芳译,中国政法大学出版社2014年版,第256页。

"首违不罚"的适用标准

耿 立

【裁判要旨】

市场监管部门对市场经济主体作出行政处罚，应综合考虑相对人的过往经营行为、目前财务人力状况及经济市场整体环境。如果相对人系初次违法且危害后果轻微并及时改正，可以适用《行政处罚法》第三十三条不予行政处罚。如市场监管部门仍决定对此类行为予以行政处罚，应当说明不予适用"首违不罚"的理由，否则行政相对人请求法院撤销行政处罚决定，人民法院可以支持。

【案情】

原告（上诉人）：某源电子科技有限公司（以下简称某源公司）。

被告（被上诉人）：某区市场监督管理局（以下简称某区市场监管局）。

2022年3月24日某区市场监管局收到全国12315互联网平台举报，监测发现某源公司在其网站发布的广告，表述"C系列，红外热成像专业检测的最佳选择"的内容，涉嫌违反《广告法》第九条第三项的规定。某区市场监管局经过核查、拟处罚告知、依申请组织听证、合议及集体讨论等法定程序，于2022年6月7日作出行政处罚决定书，认为：某源公司属于初次违法，认定为从轻等级，决定罚款二十万元。某源公司认为行政处罚过重，与违法事实、情节和社会危害性不相适应，应予以撤销，故诉至一审法院。

【审判】

河南省郑州市金水区人民法院于2022年8月15日作出行政判决，变更某区市场监管区作出的行政处罚决定书中"罚款二十万元"为"罚款七万元"。宣判后,某源公司提出上诉。河南省郑州市中级人民法院于2022年11月15日作出行政判决,认为一审判决认定事实清楚,适用法律正确,但裁决结果不当,改判撤销河南省郑州市金水区人民法院行政判决;并撤销某区市场监管局于2022年6月7日作出的行政处罚决定书。

【评析】

本案是2021年新修订的《行政处罚法》施行后,河南省内第一例适用该法第三十三条作出变更判决,并明确"首违不罚"适用标准的案例。2021年7月15日,修订后《行政处罚法》正式施行,其中一个重大突破是新增了"首违不罚"规定,即该法第三十三条第一款规定"违法行为轻微并及时改正,没有造成危害后果的,不予行政处罚。初次违法且危害后果轻微并及时改正的,可以不予行政处罚"。其实,早在法律修订前,"首违不罚"作为我国独创的执法举措便已在税收、交通、质量技术监管、市场监管、环保、财政、城管等领域进行了大量实践探索。但是由于该制度本身无比较领域及历史的经验可以借鉴,在形成立法后出现了对其内涵认识不清、适用标准不统一、裁判态度摇摆等现象。对此,应首先明确"首违不罚"的适用要件,在坚持"处罚与教育相结合"原则的前提下提高行政机关在执法中的自由裁量标准,要求其在不予适用"首违不罚"时作出合理充分解释,保障行政行为达到形式与实质的双重合法,以此优化营商环境,推进国家治理体系和治理能力现代化。

一、《行政处罚法》第三十三条第一款的法律适用

依据《行政处罚法》第三十三条第一款的规定,判断违法行为是否具有公共危害性,即是否可以"首违不罚",必须符合三个要件:1. 初次违法;2. 危害后果轻微;3. 违法行为人及时改正。

(一)初次违法

作为判断"首违不罚"的首要要件,初次违法可能有多种含义,结合《行政处罚法》第三十六条第一款"违法行为在二年内未被发现的,不再给予行政处罚;涉及公民生命健康安全、金融安全且有危害后果的,上述期限延长至五年。法律另有规定的除外"的规定,第三十三条中的"初次",应考虑是否为行政主体所发现的要素，即初次违法应认定为行为人第一次发生违法行为，同时该行为也是第一次被行政主体发现，即双重首次。[①] 同时，该初次违法还应考虑是否在一定的时间范围内，并在同一领域、同一空间内第一次作出同一种违法行为。[②] 该事实在行政处罚中的举证责任归属于行政机关，即行使行政处罚权的机关无法举证相对人不属于"初次违法"，则应认定相对人属于"初次违法"。在本案中，某源公司自 2021 年 3 月底公司网站建成后发布广告，使用了被广告法禁止的绝对化用语，违法事实清楚，某源公司亦对该事实予以认可。根据现有证据，无法证明某源公司在此前有过类似违法行为。同时，案涉行政处罚决定书表明，某区市场监管局应认定某源公司属于初次违法情形。

（二）危害后果轻微

《行政处罚法》第三十三条的修订不仅是人性化执法的体现，也是我国行政处罚一贯奉行的公平原则的具化，即《行政处罚法》第五条第二款"设定和实施行政处罚必须以事实为依据，与违法行为的事实、性质、情节以及社会危害程度相当"。行政处罚行为将产生对公民减损权益或增加义务的惩戒效果，因此处罚事由必须具有公共性。如果行为人实施的违法行为不具有相应的公共危害性，可不予行政处罚。此处的"危害后果轻微"意味着违法行为已经造成了一定的危害后果，但是由于行为人及时采取了一定措施，能够达成挽回损失、消除或者减轻社会影响的效果，因此可认定为后果轻微从而可以不予行政处罚。可见，考察危害后果是否轻微，应从违法行为可能影响的对象出发。本案中，从案涉产品的受众考虑，由于产品为测温热像仪，主要为抗洪救灾或应急管理时救援所用，因此大众消费群体对此类产品的认知程度及购买概率较低，影响对象范围狭窄。从广告公开时间考虑，涉案广告发布仅两个月后，该系列产品即已下架，持续时间较短，社会影响范围小。从广告发布载体考虑，某源公司表述广告发布网站不作销售使用，仅作为公司招标条件使用，并提供了访问量等证据。因此，综合考虑涉案广告中产品的性质、用途、受众程度及广告发布时间、范围、载体（网站）性质、对其

[①] 江国华、丁安然：《"首违不罚"的法理与适用——兼议新〈行政处罚法〉第 33 条第 1 款之价值取向》，载《湖北社会科学》2021 年第 3 期。

[②] 朱宁宁：《推行包容免罚清单模式，加强执法痕迹化管理》，载《法治日报》2021 年 7 月 15 日，第 3 版。

他同行竞争者的影响以及对一般大众消费者可能产生的认知影响等种种因素，可以认定为其涉案行为的危害后果轻微。

（三）违法行为人及时改正

"及时改正"与《行政处罚法》第三十二条第一项中的"主动消除或者减轻违法行为危害后果"有所不同。该要件应分为三个层次理解：首先，及时改正的必须是违法行为人本人，而不能是其他人帮助或者替代违法行为人改正。即违法行为人主观上认识到自身的错误，从而主动、及时地挽回自身违法行为造成的损失或者消除违法行为的影响。以此可认定违法行为人主观态度良好，对行为的违法性已产生正确认知，达到了行政处罚"教育"的目的，可以不予行政处罚。其次，违法行为人应及时改正，即危害后果发生后，立即着手改正，对危害后果当场补救，而不是承诺事后改正。这里的及时，既可以认定为自身已经意识到行为的违法性后，也可以认定为行政处罚机关发现后。最后，及时改正还应注重行为的"改正性"。即作出的改正行为，是可以挽回损失或者减轻、消除影响的，并且实质上已经彻底改正回未违法时的状态，而不是形式上作出了改正而实质上无可挽回或者无法消除的行为。本案中，现有证据可证实，某源公司于2022年4月7日从某区市场监管局处获知举报信息后，当即对涉案广告作出下架处理，并于4月15日关闭公司网站，处理迅速，整体反应时间较短。处理过程中始终主观态度良好，对某区市场监管局的查处行为积极配合，其行为可认定为符合"违法行为人及时改正"的要件。

二、行政机关不予适用"首违不罚"应作合理解释

（一）行政机关应对相对人状况予以充分了解

《行政处罚法》第三十三条第一款中对于"首违不罚"规定"可以"而非"应当"不予行政处罚，对行使行政处罚权的行政机关在规范自由裁量权方面提出了更高标准的执法要求。有学者曾指出，"首违不罚"的本质是将行政机关自由裁量的权力限缩至最低。[①] 然而事实上，该制度恰恰是扩大了行政机关的执法权限，赋予了行政机关在法定范围内自行制定免责清单、免罚清单、从轻减轻处罚清单等权力。因此，在对行政相对人决定是否予以行

---

① 朱晓燕、王怀章：《"首次不罚"制度的法理思考——兼谈行政执法方式的完善》，载《行政法学研究》2007年第2期。

政处罚前，行政机关必须充分调查、了解相对人状况，以使作出的处罚决定更加科学合理、具有说服力。换言之，行政机关的处罚决定不仅要合法，更要兼具合理性，行政处罚要客观、适度，使用合理的方式和限度达成行政管理的目标。本案中，虽然一审法院在原处罚决定的基础上已进行了相当的合理性司法审查，对案涉处罚决定的数额予以酌减，但二审法院经审理，重新查明了新的事实，指出案涉产品为红外热像仪，主要应用于抗洪救灾或应急管理时的救援工作，且该系列产品已于2021年6月停产。因此对社会的公共危害性、影响较小。同时，二审法院庭审后主动对某源公司自2020年至今近三年的员工情况、实际经营状况及网站运行状态进行了调查。发现该公司目前仅有员工五人，受各种因素影响，公司实际经营出现严重困难。因此综合考虑某源公司的过往经营行为、目前财务人力状况及经济市场整体环境，作出结论一审法院酌定七万元处罚数额仍显过重，最终撤销案涉行政处罚决定。

（二）行政机关作出行政处罚须坚持"处罚与教育相结合"

行政处罚是以权力制约权利的手段，天然带有暴力、强制性的性质，在社会管理中是必须的也是必然的。但是，如果仅以惩罚的方式对违法行为进行惩罚，就有悖"以人为本"这一基本原则。而行政教育则是通过警示、劝告、说理等手段来引导违法行为者进行自我纠正，从而达到抑制违法、预防再犯的目的。两者相比较而言，行政教育的手段更具人性化、更灵活，可以弥补行政惩罚的缺陷。所以，在对违法者进行行政处罚时，必须遵循"处罚与教育相结合"的原则。中国特色社会主义法治始终秉持"以人民为中心"，一切从教育、挽救出发，不以"惩罚"为目的。甚至可以说，在惩处之外，行政处罚更为重要的是其教育、预防的功能，不仅对违法者进行惩戒，防止其再一次实施违法行为，同时也要对潜在的违法活动进行警示。实施"首违不罚"，对一些轻微的违法者进行说服教育同样也能起到防止和减少严重违法行为、降低社会危害性的作用。"首违不罚"制度的基本目标正是通过批评、教育等方式使违法主体知错、改错、再不犯错，从源头上减少违法行为的发生，增强公民的法治意识，缓解行政机关与相对人的矛盾，使执法方式从"单向"走向"双向"。

（三）行政机关不予适用"首违不罚"须遵循正当程序

本案中，案涉行政处罚决定虽然认定事实清楚，但作出处罚决定的行政机关对本案为何不适用"首违不罚"未作出合理解释，因此二审法院认为行政处罚决定依据不够充分，从而应予撤销。一方面，这是通过司法裁判的方式对行政机关提出了合法合理行使行政处罚自由裁量权的更高要求；另一方面，其中也暗含了对行政处罚正当程序的要求，因为《行政处罚法》第三十三条也充分赋予了相对人陈述、申辩的权利，从而使相对人能够自证无过错可以不予处罚。此处的陈述、申辩，作用不仅在于使行政机关充分了解自身状况，更大的价值在于通过沟通、对话、争辩、说明等方式与行政机关进行协商。① 本案中虽然某源公司在行政处罚过程中已向某区市场监管局说明了自身的主观非故意性、首次违法的事实及经营困难等情况，且该陈述申辩均记录在案，但最终某区市场监管局仅作出了"一句话"式的处罚结论，在内部审批或外部文书中均未对某源公司的陈述申辩给予任何回应，也未对为何不适用"首违不罚"作出合理解释或说明。该情形仅实现了形式上的正当程序，而未实现实质上的正当程序。

三、以合法充分的行政行为优化营商环境

2018年10月，国务院办公厅发布《关于聚焦企业关切进一步推动优化营商环境政策落实的通知》，明确将营造优良营商环境落实为地方政府职责。2019年2月，习近平总书记在中央全面依法治国委员会第二次会议上深刻阐述了"法治是最好的营商环境"。2019年10月，国务院出台《优化营商环境条例》，正式将优良营商环境纳入行政法规的保护范畴。可见，通过明确《行政处罚法》第三十三条的适用实现行政行为的合法充分，对于优化我国营商环境、建设法治政府具有重要意义。

（一）政府履职合法充分是优化营商环境的前提

《优化营商环境条例》第七条第二款规定："县级以上人民政府有关部门应当按照职责分工，做好优化营商环境的相关工作……"其中暗含了对于政府在优化营商环境中履职必须合法充分的要求。② 履职合法，指政府履行职能时必须完全依照法律的规定，对于自身"应当做什么""必须做什么"以及"不得做什么"有明确的认知。而履职充分，则要求政府在履行职责时必须具有正当性和合理性，即充分履行行政裁量附随的公正作为义务，做到情、理、法相统一。具体而言，就是要求"以人为目的"履行法定职责。在行政

---

① 章剑生：《作为协商性的行政听证——关于行政听证功能的另一种解读》，载《浙江社会科学》2005年第4期。
② 李洪雷：《营商环境优化的行政法治保障》，载《重庆社会科学》2019年第2期。

执法的全过程听取相对人意见，避免认识偏差和考虑疏漏。通过法治的宏观调控来综合考量经济发展、市场规律等多种因素，营造良好的公共服务和软环境，维护市场主体的合法权益。"首违不罚"制度不仅避免"一罚了之"的"一刀切"执法，更加彰显了行政执法对经济发展的包容，使行政机关花费更小成本来保护法益，集中力量于制裁严重违法行为，极大提升了执法效益。从经济发展的角度来看，行政机关在处理经济违法行为的过程中，对能及时纠正且未造成危害后果的轻微违法行为，不予行政处罚，可给予市场经济主体改过自新的机会，使其重整旗鼓，重新投入生产和经营，以增强经济发展的动力，带来了更大经济效益。

（二）优化营商环境要求形式法治与实质法治相结合

在优化营商环境和法治政府的应然价值要求下，行政处罚等行政执法行为必须在形式上与实质上均达到合法，才能使行政行为做到合法规范、有机充分。所谓在形式上与实质上均达到合法，主要是指行政执法的理性化和行政裁量的规范化。前者指以人为本、以人民为中心，正确处理执法形式与执法目的、追求效率与实现公正的辩证关系，协调公私利益，达成执法法律效果和社会效果的有机统一。后者指在法定裁量范围内，充分考虑对象具体情况，作出利益平衡的行政裁量。本案中二审法院便充分考虑到，修订后的《行政处罚法》施行后，河南省市场监管局开全国先河，通过交流、调查、走访等多种方式开展"法治下基层"活动。河南省市场监管局要求市场监管部门处罚合理、不枉不纵，为市场主体纾困解难。对于不是主观故意或者是危害性较小的市场经营行为，尤其是小微企业和个体工商户，要"枪口抬高一厘米"。本案中某区市场监管局在作出处罚后，考虑到不可抗力等客观因素，允许某源公司延期缴款，这也是该局温情执法、人性执法的相应体现。

（三）制定裁量基准保障行政行为实现合法充分

《国务院办公厅关于聚焦企业关切进一步推动优化营商环境政策落实的通知》中指出，行政机关要"依法精简行政处罚事项"，"细化、量化行政处罚标准"，"坚决纠正'一刀切'式执法，规范自由裁量权"。可见，保障行政行为实现合法充分，最终要具体落实到细化、量化裁量基准之上。目前已有大量省市级政府出台了行政处罚裁量权基准制度，河南省业已出台《河南省市场监督管理轻微违法行为免予处罚规定》及《河南省市场监督管理轻微违法行为免予处罚清单》，适用于全省市场监督管理领域（不含药品、化妆品、医疗器械)的行政处罚案件。相信行政机关的这些举措,对于优化法治营商环境,探索建立市场主体轻微违法行为容错纠错机制,促进市场经济的复苏与繁荣,一定能起到积极有效的作用。然而,当具体、细化的裁量基准被制定完成并开始实施之后,一个值得进一步思考的问题是,当行政机关依据该基准作出行政处罚决定,而相对人对该决定不服向法院提起行政诉讼时,法院对案涉处罚决定的司法审查必将同时涉及该裁量基准,即对规范性文件的附带性审查。虽然在理论上司法审查中可以"参照"或"参考"具体的规范性文件,但是实践中司法权行使的空间却极有可能因该具体裁量基准的存在而被极大压缩。[1]

(作者单位:河南省郑州市中级人民法院)

---

[1] 王锡锌:《自由裁量权基准:技术的创新还是误用》,载《法学研究》2008 年第 5 期。

虚开发票违法行为的认定

励小康

【裁判要旨】

单位财务人员擅自以单位名义虚开增值税发票，单位虽未授意，但由于单位未尽到财务管理方面的义务，客观上扰乱了发票管理秩序，故其作为发票开具方应当承担虚开发票的行政法律后果。

【案情】

原告（上诉人）：某轩餐饮管理有限公司（以下简称某轩公司）。

被告（被上诉人）：第一稽查局。

被告（被上诉人）：某市税务局。

孙某某原为某轩公司员工，从事财务工作。2018年6月26日，公安局作出《立案决定书》，根据《刑事诉讼法》第一百零七条的规定，决定对"孙某某虚开发票案"立案侦查。2019年12月31日，检察院对孙某某作出《不起诉决定书》，主要内容如下：2017年5月至2018年1月，被不起诉人孙某某在某轩公司工作期间，将客人实际消费后未开发票的消费小票用于为郭某（另案处理）所提供的开票信息开具增值税普通餐饮发票，并将发票出售给郭某。经查证孙某某向郭某出售某轩公司增值税普通发票121张，票面金额为300704元。孙某某实施了《刑法》第二百零九条第四款规定的行为，但犯罪情节轻微，根据《刑法》第三十七条的规定，不需要判处刑罚。依据《刑事诉讼法》第一百七十七条第二款的规定，决定对孙某某不起诉。

2021年6月29日，第一稽查局作出被诉处罚决定，根据《发票管理办法》第二十二条第二款第一项及第三十七条第一款之规定，对某轩公司的虚开发票行为处以 300000 元罚款。

2021 年 12 月 9 日，某市税务局作出被诉复议决定，维持第一稽查局作出的被诉处罚决定。

【审判】

北京市西城区人民法院于 2022 年 4 月 27 日作出行政判决：驳回某轩公司的全部诉讼请求。

某轩公司向北京市第二中级人民法院提出上诉。北京市第二中级人民法院于 2022 年 9 月 23 日作出行政判决：驳回某轩公司的上诉，维持一审判决。

法院生效裁判认为：在没有真实交易发生的情况下，某轩公司财务人员以该公司名义向案外人开具大量增值税普通发票，该行为属于为他人开具与实际经营业务情况不符的发票的行为。某轩公司作为从事生产经营的主体和纳税人，负有制定完善的财务管理制度、设立账簿凭证依法进行财务核算的义务，同时还负有依法领购、保管和开具发票的义务。某轩公司未履行上述义务，未严格按规定建立发票使用登记制度，未严格按规定建立发票的领、用、存登记簿，未能及时发现在发票保管、保存过程中存在的漏洞，放任员工随意开具发票，不认真核对要求开具发票的主体、接受发票主体与消费主体的一致性，未在开具发票时让收款人、复核人、开票人各司其职。正是某轩公司的上述行为，导致其在没有真实业务情况下为第三方开具发票，某轩公司作为发票的领购、保管和开具主体，应当承担虚开增值税发票违法行为的法律责任。据此，第一稽查局对某轩公司作出被诉处罚决定，决定对某轩公司处以 300000 元罚款的行政处罚，认定事实清楚、适用法律正确、处罚程序合法。某市税务局收到某轩公司行政复议申请后，所作被诉行政复议决定事实清楚、适用法律正确，其行政复议程序亦符合《行政复议法》《行政复议法实施条例》的相关规定。

【评析】

发票是国家管理财政、征收税款的重要工具。虚假发票的泛滥为逃骗税款、财务造假、贪污贿赂等违法犯罪的发生提供了便利，严重扰乱市场经济秩序，具有严重的社会危害性。本案涉及单位财务人员擅自以单位名义虚开增值税发票的责任归属问题、单位构成虚开增值税发票主体的主观过错的认定问题以及虚开发票的"行刑"衔接问题。

一、单位财务人员擅自以单位名义虚开增值税发票的行政责任主体

通常来看，虚开增值税发票的违法行为主体为单位，单位应当承担虚开增值税发票的违法责任。本案中，首先需要解决的问题是单位财务人员擅自以单位名义虚开增值税发票，案件的违法主体如何认定、谁来承担虚开发票的违法责任。

《发票管理办法》第二十一条第二款规定，任何单位和个人不得有虚开发票行为。该条款规定的"个人"是一个自然人还是作为纳税主体的个人？结合《增值税暂行条例实施细则》第九条第二款"条例第一条所称个人，是指个体工商户和其他个人"的规定，笔者认为该"个人"的定义为作为纳税主体的个人，而非单位内部的某一个工作人员。个体工商户为从事工商业经营的自然人，自然人或以个人为单位，或以家庭为单位。针对"其他个人"，笔者认为没有登记为个体工商户的个人网店，亦具备纳税人资格，应界定为"其他个人纳税人"。

从税法调整的法律关系来看，税法行政相对人是纳税人。[①] 税务机关不能对个人进行处罚，作为行政相对人的某轩公司，是承担虚开发票行政责任的主体。某轩公司作为纳税人，该单位财务人员开具的发票的抬头为某轩公司，某轩公司亦是缴纳税款的企业法人，故某轩公司构成了整个案件中的增值税纳税主体。

在虚开发票的行政违法行为中，不能比照民法、刑法中的处理原则，即单位内部人员违法，不能等同于单位违法。我国《刑法》第二百零五条针对个人和单位构成虚开增值税发票罪分别进行了规定，即个人和单位均可以构成虚开增值税发票罪的主体。因此个人虚开增值税发票，可能承担刑事责任，而在虚开发票的行政责任中，主体应为作为纳税人的行政相对人，而非纳税人中的某个自然人。行政诉讼领域调整的对象是行政相对人，在行政违法行为中，行政机关和行政相对人是两个主体，行政机关对应的是行政相对人，而非行政相对人中的自然人。单位是拟制主体，所需实施的行为均需由自然

[①] 潘立昊、郑国勇：《会计私自虚开发票，企业应否为此买单》，载《中国税务报》2014年12月3日，第B07版。

人完成。相关自然人的行为可以代表单位意志，且单位应承担自然人实施行为的法律后果。单位财务人员擅自以单位名义虚开增值税发票的行为，是一种职务行为，财务人员就其职权范围内的事项以单位的名义向他人开具与实际经营业务情况不符的虚开发票行为，其行为后果应当由单位来承担。

二、单位构成虚开发票违法行为的主观要件

2021年《行政处罚法》修订以前，从行政处罚的规范来看，绝大多数涉及行政处罚的法律条款并没有明定须以过错为条件，只有少数条款规定须以"明知"或"故意"为要件，导致长期以来对于行政处罚是否要以当事人有主观过错为前提，各界一直有不同意见。2021年修订的《行政处罚法》第三十三条第二款的规定为过罚相当理论注入了相对确定的内容——主观过错要件，同时明确行政处罚实行以过错推定为前提的过错归责原则——当事人有违法行为的，行政机关可以直接推定当事人主观上有故意或者过失，由当事人承担没有主观过错的举证责任。但是，对于法律、行政法规中明确规定为过错责任的，当事人主观意志仍需要由行政机关来举证。

过错责任主要表现为"故意"的形态。行政处罚中主观故意的认定可以借鉴刑法学理论，即主观故意由认识要素和意志要素构成，前者是指明知自己的行为会发生危害社会的结果（一般只要求概括性明知即可）；后者是指希望或者放任结果的发生。行政机关、司法机关在判定当事人在行为当时的内心状态时，对于法律规范一般性地设定了当事人的权利义务，可以考虑对于行政法规范的违反或者客观注意义务的违反推定其主观上有故意；而对于未设定权利义务的主观意志的认定，需要通过结合当事人已经实施的客观行为和相关事实，运用逻辑推理对主观故意进行分析探明，否则极易陷入客观归责的"陷阱"。

虚开发票违法行为的认定是虚开发票行政处罚的核心内容。就虚开发票违法行为的构成要件，学界主流观点与刑法四要件观点类似。即主体要件是虚开发票违法行为的实施者，是具有税法规定义务的纳税主体，有自然人纳税人和单位纳税人；主观要件为虚开发票实施主体在实施行为时的心理状态，包含故意和过失；客观要件为虚开发票的行为主体违反国家管理财政、征收税款的法律规定，实施了法律所禁止的行为；客体要件为违法行为所侵犯的法益。税务行政处罚并不以危害结果的发生为必要条件，只要存在管理规范所禁止的行为，便会给管理秩序带来负面影响。[1]

然而在实务界，大量的行政处罚决定书均表述为纳税单位或个人因某种行为违反了某条规定。在虚开发票领域，实务界普遍认定违法主体不需要具备主观要件，只需具备主体要件、客观要件和客体要件，即可认定违法行为。

以"主观过错归责原则"观点来分析，虚开发票的违法主体虽然有违法事实，但是主观上没有故意或过失，不能予以行政处罚。

以"过错原则"观点来分析，主观过错应是虚开发票行政责任的要素之一。虚开增值税发票违法行为与相应的虚开增值税发票罪在对客观行为的表述上是相同的，意味着虚开增值税发票违法行为与犯罪的主观方面应具有同一性，区别于"量"的不同。该观点要求主观过错是虚开发票违法行为的构成要件，应当由税务机关进行充分的调查，以证明纳税主体的主观过错。

以"过错推定原则"观点来分析，根据虚开发票的主体造成的客观违法事实，来推定其于主观上存在过错。

以"客观行为归责原则"观点来分析，主观过错并不影响虚开发票违法行为的认定，只需要纳税主体客观上实施了违法行为，违反了相关的发票行政管理秩序，即可进行行政处罚。虚开发票的主体的主观过错已被违法行为所吸收。

本案孙某某为他人开具发票的行为在《行政处罚法》修订之前发生，基于修订前的《行政处罚法》之规定，违法行为主体并不需要具备主观过错要件。故，笔者认为"客观行为归责原则"更符合虚开发票行为的构成要件认定，客观归责原则既可以强调执法效率，也可以起到及时纠正虚开发票违法行为的效果。

本案某轩公司作为从事生产经营的主体和纳税人，负有制定完善的财务管理制度、设立账簿凭证依法进行财务核算的义务，同时还负有依法领购、保管和开具发票的义务。某轩公司未严格按规定建立发票的领、用、存登记簿，未能及时发现在发票保管、保存过程中存在的漏洞。某轩公司向税务机关申请领购发票，安排员工在财务岗位开具发票，财务人员代表某轩公司对外开具发票。某轩公司的财务、发票管理混乱，放任员工随意开具发票，未认真核对要求开具发票的主体、接受发票主体与消费主体的一致性，未在开

---

[1] 陈茹：《税务行政处罚归责原则研究》，华东政法大学2022年硕士论文。

具发票时让收款人、复核人、开票人各司其职。正是某轩公司的上述行为，导致其在没有真实业务情况下为第三方开具发票，故某轩公司应当承担虚开增值税发票违法行为的法律责任。

三、虚开增值税发票行政执法与刑事司法的行刑衔接问题

根据法律规定及权力分工，对于虚开增值税发票的违法行为，由税务机关进行处罚，并追究行政责任。涉税犯罪行为，则由司法机关作出刑事处罚，追究刑事责任。行政法的目的在于维护国家社会秩序，具有主动实施的特征。刑法作为行政法等其他部门法得以贯彻实施的保障法而存在，具有被动触发的特点。刑法对犯罪行为的界定不仅以危害行为的刑事违法性为条件，还要求其具备一定程度的社会危害性，不具有严重社会危害性的行政不法行为无须作为刑事犯罪处理，给予行政处罚即可。[①]"行刑"衔接即行政责任和刑事责任的衔接，税务行政执法过程中涉及追究刑事责任的虚开行为，或者是不能定罪的虚开行为或不起诉的虚开行为后续的行政处罚，都需要税务行政执法和刑事司法互相协作、配合。

刑事责任和行政责任的认定标准不同。《发票管理办法》中规定的虚开发票的构成要件与刑法中虚开增值税发票的犯罪构成要件不同。根据《发票管理办法》有关虚开发票的规定，税务机关对虚开行为不区分发票种类，并且处罚没有金额的起点，只要行为人存在虚开的行为，税务机关即应当进行处罚。行为人所面临的税务方面的处罚是由税务机关没收违法所得，根据违法情节并处五万元至五十万元的罚款。根据《刑法》第二百零五条的规定，虚开增值税发票犯罪，在虚开行政违法行为之上，虚开增值税发票的构成要件须具备主观目的要件和结果要件。面临的刑事处罚根据情节最低是拘役，最高可达到无期徒刑。由此可见，虚开发票的税务处罚和刑事处罚差异较大。

行政执法机关对应当向公安机关移送的涉嫌犯罪案件，不得以行政处罚代替移送。行政执法机关向公安机关移送涉嫌犯罪案件前已经作出的警告、责令停产停业，暂扣或者吊销许可证、暂扣或者吊销执照的行政处罚决定，不停止执行。行政执法机关向公安机关移送涉嫌犯罪案件前，已经依法给予当事人罚款的，人民法院判处罚金时，依法折抵相应罚金。

---

① 易明、李鸿雁：《税务案件行刑衔接问题探析》，载微信公众号"德衡律师事务所"，2020年10月21日发布，2024年11月3日访问。

不同的法律规范在违法性的判断上是具有统一性的。行为在整体法秩序下的违法状态与行为在特定领域中的法律后果这两个问题既有联系，又有区别。刑法对于行政法概念的限缩恰恰使得刑法介入行政违法行为更加符合比例原则的要求，在刑法评价上追求一种更为实质的平等。[1]

虚开发票的违法行为达到数额标准并具有骗抵税款目的、造成国家税款损失的，将上升为虚开增值税发票罪，而如果虚开发票的违法行为因未达到构罪条件，不起诉或者被否定构成相关罪名的，但虚开发票的违法行为的本质没有改变，需要由税务机关在行政法领域给予相应的行政处罚。《行政执法机关移送涉嫌犯罪案件的规定》第十条明确规定，行政执法机关对公安机关决定不予立案的案件，应当依法作出处理；其中，依照有关法律、法规或者规章的规定应当给予行政处罚的，应当依法实施行政处罚。

本案的单位财务人员虚开发票因犯罪情节轻微，不需要判处刑罚，检察机关决定不起诉。单位财务人员因虚开的违法行为没有达到构成犯罪条件被不起诉，但不能改变其行政违法的本质，因个人无法成为虚开发票行政违法行为的主体，故税务机关有权对单位定性虚开并予以行政处罚。且单位员工是否系个人原因违法并承担刑事责任并不影响税务机关依据税收征管及发票管理法律对于纳税主体、发票开具单位虚开发票行为的认定及处罚。在无真实交易情况下，某轩公司开具发票行为严重扰乱了税收征管和发票管理秩序，影响了税收的应收尽收和国家利益。故本案中，第一稽查局根据查明事实将某轩公司作为行政处罚对象，并科以虚开发票的行政处罚并无不当。

（作者单位：北京市第二中级人民法院）

---

[1] 马春晓：《法秩序统一性原理与行政犯的不法判断》，载《华东政法大学学报》2022年第2期。

人民法院在裁判时机成熟时可直接作出认定工伤判决

花小敏　李昂

【裁判要旨】

人民法院经过审理，综合在案证据能够认定涉案情形符合认定工伤或视同工伤，无须人社部门再行调查及裁量，即裁判时机成熟时，若再作出撤销重作判决不仅导致程序空转，平添各方当事人诉累，也不符合行政争议一次性化解以及当前"穿透式"审判的要求，同时还会造成有限行政资源和宝贵司法资源的浪费。因此，为实质化解工伤争议，进一步增强人民群众司法获得感、幸福感和安全感，在直接作出认定工伤判决的时机已成熟时，宜直接判决人社部门在一定期限内对应予认定工伤或视同工伤情形作出认定工伤决定书。同时，考虑到权益的及时救济和行政效率，责令作出期限应在法定期间内予以适当酌减。

【案情】

原告（上诉人）：吴某某。

被告（被上诉人）：某市人力资源和社会保障局（以下简称市人社局）。

第三人：某电力科技有限公司（以下简称某科技公司）。

吴某某系陈某某配偶。2021年1月1日，陈某某与某科技公司签订劳动合同书，双方约定劳动合同期限为2021年1月1日起至2025年12月31日止，陈某某所在岗位执行标准工时制，劳动报酬按照多元薪酬月薪制、以岗定薪、岗动薪动，工资与考勤挂钩计算。自2021年3月2日起，陈某某先后被某科技公司任命为电网工作票签发人、武汉经理部副经理、十堰经理部基层副经理。2022年9月29日，陈某某被任命为堰南项目部经理，该项目部有固定的办公场所，并为陈某某安排了宿舍。2023年1月10日6时16分，陈某某在堰南项目部打卡上班，当日工作为负责房县区域客户回访；19时3分打卡下班回宿舍休息。当晚20时许，陈某某在宿舍与项目部其他人员商量次日工作安排，还通过电话布置任务。2023年1月11日早上7时50分左右，堰南项目部同事到陈某某宿舍敲门，无回应后便进入房间，摇动陈某某手臂仍无反应，发现其没有呼吸和脉搏，便拨打了120急救电话，120急救中心于8时10分抵达陈某某宿舍，并对其身体进行了检查，医学诊断结论为救前死亡。派出所将现场相关人员带回进行调查，公安局刑侦大队法医人员也到现场勘查，鉴定结论排除刑事案件可能，公安局出具《死亡证明》：死亡原因为突发疾病，死亡性质为意外。市人社局于2023年3月27日受理吴某某的认定工伤申请，并向陈某某所在单位某科技公司邮寄送达举证通知书。市人社局在调查核实案件情况后，于2023年5月26日作出《不予认定工伤决定书》（以下简称被诉不予认定工伤决定）并在法定期限内依法送达双方当事人。该决定书认定：陈某某系某科技公司派驻至堰南项目部担任经理，工作和居住均在项目部。作息时间为8：30-17：30，以钉钉打卡记录考勤。2023年1月10日19时许，陈某某在安排次日工作时向同事表示自己可能感冒了。当日陈某某于19：31打了下班考勤，之后落实次日工作安排后正常就寝休息。次日8时左右，陈某某被项目部员工发现躺在宿舍床上经呼叫无反应，后又经120急救人员到达现场认定救前死亡。根据陈某某在项目部的工作时间及工作考勤制度来看，属于长期驻外、有固定居所和明确上下班时间制度的人员，应按照正常上下班情形处理，不属于因工外出。陈某某虽然在前一天工作中表示自己有发冷、头疼情况，但该情形从过程及其后表现上看属一般性的轻微不适，并不能认定为"突发疾病"。根据市人社局对到达现场人员发现陈某某的人员调查情况上看，陈某某系在正常休息后，在次日上班前于宿舍发生死亡。突发疾病死亡应当严格按照工作时间、工作岗位、突发疾病、径直送医院抢救等四要件并重，具有同时性、连贯性来掌握，具体情形主要包括：（一）职工在工作时间和工作岗位突发疾病当场死亡；（二）职工在工作时间和工作岗位突发疾病，且情况紧急，直接送医院或医疗机构当场抢救并在48小时内死亡等。至于其他情形，如虽在工作时间、工作岗位发病或者自感不适，但未送医院抢救而是回家休息，48小时内死亡的，不应视同工伤。陈某某死亡情形不符合《工伤保险条例》第十五条第一款第一项规定的认定条件，现不予认定工伤。吴某某不服，诉至法院，请求：1. 依法撤销市人社局作出的被诉不予认定工伤决定，并责令市人社局重新作出工伤认定决定书；2. 本案的诉讼费用由市人社局负担。

【审判】

湖北省武汉市江岸区人民法院经一审认为：《工伤保险条例》第十五条规定，职工有下列情形之一的，视同工伤：（一）在工作时间和工作岗位，突发疾病死亡或者在48小时之内经抢救无效死亡的……本案中，吴某某主张陈某某在堰南项目部工作的行为属于出差，出差期间均属于在工作时间和工作场所内。原审认为，结合某科技公司任命陈某某为堰南项目部经理，每天上下班执行打卡制度，白天在项目部固定的场所办公，夜间在项目部安排的宿舍休息的情形综合分析，陈某某应属长期驻外办公，有固定的工作时间和工作地点。吴某某所称陈某某工作性质为出差的观点与事实不符，不予支持。吴某某主张陈某某突发疾病时间属于工作期间，虽陈某某在打卡下班后当晚还在宿舍布置工作，但从次日上午陈某某被发现死亡的地点仍然在宿舍来判断，陈某某应是当晚在宿舍休息时突发疾病，与吴某某诉称在工作时间死亡不符。吴某某关于陈某某救前死亡的事实符合"48小时经抢救无效死亡"构成要件的主张，因陈某某不是突发疾病当场死亡，也非突发疾病且情况紧急，直接送医院或医疗机构抢救并在48小时内死亡之情形。陈某某的工伤认定申请不符合《工伤保险条例》第十四条、第十五条规定的工伤认定条件。综上，市人社局作出被诉不予认定工伤决定认定事实清楚，适用法律正确，程序合法。依据《行政诉讼法》第六十九条之规定，判决：驳回吴某某的全部诉讼请求。

吴某某不服，向湖北省武汉市中级人民法院提起上诉。该院二审认为，各方当事人对陈某某病亡的经过并无争议，而是对其疾病是否发生在"工作时间和工作岗位"以及"48小时之内经抢救无效死亡"的理解争议较大，陈某某在疾病发生后回宿舍仍在与同事商量安排工作，属于"工作时间和工作岗位"合理延伸范畴。陈某某长期每日工作超过12小时与其疾病的发生及加剧致亡可能存在一定的关联，且其未及时就医有其合理因素，综合上述情况，本案陈某某死亡情形应当认定为"视同工伤"。上诉人的上诉理由成立，其提出的上诉请求予以支持。原审判决认定事实清楚，审判程序合法，但适用法律错误，应予以纠正，依据《工伤保险条例》第十五条第一款第一项，《行政诉讼法》第七十条第二项、第八十九条第一款第二项的规定，判决：一、撤销湖北省武汉市江岸区人民法院行政判决；二、撤销市人社局2023年5月26日作出的被诉不予认定工伤决定；三、责令市人社局于本判决生效之日起30日内对吴某某之夫陈某某的死亡认定为视同工伤并作出认定工伤决定。本案一、二审案件受理费各人民币50元，均由市人社局负担。

【评析】

行政争议的实质性解决，要求法院在审查行政行为合法性的基础上，围绕行政争议产生的基础事实和起诉人真实的诉讼目的，通过各种方式、路径对涉案争议进行全面性、整体性、彻底性的一揽子解决，实现对公民、法人和其他组织正当诉求的切实有效保护。这一概念的内涵包括以下四要素：一是行政审判权的运用空间不局限于起诉人表面的诉讼请求，辐射到被诉行政行为合法性的全面审查；二是行政审判权的运用方式不局限于依法作出裁判，扩展到灵活多样的协调化解手段；三是行政审判权的运用重心不局限于表面行政争议的处理，拓展到对相关争议的一揽子解决；四是行政审判权的运用结果不局限于本案的程序性终结，延伸到对起诉人正当诉求的切实有效保护。实现上述目标，除了整合各方资源和解调解之外，还需法院精准适法、精细司法，突破"司法不干预行政"的传统理念，针对实质争议创造性的一次性裁判到位，减少行政程序和司法程序的空转。本案即立足于涉案实质工伤争议，进一步明确认定"视同工伤"之情形。同时，通过一、二审法院的审理，综合在案证据，足以认定符合"视同工伤"情形时，创造性适用"穿透式"裁判路径，直接判令人社部门限期作出工伤认定决定，既有利于及时兑现工伤保险待遇，慰藉受伤职工及其家属的心理创伤，也能进一步提升行政效率，避免工伤认定程序空转，实质化解工伤行政争议，实现双赢共赢和多赢。

一、关于"工作时间和工作岗位"的判断认定

根据《工伤保险条例》第十五条第一款第一项规定，职工在工作时间和工作岗位，突发疾病死亡或者在48小时之内经抢救无效死亡的，视同工伤。依照上述法律规定，视同工伤包括两种情形：一种是在工作时间、工作岗位

上，突发疾病死亡；另一种是在工作时间、工作岗位上，突发疾病，48小时内经抢救无效死亡。无论属于哪一种情形，视同工伤的首要条件都在于，必须是在"工作时间和工作岗位"上突发疾病。

《工伤保险条例》制定与实施的目的在于"保障因工作遭受事故伤害或者患职业病的职工获得医疗救治和经济补偿，促进工伤预防和职业康复，分散用人单位的工伤风险"。因此，对"工作时间和工作岗位"的理解，不能简单地指单位规定的上班时间和上班地点，视同工伤要件中的"工作岗位"，较于认定工伤要件中的"工作场所"而言，更侧重于强调岗位职责、工作任务。《工伤保险条例》第十五条将"工作场所"变为"工作岗位"，本身就是法律规范对工作地点及范围的进一步拓展。在单位规定的工作时间和地点突发疾病死亡视为工伤；为了单位的利益，在外派地宿舍占用个人时间继续处理工作事务，期间突发疾病死亡，其权利更应得到保护。此外，关于"工作时间和工作岗位"的理解不应仅局限于用人单位与劳动者之间的合同约定机械认定，也不能拘泥于当天考勤打卡记录进行孤立判断，对于工作内容相对灵活的特殊岗位，应结合其具体岗位职责、工作内容、工作性质等客观实际情况，以其是否为了单位利益从事本职工作为标准进行综合判断。

二、外派职工客观上为公司利益在宿舍处理公务期间属于"工作时间和工作岗位"的合理延伸

对于需前往外派项目地开展工作的职工，既不同于在单位固定办公场所开展工作的员工，也不同于短期出差在外的情形，因其本身具有一定的特殊性，往往工作内容和岗位职责较为灵活和宽松。若有证据能够证明外派职工日常工作内容及岗位职责灵活不固定，且职工客观上为了单位利益，在打卡下班后仍在与工作场所密切相关的项目宿舍处理工作事务，该期间也应当属于"工作时间和工作岗位"的合理延伸范畴。何况外派职工宿舍本身与工作地点紧密关联，在空间和功能上具有不可分割性，职工在宿舍内处理工作事务也是为了完成其岗位职责。

就本案而言，陈某某作为外派堰南项目部的项目经理，虽在案劳动合同载明其项目经理岗位执行标准工时制，某科技公司规定的冬季上班时间为8：30—12：00、13：30—17：30，但结合其钉钉考勤记录及聊天记录可以证明，陈某某在堰南项目部担任项目经理以来，其工作时间、场所并不固定，常常需在既定工作时间外加班加点协调处理工作事务，这与其担任项目经理岗位需统筹、协调项目人员及项目进展的岗位职责相吻合，且某科技公司对这一情况并未予以制止，可视为其对陈某某实际工作情况的默许。从在案证据可以看出，陈某某在死亡的前一天晚上在打卡下班后，仍与同事安排布置第二天工作至 21：00 以后。故，陈某某即便当天已考勤打卡下班，但其在与工作场所相距较近的项目宿舍利用个人休息时间处理工作事务、履行岗位职责，显然也是为公司利益，属于"工作时间和工作岗位"，何况陈某某死亡前十日的打卡记录显示，其每日工作时间绝大多数已超过了 12 小时，甚至是零点打卡下班，故陈某某的死亡与其长期加班加点存在高度的盖然性。

三、关于陈某某是否属于在"工作时间和工作岗位"突发疾病

"突发疾病"，顾名思义即是突然发生、在毫无预料的情况下发展的疾病，具有一定的突然性。但劳动者往往对疾病的发生缺乏必要的认识，结合《工伤保险条例》保护工伤职工及家属合法权益之立法目的，对于"突发疾病"的时间掌握要适当放宽标准，对于出现前期症状的时间也应视为"突发疾病"的时间。本案中，相关证人证言、情况说明等证据材料已经可以证实，陈某某在考勤打卡之前即已出现"头不舒服"，在项目宿舍继续安排工作事务期间仍有"头疼、发冷"的情况，其发病时间应向前推至当日工作期间，属于在"工作时间和工作岗位"突发疾病。陈某某深夜在宿舍病情加重死亡，其《死亡证明》载明其死亡性质为"意外"、死亡原因为"突发疾病"，虽陈某某囿于自身对疾病缺乏认识而认为其是感冒，但从陈某某发病到死亡过程具有极强的紧凑性和连贯性，符合突发疾病致死的规律特征，可以合理排除其他致死因素。

四、未及时送医抢救在 48 小时内死亡能否认定工伤

法律不强人所难，考虑到疾病的发生、发展往往会有一个由轻到重的动态发展过程，对于缺乏医学专业知识的普通劳动者而言，并不具备对疾病发展动态的可知和预判能力，除非因疾病导致其行动受阻，否则不能苛求其作出对自身病情是否达到应予立刻就医程度的科学判断。因此，对突发疾病后未及时送医抢救在 48 小时内死亡的情形应予适当放宽掌握，应当结合生活情理、社会一般经验常识以及"保障因工作遭受事故伤害或者患职业病的职工获得医疗救济和经济补偿"之立法目的，综合认定工伤。

本案中，陈某某虽在工作期间已感觉身体不适，但其主观上认为只是"感冒"而稍作休息吃完感冒药后即可缓解，符合普通老百姓朴素的一般认知,其在宿舍处理工作事务至 21：00 后,基于对疾病的错误认知未及时就医,而是在单位宿舍吃药后就寝休息,合乎一般社会生活情理和经验常识。陈某某在工作岗位上突发疾病,虽因个人认知有限未及时就医,但在当晚即病亡,应属于《工伤保险条例》第十五条第一款第一项规定的视同工伤的情形。

五、"穿透式"审判理念在本案的运用

穿透式审判思维缘起于民事金融审判领域,是司法审判对金融监管领域动态的能动反映。他山之石可以攻玉,在当前强调行政争议实质化解的行政审判实务中,案件的审理不能局限于当事人诉讼请求的字面含义,往往需要运用穿透式裁判思维,洞悉当事人真实意愿和实质诉求。在明确当事人诉讼真意的情况下,适当选择最优解的裁判方式,以实现诉讼程序的调整,将当事人从现有的诉讼程序和行政程序中解脱出来,也避免行政、司法资源的浪费。

具体到本案,综合一、二审审理情况来看,各方当事人对陈某某病亡的经过并无争议,症结在于陈某某的疾病是否发生在"工作时间和工作岗位"以及"48 小时之内经抢救无效死亡"。如前所述,陈某某在疾病发生后回宿舍仍在与同事商量安排工作,属于"工作时间和工作岗位"合理延伸范畴;陈某某长期每日工作超过 12 小时与其疾病的发生及加剧致亡可能存在一定的关联,且其未及时就医有其合理因素。综合上述情况,陈某某死亡情形认定为"视同工伤"的条件已经具备,人社部门无须再行调查和裁量。

此时,考虑到当事人诉请撤销本案被诉不予认定工伤决定的真实目的也在于认定工伤,若再作出撤销重作判决不仅导致程序空转,平添各方当事人的诉累,也不符合行政争议一次性化解的要求,同时还会造成有限行政资源和宝贵司法资源的浪费。因此,为实质化解本案所涉工伤争议,进一步增强人民群众司法获得感、幸福感和安全感,本案采取了撤销一审判决及被诉不予认定工伤决定,直接判决责令市人社局于判决生效之日起 30 日内对吴某某之夫陈某某的死亡认定为视同工伤并作出认定工伤决定。此外,综合考虑到市人社局再行作出认定工伤决定时无须另行调查和裁量,为保障工亡家属合法权益及时得到救济,对于市人社局作出认定工伤决定书的期间在法定期限的基础上予以酌减为 30 日。

(作者单位：湖北省武汉市中级人民法院
湖北省武汉市新洲区人民法院)

不具有制裁性的停止办学通知的性质

张高英　蒋春晖

【裁判要旨】

行政机关作出的停止办学通知属于何种性质的行政行为,需要从其目的、事由、后果等方面进行考量。如果该通知并不具有制裁性,仅是因客观情况发生变化而停止民办学校的办学资格,则其并非规范意义上具有处罚性质的责令停止办学,而是实质上的终止办学决定。在此情况下,人民法院应当按照有关终止办学的规定对其进行合法性审查。

【案情】

原告(上诉人):淮某学校。

被告(被上诉人):某区管理委员会(以下简称某区管委会)。

被告(被上诉人):某区管理委员会社会事业局(以下简称某区社会事业局)。

淮某学校机构类型为民办非企业单位。2021年6月17日,某区管委会在其政府网站上发布《2020年某区社会组织年检情况公示》,载明"撤销登记民办非企业单位1家:淮某学校"。2021年8月16日,某区社会事业局向淮某学校送达《通知书》,内容为"鉴于淮某学校办学许可证于2018年8月31日到期,民办非企业登记证于2021年6月已被撤销,根据《民办教育促进法》……有关规定和要求,该校已不具备办学的基本条件,经某区管委会研究,决定从即日起淮某学校停止办学"。同日,某区社会事业局作出《致家长朋友们的一封信》,载明"淮某学校校园存在安全隐患,已不具备2021年秋季正常办学的基本条件,按照关于规范民办教育发展的有关规定,经某区管委会研究，决定即日起停止办学。同时，为保障在校生的基本权益，按照自愿的原则，该校的中小学寄宿生统一分流到开某公学，学费差额部分由某区管委会承担。该校中小学走读生对应分流到三某中心小学和三某中学"。淮某学校对上述《通知书》不服，向法院提起诉讼，请求予以撤销。此外，淮某学校对其民办非企业登记被撤销不服提起诉讼，在本案诉讼过程中，法院生效判决撤销了某区社会事业局撤销淮某学校民办非企业登记的行为。

【审判】

安徽省淮南市中级人民法院一审认为，根据《民办非企业单位登记管理暂行条例》第二十五条及《行政许可法》第八十一条的规定，淮某学校作为民办非企业单位，应当依法接受年度检查，其办学许可证于 2018 年 8 月 31 日到期，至今未进行年检。某区社会事业局认为依据相关法律规定，淮某学校已不具备办学的基本条件，故于 2021 年 8 月 16 日作出《通知书》，决定即日起淮某学校停止办学。该《通知书》系在其登记管理机关的监督管理职权范围内作出，并不违反法律规定，应认定为合法的行政行为，故判决驳回淮某学校的诉讼请求。

淮某学校不服，提起上诉。

安徽省高级人民法院二审认为，被诉《通知书》中的"停止办学"不是一种行政处罚。某区社会事业局通知淮某学校停止办学的理由是该校办学许可证到期，民办非企业登记证被撤销，不再具有办学资格，并不是淮某学校擅自举办学校；且该《通知书》中只要求即日起淮某学校停止办学，并未要求退还所收费用，以及对举办者进行罚款。另某区管委会、某区社会事业局均认为该通知对淮某学校的权利义务并不产生实际影响，停止办学只是淮某学校办学所必需的办学许可证、民办非企业登记证在失去法律效力后的必然结果。因此，被诉《通知书》中的"停止办学"不是一种行政处罚。

被诉《通知书》中的"停止办学"具有民办学校终止的法律效果。《民办教育促进法》第五十六条规定，民办学校有下列情形之一的，应当终止：（一）根据学校章程规定要求终止，并经审批机关批准的；（二）被吊销办学许可证的；（三）因资不抵债无法继续办学的。第五十七条规定，民办学校终止时，应当妥善安置在校学生。实施义务教育的民办学校终止时，审批机关应当协助学校安排学生继续就学。本案中,某区社会事业局于2021年8月16日作出被诉《通知书》的同时,作出《致家长朋友们的一封信》,告知家长按自愿原则,对该校的学生进行分流。因此,被诉《通知书》事实上具有终止淮某学校的法律效果。那么,被诉《通知书》是否合法,关键在于办学许可证过期及民办非企业登记证被撤销是否就当然地产生停止办学效果。首先,根据上述法律规定,民办学校的终止情形只有三种,其中涉及办学许可证的,只有"被吊销办学许可证",民办学校应当终止,而吊销办学许可证是行政机关依法对违反办学管理秩序的当事人取消其所取得的办学许可证,剥夺当事人从事办学活动的行政处罚,至于办学许可证到期,法律并未规定应当终止。至于民办非企业登记证被撤销,某区社会事业局撤销淮某学校民办非企业登记证行为已被本院生效判决予以撤销,即使该撤销行为未被人民法院判决撤销,根据上述规定,也不属于民办学校应当终止的情形。其次,根据《行政许可法》第七十条第一项规定,行政许可有效期届满未延续的,行政机关应当依法办理有关行政许可的注销手续。《民办教育促进法实施条例》第五十条第三款规定,民办学校无实际招生、办学行为的,办学许可证到期后自然废止,由审批机关予以公告。

《民办非企业单位登记管理暂行条例》第二十七条规定,未经登记,擅自以民办非企业单位名义进行活动的,或者被撤销登记的民办非企业单位继续以民办非企业单位名义进行活动的,由登记管理机关予以取缔,没收非法财产。也就是说,即使如某区管委会答辩所称,某区社会事业局在作出被诉《通知书》时,淮某学校的民办非企业登记证行为已被撤销,且该撤销行为当时并未被人民法院判决撤销,某区社会事业局也不应直接决定淮某学校"停止办学",淮某学校如继续以自己的名义办学,其可依法予以取缔。

综上,某区社会事业局作出的被诉《通知书》适用法律错误,依法应予撤销,故二审判决撤销了一审判决及被诉《通知书》。

【评析】

近年来,我国社会力量办学发展迅速,但作为一种新兴的教育形式,民办教育在许多方面还缺乏系统、完备的规定,由此引发了行政执法与行政审判中的诸多争议。本案即涉及行政机关对民办学校的监管问题,包括如何界定停止办学的性质、终止办学的适用情形以及办学许可证到期后应如何处理等问题。对于上述问题，具体分析如下：

一、规范意义上责令停止办学的法律性质

责令停止办学属于责令停止行为的范畴，分析责令停止办学的法律性质，首先需对责令停止行为进行考察。

（一）责令停止行为：行政命令抑或行政处罚

在现行法律规范中，存在大量行政责令类行为，如《行政处罚法》第九条规定的责令停产停业、责令关闭，以及其他法律规范中诸如责令停止生产、责令停止施工、责令停止办学等大量类似表述的责令行为。责令停产停业、责令关闭属于行政处罚自不必言，但除此之外的责令停止行为是否属于行政处罚，抑或属于其他行政措施呢？

一般来说，责令停止行为主要包括两种类型：一种是行政处罚性责令行为；另一种是行政命令性责令行为。所谓行政处罚，是指行政机关依法对违反行政管理秩序的公民、法人或者其他组织，以减损权益或者增加义务的方式予以惩戒的行为；所谓行政命令，是指行政主体要求特定的相对人履行一定的作为或不作为义务的意思表示。之所以界分责令停止行为的法律属性，是因为不同性质的责令停止行为所适用的法律规范及实施程序并不相同。如果责令停止行为是对违法行为本身的制止，并没有减损相对人原本所享有的权利，更未为其创设新的义务，应属于行政命令范畴，适用行政命令的法律程序；如果责令停止行为不仅对相对人产生了恢复原有法律秩序的效果，而且在此之外又限制了其一些本享有的行为能力，即行为人因补救违法行为又承担了额外的义务，则该责令行为具有惩罚性，将其归属于行政处罚范畴更为妥当，此时应当适用行政处罚的法定程序。

需要注意的是，法律规范对违法行为往往并非采用单一的行政责令模式，在某些情况下，法律规定行政机关对行政违法行为作出行政责令的同时，必须一并作出其他制裁措施。在单一的行政责令模式中，责令停止行为的主要功能在于补救违法行为；而行政责令的同时并处其他制裁措施，其主要目的在于对违法行为进行制裁或惩罚，行政责令所起的补救功能仅处于附随地位。在后一种情况下，责令停止行为与行政处罚必须同步进行，其已经成为行政处罚的组成部分，具有行政处罚的性质。

(二) 责令停止办学：行政处罚

我国法律法规中关于停止办学的规定，仅有《民办教育促进法》第六十四条，该条规定，违反国家有关规定擅自举办民办学校的，由所在地县级以上地方人民政府教育行政部门或者人力资源社会保障行政部门会同同级公安、民政或者市场监督管理等有关部门责令停止办学、退还所收费用，并对举办者处违法所得一倍以上五倍以下罚款；构成违反治安管理行为的，由公安机关依法给予治安管理处罚；构成犯罪的，依法追究刑事责任。从该法律规范可以看出，责令停止办学所针对的是违法擅自举办民办学校的行为，其本身是对违法行为的补救，但在责令停止办学的同时，需并处其他制裁措施，包括退还所收费用，对举办者处以相应的罚款。此时，由于违法情节较为严重，法律规范主要着意于对违法行为的处罚，责令停止办学所起的补救功能相对处于附随地位，且责令停止办学与行政处罚必须同步进行，故其已经成为行政处罚的组成部分。实际上，针对责令停止办学是否属于行政处罚的留言提问，教育部政策法规司作出的答复为：《行政处罚法》第九条规定，行政处罚的种类包括法律、行政法规规定的其他行政处罚。《民办教育促进法》第六十四条中规定的"责令停止办学"属于法律规定的行政处罚。因此，不管是理论界还是实务界，皆倾向于将责令停止办学认定为行政处罚。

二、案涉通知中停止办学的法律性质

案涉通知的主要内容为，鉴于淮某学校办学许可证已到期，民办非企业登记证亦已被撤销，该校已不具备办学的基本条件，决定即日起淮某学校停止办学。虽然该通知载明的字样为"停止办学"，但其是否为规范意义上具有行政处罚性质的责令停止办学，还需进一步探寻。

(一)"停止办学"并非行政处罚

前已述及，行政处罚的本质是对违法行为的制裁和惩罚，具体到责令停止办学，其是对违法擅自举办民办学校进行的惩戒。案涉"停止办学"是否为行政处罚，需要从该行为的目的、事由、后果等方面进行分析。首先，从目的上看，某区社会事业局决定淮某学校停止办学并非为了对其进行惩戒，而是因客观情况发生变化需要停止该学校的办学资格；其次，从事由上看，某区社会事业局通知淮某学校停止办学的理由是该校办学许可证到期，及民办非企业登记证被撤销，不再具有办学资格，并不是淮某学校擅自举办学校；最后，从后果来看，某区社会事业局只要求淮某学校即日起停止办学，并未

要求其退还所收费用，以及对举办者进行罚款。因此，案涉通知中的"停止办学"并非行政处罚，故本案并不适用行政处罚法律规范及相应的程序规定。淮某学校主张某区社会事业局未按照行政处罚程序履行告知、听取陈述、申辩等义务，属违反法定程序的理由不能成立。

（二）"停止办学"具有终止的法律效果

既然案涉通知中的"停止办学"并非行政处罚，就需要进一步探究该行为的法律性质。从该通知的内容来看，某区社会事业局系认为淮某学校办学所必需的办学许可证、民办非企业登记已经失去法律效力，停止办学只是该情况所导致的必然结果。因此，某区社会事业局通知淮某学校停止办学的真实意思以及意欲达到的法律效果，实际上是要终止淮某学校办学资格。所谓终止，是指已经成立的民办学校由于法定原因，依照法定条件和程序，自行停止或由有关机关作出停止民办学校的办学活动，从而使其退出民办教育领域的行为。民办学校终止后，其丧失了民事主体资格，不再具有民事权利能力和民事行为能力，在校学生的权益因此受到重大影响，故民办学校终止的同时往往伴随着对在校学生的安置。《民办教育促进法》第五十七条规定，民办学校终止时，应当妥善安置在校学生。实施义务教育的民办学校终止时，审批机关应当协助学校安排学生继续就学。本案中，某区社会事业局在通知淮某学校停止办学的同时，作出《致家长朋友们的一封信》，告知家长按自愿原则，对该校的学生进行分流。从某区社会事业局的真实目的以及对学生的安置情况来看，其要求淮某学校停止办学，实际上具有终止的法律效果。

三、对终止办学的合法性审查

案涉"停止办学"通知实质上为终止办学决定，故应当按照终止办学的有关规定对其进行合法性审查。根据《民办教育促进法》的规定，民办学校终止主要包括三种情形，即自行终止、强制终止以及资不抵债终止。

（一）自行终止

民办学校根据学校章程规定要求终止，并经审批机关批准的，为自行终止。民办学校的章程中一般都规定了办学的宗旨和目的。如果由于学校已经完成了既定目标，或者因客观情况发生变化，学校办学的目标无法实现，即学校章程中有关学校终止的情形出现，继续办学已经没有必要，经理事会或董事会决定，学校可以向审批机关提出学校终止的申请。审批机关对此可以作出批准或者不批准的决定。审批机关如果认为学校的现时状况符合学校章程规定的学校终止的情形，同时学校的终止又不妨碍公共利益的，应当予以批准。如，山东省某职业培训学校申请终止办学，山东省人力资源和社会保障厅作出同意该学校终止办学的批复，即属于该种情形。

（二）强制终止

学校因被审批机关吊销办学许可证的，民办学校应当终止，此种情形为强制终止。如果民办学校出现《民办教育促进法》第六十二条规定的情形，如擅自分立、合并民办学校等，审批机关可以吊销其办学许可证，作出终止决定。办学许可证是民办学校办学资格的证明，也是民办学校办学的合法证件。吊销办学许可证意味着取消了学校开展教育教学活动的资格，即民办学校不得再开展与教育教学活动有关的活动。由于教育教学活动是民办学校存在的根本目的，吊销办学许可证虽然不直接导致学校法人资格的丧失，但实质上使得民办学校的存在变得毫无意义。因此，吊销办学许可证也成为民办学校终止的一种方式。如，郑州市某职业培训学校存在"管理混乱严重影响教学，产生恶劣社会影响的"情形，原郑州市劳动和社会保障局吊销该校办学许可证，作出终止其办学资格的决定。

（三）资不抵债终止

民办学校因资不抵债无法继续办学的，应当终止。学校出现资不抵债的情形，一般是由于学校的办学质量不佳，或者其他经营上的问题，使学校无法招收到足够的学生，学校长期没有足够的学费收入，又没有其他收入，无法支付学校的日常开支以及其他债务造成的。此时，民办学校无法继续办学，终止也就是必然的事。民办学校因资不抵债无法继续办学的，由哪个机关作出终止决定，是由法院决定还是由审批机关或政府决定，目前并没有明确规定。从实际情况看，民办学校的终止，涉及学生、家长、教职员工等各方权益，由行政机关作出终止决定并由其采取措施妥善处理较为妥当。

从民办学校终止的上述三种情形可以看出，其中涉及办学许可证的，只有被吊销办学许可证的，民办学校应当终止。而吊销办学许可证是行政机关依法对违反办学管理秩序的当事人取消其所取得的办学许可证，剥夺当事人从事办学活动的行政处罚，至于办学许可证到期的，并未规定应当终止。至于民办非企业登记证被撤销，某区社会事业局撤销民办非企业登记证行为已被生效判决予以撤销，即使该撤销行为未被人民法院判决撤销，根据上述规定，也不属于民办学校应当终止的情形。因此，某区社会事业局以淮某学校办学许可证到期以及民办非企业登记证被撤销为由,作出停止办学通知适用法律错误,依法应予撤销。

四、行政机关依法可以采取的监管措施

对于办学许可证到期或者民办非企业登记被撤销的,虽然行政机关依法不能作出终止办学决定,但其可以采取其他监管措施。

(一)办学许可证到期后如何监管

根据《行政许可法》第七十条第一项规定,行政许可有效期届满未延续的,行政机关应当依法办理有关行政许可的注销手续。《民办教育促进法实施条例》第五十条第三款规定,民办学校无实际招生、办学行为的,办学许可证到期后自然废止,由审批机关予以公告。需要注意的是,虽然相关法律规范并没有关于注销行为的程序性规定,但行政机关在作出注销行为时仍然应当遵循公开、公平、公正的基本原则,保障相对人的正当程序权利。

(二)民办非企业登记被撤销后如何监管

《民办非企业单位登记管理暂行条例》第二十七条规定,未经登记,擅自以民办非企业单位名义进行活动的,或者被撤销登记的民办非企业单位继续以民办非企业单位名义进行活动的,由登记管理机关予以取缔,没收非法财产;构成犯罪的,依法追究刑事责任;尚不构成犯罪的,依法给予治安管理处罚。也就是说,如果民办学校的民办非企业登记被撤销后仍以自己的名义办学,有关行政机关可以依法取缔。本案中,即使某区社会事业局在作出被诉《通知书》时,淮某学校的民办非企业登记证行为已被撤销,且该撤销行为当时并未被人民法院判决撤销,某区社会事业局也不应直接决定淮某学校"停止办学",淮某学校如继续以自己的名义办学的,其可依法予以取缔。

(作者单位:安徽省高级人民法院)

调查研究

市场监管行政案件裁判规则研究

江西省高级人民法院行政庭课题组[*]

市场监管类行政案件在行政案件中长期占据重要位置。近年来，随着国家"放管服"改革的推进，市场监管领域执法方式发生较大变化。一方面，市场监管部门以清单建设明确自身职责边界，以商事制度改革破除市场发展桎梏，在优化政府公共服务上取得了积极成效；另一方面，在降低市场成本、提高行政效率的同时，也一定程度上增加了市场交易的不确定性和市场监管效能的真空化，由此所引发的部分市场监管行政争议也进入行政诉讼领域。鉴于"放管服"改革和市场监管综合执法改革具有高度契合性，同时因"放管服"改革从政府的视角转向更加重视市场主体的视角，优化营商环境的改革目标更加清晰。[①] 因此，市场监管领域的"放管服"改革不仅涉及市场监管机制体制的现代化，而且与优化营商环境密切关联。本课题的研究以市场监管行政案件为切入口，紧扣市场监管领域推进"放管服"改革后的法律规则供给不足及法律适用理解分歧，探究执法司法理念和标准同频共振的方法路径，形成了较为统一的法律适用标准，对更好发挥人民法院行政审判职能作用，打造稳定公平透明及可预期的法治化营商环境，具有较好的实践规范意义和价值引领作用。

---

[*] 课题主持人：喻德红；课题组成员：王芬、万进福、彭彩玲、吁虹红、蔡维琴。
[①] 王敬波：《"放管服"改革与法治政府建设深度融合的路径分析》，载《中国行政管理》2021年第10期。

一、市场监管行政案件基本情况

(一) 江西省市场监管行政案件审理基本情况

课题组经"威科先行"网站裁判文书检索,[①] 发现 2018—2020 年,全国各级法院共审市场监管类行政案件 60231 件,其中 2018 年 19637 件、2019 年 21196 件、2020 年 19398 件。从全国案件分布图显示,该类案件呈现从沿海城市向内陆城市递减趋势,与各省市经济发展水平呈正相关。

1. 案件数量居全国平均水平

该类案件数量在全国层面年均审理数量在 2 万件左右起伏、波动不大,主要集中在江苏、浙江、北京,案件数分别为 5402 件、4966 件、4633 件。江西省 2018 年、2019 年、2020 年该类案件数量分别为 575 件、372 件、405 件,总计 1352 件,与其他省市相比,江西省该类案件审理总量居于全国平均水平,较周边省份案件总体较少。(见图 1)

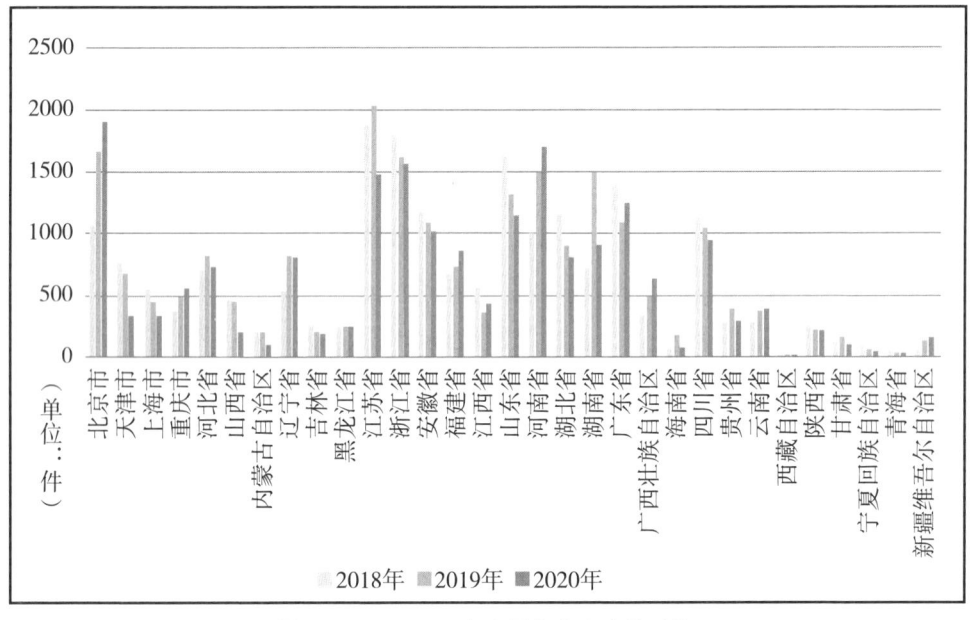

图 1 2018—2020 年全国各省市案件对比

[①] 检索方式:威科先行(法律库)—案例—裁判文书,检索关键词"工商""市场监督",检索时间:2021 年 12 月 1 日。

2. 案件分布区域相对集中

市场监管类行政案件总量指数系相对中性指标，虽不能直观体现地区在该类案件中的行政执法情况，但能从侧面反映出行政相对人对市场监管行政行为的满意程度。2018—2020年，除去665件非诉案件及涉省级市场监管行政机关案件28件外，其余627件案件在江西省11市在案件分布区域上差异明显，案件主要集中在吉安（180件）、南昌（116件）两市，合计案件数占比达47.2%，[①] 其他各市案件总数均未超过100件。[②]（见表1）

表1 江西省各市市场监管类案件统计 （单位：件）

城市	抚州	赣州	吉安	景德镇	九江	南昌	萍乡	上饶	新余	宜春	鹰潭
2018年	8	12	89	6	7	46	7	22	34	24	14
2019年	5	15	62	8	8	49	6	19	0	21	3
2020年	7	5	29	7	14	21	8	30	3	22	16
总计	20	32	180	21	29	116	21	71	37	67	33

3. 案件类型主要集中于行政处罚和行政登记

剔除非诉执行类案件后，样本案件具体可分为13大案由，案件数量由高到低分别为行政登记183件、行政处罚170件、其他行政行为104件、不履行法定职责95件、行政允诺35件、行政复议22件、行政强制22件、行政奖励18件、行政决定11件、行政许可11件、行政赔偿7件、行政确认5件、行政不作为4件。（见图2）仅行政登记和行政处罚两类案由即占市总案件数的51.4%，是该类案件争议的集中领域。

---

① 本次调研涉及全部数据，百分数均保留小数点后一位，小数均保留小数点后两位。
② 该数据未包含江西省高院二审及检察监督程序案件数（32件）。

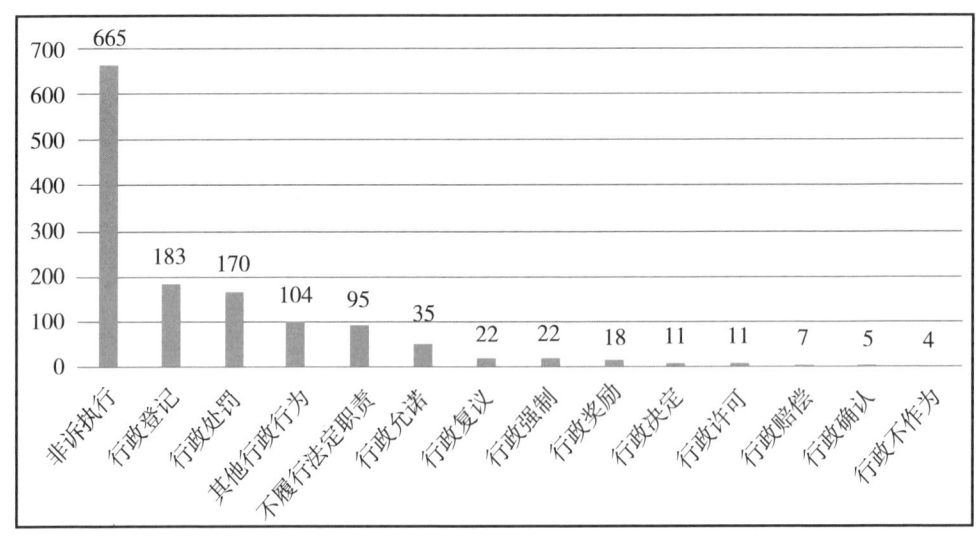

图 2　各类型案件数量统计

4. 案件审理调撤率及原告胜诉率相对较高

剔除 665 件非诉执行案件，在 687 件市场监管类样本案例中，经法院协调撤诉的案件 254 件、调撤率达 37%；原告诉请经法院审理，判决全部或部分支持的案件 134 件、胜诉率达 19.5%；原告诉请未获支持的案件 299 件，占比约为 43.5%（见图 3）。需要注意的是，样本案例中有 186 件案件，法院以裁定驳回起诉或不予立案的方式结案，占比 27%，从侧面表明仍有部分案件未能在法院介入前通过行政调解、诉前调解等手段有效化解。

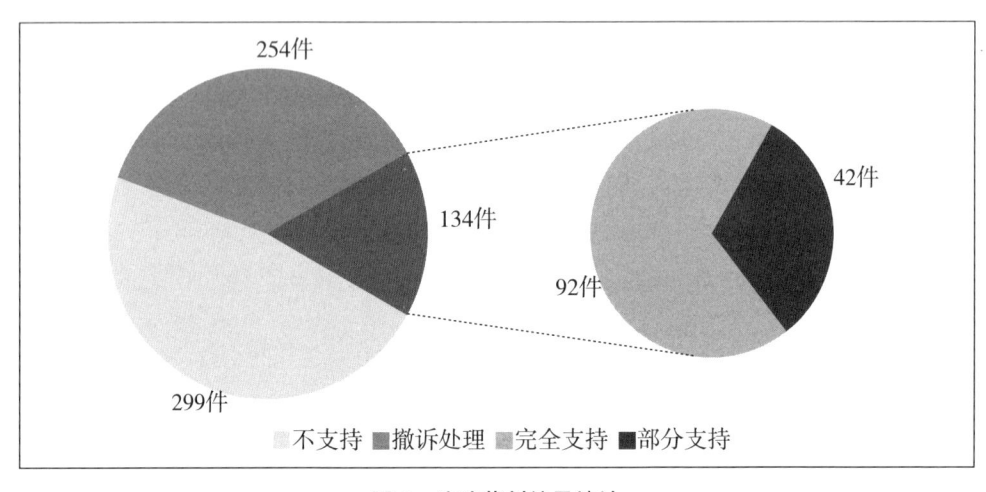

图 3　法院裁判结果统计

5. 行政机关败诉主要集中于行政强制和行政允诺

行政机关败诉案件，可以反映出行政机关不规范执法的突出领域。样本案例中，一审行政机关败诉的共 111 件，具体情况为：不履行法定职责败诉 10 件、败诉率 14.3%；其他行政行为败诉 10 件、败诉率 12.2%；行政处罚类案件败诉 22 件、败诉率 20.2%；行政登记类案件败诉 37 件、败诉率 23.7%；行政复议类案件败诉 2 件、败诉率 22.2%；行政决定类败诉 1 件、败诉率 10.0%；行政赔偿类败诉 1 件、败诉率 20.0%；行政强制类案件败诉 10 件、败诉率 55.6%；行政许可类败诉 1 件、败诉率 100%；行政允诺类败诉 17 件、败诉率 54.8%。（见图 4）其中，行政强制、行政允诺、行政处罚、行政登记、行政复议等领域产生的行政违法行为比重较高。

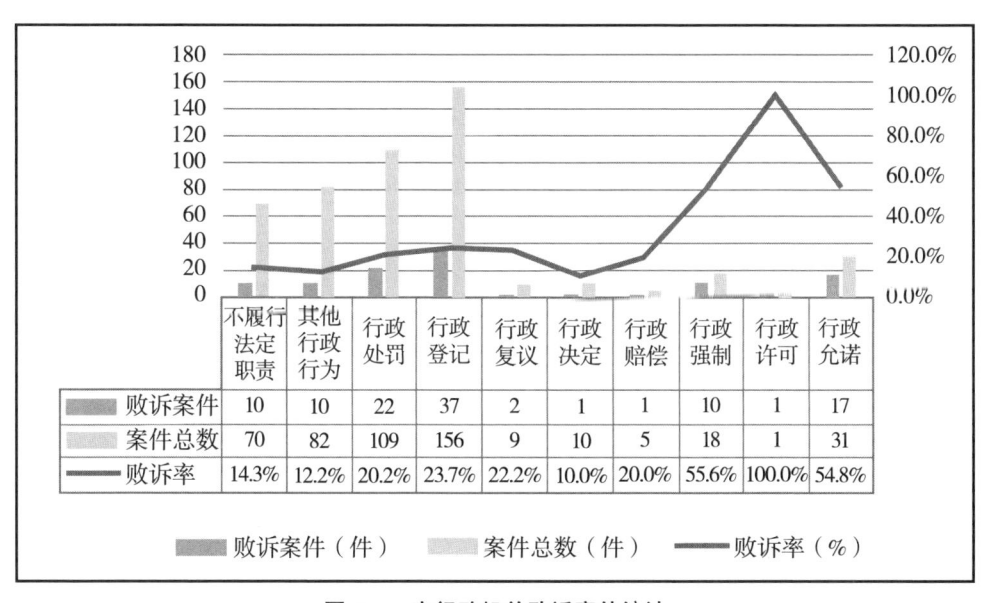

	不履行法定职责	其他行政行为	行政处罚	行政登记	行政复议	行政决定	行政赔偿	行政强制	行政许可	行政允诺
败诉案件	10	10	22	37	2	1	1	10	1	17
案件总数	70	82	109	156	9	10	5	18	1	31
败诉率	14.3%	12.2%	20.2%	23.7%	22.2%	10.0%	20.0%	55.6%	100.0%	54.8%

图 4　一审行政机关败诉案件统计

6. 行政机关负责人出庭应诉率相对较低

课题组针对行政机关负责人出庭率进行了座谈调研，剔除 665 件非诉执行案件，在 514 件一审样本案件中，公开开庭案件 205 件，行政机关负责人出庭案件数仅 105 件，负责人出庭应诉率仅为 51.2%，出庭应诉率较低。其中，负责人出庭应诉工作在行政许可、行政允诺、行政处罚等领域落实较好，高于案件的平均出庭率，表明行政机关在该类案件的执法规范程度及化解积极性均较高。（见图 5）

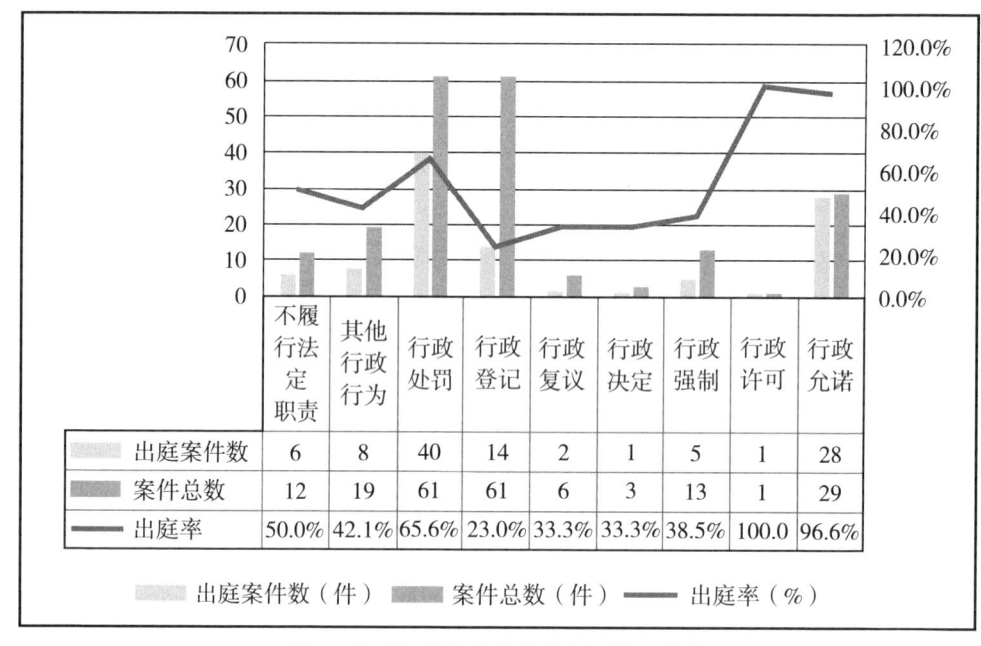

	不履行法定职责	其他行政行为	行政处罚	行政登记	行政复议	行政决定	行政强制	行政许可	行政允诺
出庭案件数	6	8	40	14	2	1	5	1	28
案件总数	12	19	61	61	6	3	13	1	29
出庭率	50.0%	42.1%	65.6%	23.0%	33.3%	33.3%	38.5%	100.0	96.6%

图 5　行政机关负责人出庭应诉情况统计

7. 行政机关败诉原因呈多样性

在 111 件行政机关一审行政机关败诉样本案例中，其败诉判决类型主要有撤销、撤销并责令重新作出行政行为、确认违法、确认违法并采取补救措施、责令作出行政行为、变更行政处罚等。在撤销判决中，行政机关败诉原因主要集中在当事人提供虚假材料导致错误登记，违反法定程序的行政处罚，主要证据不足、事实不清的行政允诺和行政复议等；在确认违法判决中，行政机关败诉原因主要集中在行政机关未履行法定职责或未尽审慎审查职责但又无撤销或再履职的必要，也有行政处罚类案件程序轻微违法的情形。在变更行政处罚判决中，行政机关败诉原因主要为裁量尺度明显不当。（见图 6）

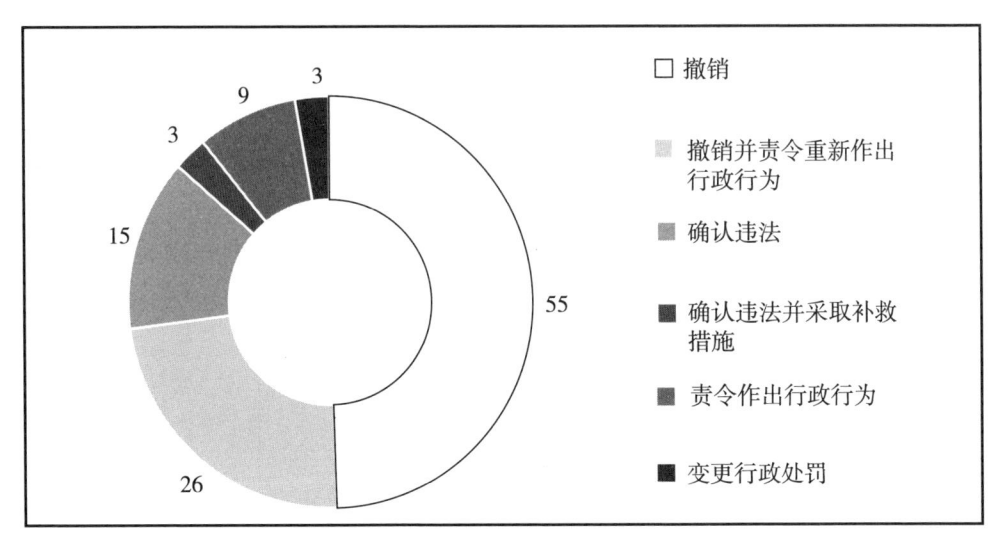

图6 市场监管类案件行政机关败诉案件数量统计（单位：件）

（二）"放管服"改革背景下市场监管部门的"自我认知"——基于专题调研及240余份调查问卷的分析

为探究市场监管领域执法司法理念和标准"同频共振"的方法路径，课题组开展了多次专题调研座谈并依托江西省市场监管平台，就"放管服"改革背景下市场监管执法相关问题，向全省各级市场监管部门发放了615份电子调查问卷，除去部分无效问卷，本次调查研究从回收的问卷中抽取了有代表性的243份有效问卷作为样本分析，其中省级市场监管局59份、市级市场监管局66份、县级市场监管局84份、基层市场监管分局34份。（见图7）

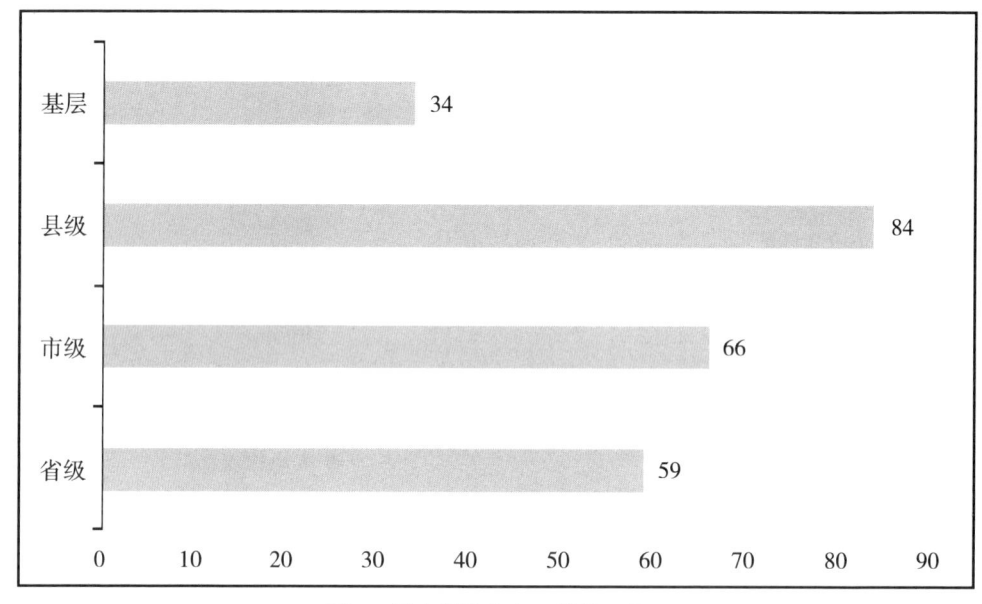

图7 调查问卷分布（单位：件）

1. 专人专项执法与一人多项执法现象并存

不同行政层级的市场监管部门大约有67.5%的单位要求行政许可、行政处罚、行政检查等不同行政管理职能必须由不同的执法人员实施。同时，受制于执法理念、执法人员编制短缺等因素影响，有21.7%的单位是不同行政管理职能由相同的执法人员实施，即同一执法人员兼顾多项行政管理职能、在多领域执法。此外，还有11.1%的问卷显示不了解单位的执法人员执法情况。在所有样本问卷中，从事一线执法的人员相对较多，占比达62.1%，从事行政复议的执法人员占比16.4%，既从事一线执法也从事行政复议的执法人员占比21.5%。（见图8）

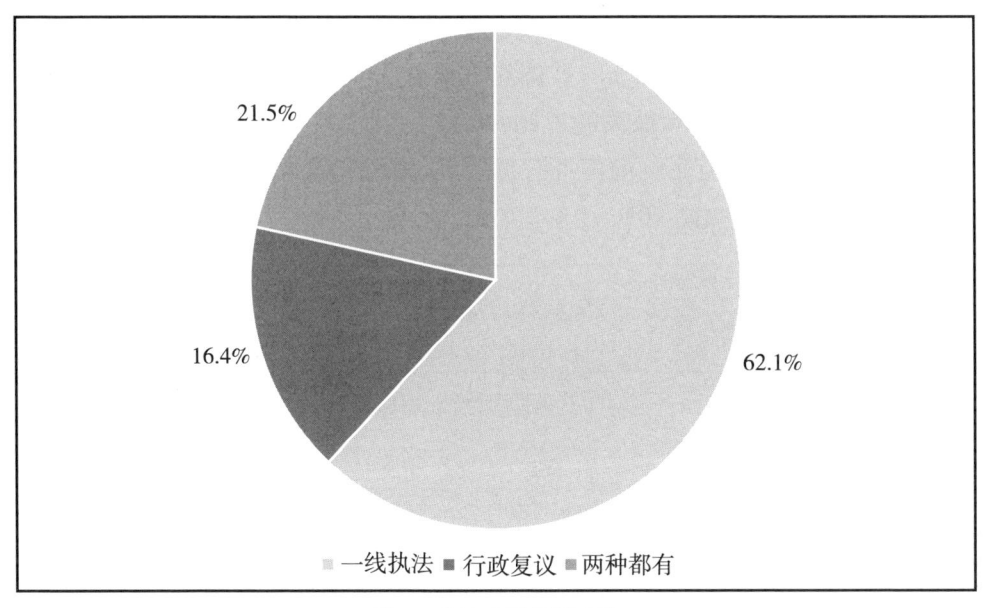

图8 执法人员类型占比

2. "放管服"改革对市场监管执法影响评价较为一致

所有样本问卷中,有90.4%的人员认为"放管服"改革对市场监管执法有影响,其中认为影响很大的占比达51%,认为有影响但影响不大的占比39.4%,有9.6%的人员认为基本没有影响。(见图9)

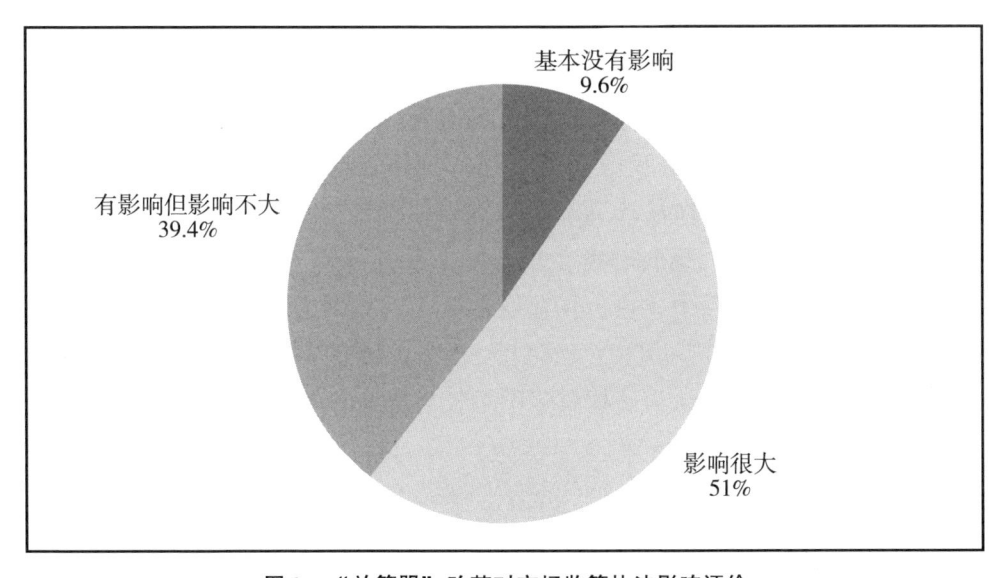

图9 "放管服"改革对市场监管执法影响评价

3. 普遍认为规范市场监管执法有助于优化营商环境

所有样本问卷中，92.5%的被调查人员认为规范市场监管执法对优化营商环境有影响，认为影响很大的占比66.2%，认为有影响但影响不大的占比26.3%，认为基本没有影响的仅占7.5%，认为影响很大的大多集中在省市县级市场监管部门。（见图10）

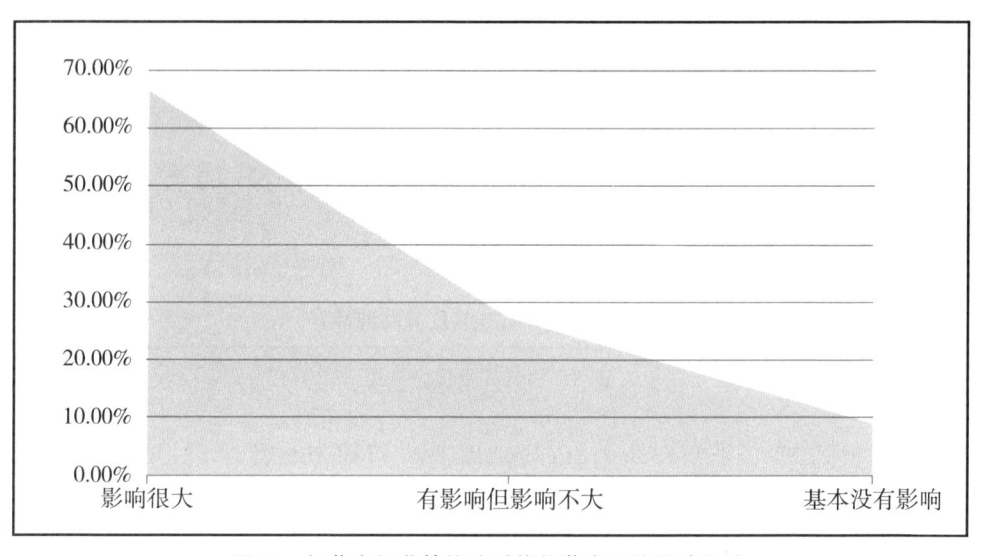

图10 规范市场监管执法对优化营商环境影响评价

4. "放管服"改革背景下市场监管执法遇到的问题较为集中

通过样本分析，"放管服"改革背景下市场监管执法遇到的问题主要集中在以下方面：一是执法队伍方面，市场监管领域业务广泛但执法队伍特别是基层执法队伍人员配置及专业性不强；二是随着新一轮政府机构改革及"放管服"改革推进，在法律适用方面诸如职责交叉不清、法律规范冲突、配套法律法规不健全、行刑衔接、处罚标准不统一等问题明显；三是证据认定方面，所有样本问卷中，在市场监管执法中遇到的主要问题为证据收集困难（54.90%）、法律规定不明确（16%）、执法程序难以达到法定要求（20%）。尤其县级市场监管部门认为证据收集困难较为普遍。（见图11）

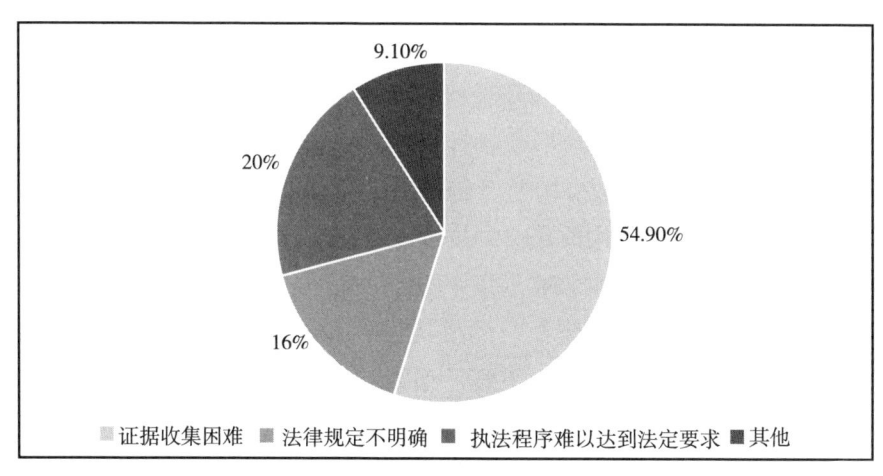

图 11 市场监管执法遇到的问题分布

(证据收集困难 54.90%；法律规定不明确 16%；执法程序难以达到法定要求 20%；其他 9.10%)

5. 市场监管执法人员纠纷化解及法治意识自我评价情况

调查问卷中，在获知承办的案件被诉至法院后，超过60%的执法人员会主动找单位领导进行说明，而主动找承办法官、当事人沟通的占比均未达15%，因该提问存在多项选择，部分被调查人员并非仅选一项，说明执法人员在获知承办案件被诉至法院后会采取多种方式化解纠纷和矛盾。同时，在法治意识自我评价方面，认为法治意识较强的占57.8%，认为法治意识一般的占39.7%，认为法治意识较弱的占2.5%。（见图12）

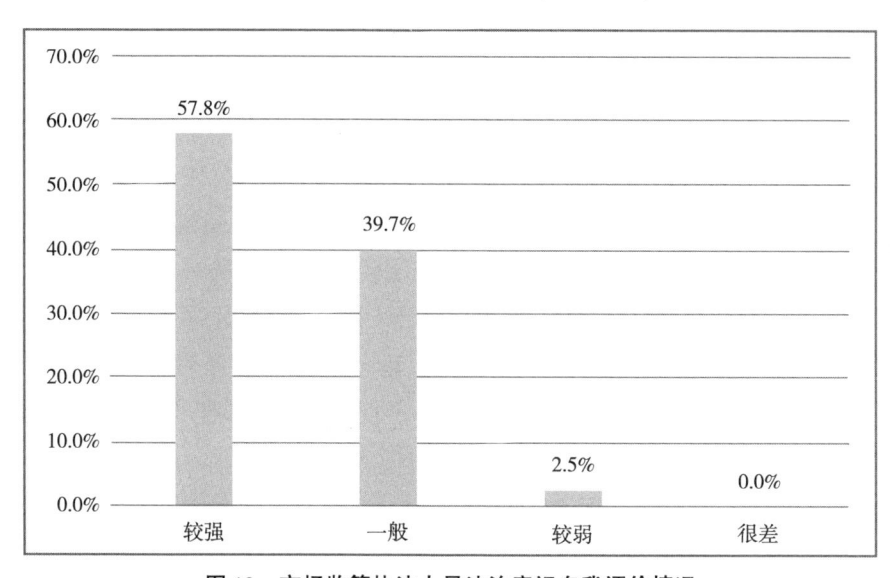

图 12 市场监管执法人员法治意识自我评价情况

(较强 57.8%；一般 39.7%；较弱 2.5%；很差 0.0%)

(三)"放管服"改革背景下的市场监管法律适用

1. "放管服"改革背景下市场监管行政执法新变化

(1) "放管服"改革背景下市场监管执法新体制。随着《深化党和国家机构改革方案》《关于深化市场监管综合行政执法改革的指导意见》等系列文件的出台,在新一轮机构改革、"放管服"改革及综合行政执法改革共同作用下,市场监管领域基本形成了以下新的执法体制:在横向职权配置上形成了"大市场、大质量、大监管"的机构设置和职能配置框架,在纵向权限配置上建立了"统一领导、重心下移、条块结合、以条为主"的综合行政执法体制。与此同时,在中央提出整合工商、质检、食品、药品、物价、商标、专利等领域执法职责,组建市场监管综合执法队伍,具备条件的地区可结合实际进行更大范围的综合行政执法的情况下,各地对市场监管执法体制结合当地实际进行了探索,因而各地省级以下市场监管执法体制呈现出差异化样态。以江西省为例,根据《江西省机构改革实施方案》《江西省市场监督管理局职能配置、内设机构和人员编制规定》,江西省市场监督管理局除原工商、质监、食药监、物价、反垄断职能外,还整合了知识产权职能,形成了省、市、县三级市场监管局的执法体制,在原883个工商分局的基础上,组建了895个市场监督管理局。

(2) "放管服"改革背景下市场监管职权新划分。随着机构职权的调整及权力清单制度的推行,市场监管领域执法权在总体下移的情况下,各级市场监管部门的执法权限更为明确。从总体职权设定和机构设置看,省级市场监督管理局,不设执法队伍,内设机构设立执法稽查局(反垄断局)负责指导和监督市场监管综合执法工作以及反垄断统一执法;设区市与市辖区市场监督管理局只设一个执法层级,县(市)市场监督管理局实行"局队合一"体制;在乡镇(街道)构建简约高效的基层管理体制。从具体执法权限事项看,江西省市场监督管理系统将市场监管部门的权力划分为行政许可、行政处罚、行政强制、行政检查、行政确认、行政奖励、行政裁决及其他8项,并明确列举了省市县三级市场监管部门的事权范围,其中仅能由省级行使的权力为22项,大多数权力可以由市、县行使。(见表2)

表2　江西省各级市场监管部门各权力类型数量统计　　（单位：个）

权力类型	数量	行使层级					
		省	省市县	省市	市	市县	县
行政许可	25	6	9	0	0	7	3
行政处罚	31	3	26	1	0	1	0
行政强制	12	1	10	0	0	1	0
行政检查	25	2	22	0	0	1	0
行政确认	5	3	0	2	0	0	0
行政奖励	8	2	4	1	1	0	0
行政裁决	3	1	2	0	0	0	0
其他	13	4	6	2	0	0	1

（3）"放管服"改革背景下市场监管执法新特点。一是权力下放。既包括向下级放权即上级市场监管部门的职权下放至下级市场监管部门，也包括向社会放权即取消相关行政职权交由社会自治。二是行政执法程序优化。以行政审批程序为例，2018年10月，国务院在《关于在全国开展"证照分离"改革的通知》中提出要依法推动涉企行政审批事项"取消审批、审批改为备案、实行告知承诺、优化准入服务"等改革方式，做到放管结合，放管并重，宽进严管，并从2018年11月10日起对第一批106项行政审批事项实施证照分离改革。三是从强调事前监管转为强调事中事后监管。政府职能从过去直接干预经济、配置资源，向加强市场监管、规范市场秩序、营造公平竞争的市场环境转变，①强调事中事后监管。

2. "放管服"改革背景下市场监管法律适用新问题

（1）"放管服"改革中市场监管行政执法权下移面临着现有规范供给不足的问题。随着"放管服"改革的深入推进，市场监管行政执法权全面下移，但我国现有法律规范体系并未为其提供充足的规范基础，既有的行政组织结构及其相应规则也不能为下级市场监管部门有效承接执法权做好充分准备，②在"放管服"改革中，市场监管行政执法权下移面临着的现有规范供

---

① 孙洪安：《提供"放管服改革的新样本"山东烟台市市场监管局创新举措重塑监管格局》，载《中国质量管理》2020年第1期。

② 卢护锋：《行政执法权全面下移的组织法回应》，载《政治与法律》2022年第1期。

给不足的困境。

（2）"放管服"改革中市场监管要求面临着传统执法理念和执法方式失能的问题。随着我国超大规模市场的形成，《国务院关于印发"十四五"市场监管现代化规划的通知》指出市场监管工作面临新形势、新特点、新挑战，主要表现为：随着经济总量和各类市场主体快速增长，合作竞争、优胜劣汰格局深刻演化；商品和服务市场在相互渗透中加快融合，线上和线下市场在并行交织中形成复杂生态，新产业、新业态、新模式不断涌现，效率和公平、创新和保护的需求更趋多元化；构建新发展格局过程中，国内市场国际化、国际市场中国因素增多的特征更加明显；人民群众对消费安全和消费升级的期待不断提高。为此，需要转变传统执法理念和执法方式，对新业态新模式坚持监管规范和促进发展并重，及时补齐法规和标准空缺。

（3）"放管服"改革背景下市场监管执法司法面临着案件类型转变的问题。随着市场新业态新模式的出现、执法新理念新方式的形成，市场监管执法司法面临的新案件类型愈加增多。例如，针对2018年10月《国务院关于在全国开展"证照分离"改革的通知》提出要依法推动涉企行政审批事项"取消审批、审批改为备案、实行告知承诺、优化准入服务"等改革方式，有关违反"告知承诺"后的行政处理行为应如何审理的问题即成为新的案件类型。又如，随着"双随机、一公开"制度、以信用为核心的新型监管机制的形成，如何审查诸如移除经营异常名录等新类型案件，亦是"放管服"改革背景下市场监管执法司法面临的新类型案件。

二、市场监管行政登记案件裁判规则

（一）市场监管行政登记案件审理情况及典型案例分析

1. 市场监管行政登记案件审理情况

据统计，2018—2020年最高人民法院、全国各高级法院审理的与"放管服"改革相关的各类行政登记案件中，涉市场监管行政登记的有95件。经梳理，其中涉行政登记材料审查程度的有40件；涉以虚假材料获取登记导致登记错误的有30件，其中判决撤销登记的有15件、判决不予撤销的有10件、其他有5件；涉法定代表人变更登记的有10件；涉其他行政登记案件的有15件。由此可见，市场监管行政登记案件中，仅登记机关对登记材料审查和以虚假材料获取登记导致登记错误引发的行政登记案件占比近74%。

2. 市场监管行政登记典型案例分析

(1) 市场监管是否履行审慎审查义务典型案例

案例1：某元公司向某县市监局提出公司变更登记申请，提交了公司变更登记所需的相关材料。某县市监局根据当时有效的《公司登记管理条例》《内资企业登记提交材料规范》等规定，认为该公司提交的上述材料齐全且符合法定形式并办理了公司变更登记。某元公司认为，相关生效民事判决已认定某元公司第三次股权转让中相关人员无权以股东身份签署股权转让协议，某县市监局对该公司股东情况没有进行基础审核并缺乏相关证据支持的情况下予以变更登记违法，请求撤销该变更登记。法院经审理认为，某县市监局已尽依法、审慎审查的义务。

案例评析：该案是市场监管机关对登记材料已尽合法、审慎审查义务的典型案例。根据当时施行的《公司登记管理条例》第二十七条和《企业登记程序规定》第三条、第九条规定，市场监管机关对公司变更登记申请材料的审查，应限于登记机关在法定期限内通过一般性方法和手段，在相关专业知识和工作经验范围内对材料是否齐全，是否符合法定形式进行审查，而非通过鉴定、勘验等特别方法和手段发现该材料实质内容可能存在的真实性问题。因此，该案中某县市监局在某元公司提交的上述材料齐全，且符合法定形式的情况下，已尽到审慎审查、合理注意的义务。此外，公司股东变动是否合法、股东之间签订的股资转让协议是否违法等问题实则已超过法律法规授予登记机关审查的范畴，登记机关在其业务范围内，依托其专业知识也无法对上述问题进行审查。

案例2：某楼公司徐某某为某公司法定代表人，2015年11月案外人陈某以该公司代理人身份向某县市监局递交公司注销登记的申请，同时提交了委托代理的手续、营业执照遗失公告报样等材料。某县市监局经审查认为申请注销公司的材料齐全、符合法定形式并作出了准予注销登记。后徐某某向某县市监局举报，反映某楼公司被无故注销。某县市监局经调查核实，查明陈某提交公司注销材料中的授权委托书、股东会决议、清算报告等均系伪造，随即作出撤销案涉注销登记决定并送达。因某楼公司仍坚持起诉，法院经审理认为，某县市监局未尽必要的审慎审查义务，并作出确认违法判决。

案例评析：该案焦点是某县市监局是否尽到了审慎审查的义务。根据当时有效的《行政许可法》第三十一条、《公司登记管理条例》第二条规定，申请人提交的申请材料和证明文件是否真实的责任由申请人承担。某县市监局作为登记机关并无实质审查义务，但这并不意味着其对申请材料和证明文件已无审查职责，其应在职权范围内对申请材料和证明文件是否齐全，以及申请材料和证明文件及记载的事项是否符合法律规定进行审慎审查。该案中，某楼公司的注销登记由陈某申请办理，其提交虚假材料中的公司公章、法定代表人及股东签名均系伪造，某县市监局在审查中未与原工商登记材料留存的公章、签名作必要审核，导致陈某凭虚假材料办理了公司注销登记，存在过失。且根据当时有效的《公司登记管理条例》第四十三条第一款第一项以及《企业法人法定代表人登记管理规定》第二条、第十条规定，某县市监局作为负责公司登记的主管机关，应当存有法定代表人、公司设立时发起人股东的备案签名。某县市监局在办理注销登记时未对注销登记申请书中签字进行必要的比对，导致登记错误，应当认定其未尽到谨慎审查义务。

(2) 以虚假材料获取行政登记是否应予撤销典型案例

案例3：2014年2月，金某公司向某区市监局申请注册登记，并提交了设立登记申请书、公司章程、企业预先核准通知书等相关材料。某区市监局在法定时限内对提交的材料进行了形式审查，并作出核准注册登记的行政行为。王某某以金某公司的申请设立注册文件中"王某某"的签名均系伪造为由请求判令撤销行政登记。经鉴定，金某公司设立档案中"王某某"的签名确系伪造，一审法院遂撤销案涉公司设立登记，二审法院改判撤销一审判决并驳回了王某某的诉讼请求，再审法院维持了一审判决。

案例评析：该案一、二审及再审判决出现不同的结果，表明法院在审理此类案件中对登记机关审查登记材料中应尽的审慎审查、合理注意义务以及司法对此审查的程度有不同认识。我们认为，该案一审和再审法院的判决结果更能体现"放管服"改革的目标和意义。根据当时有效的《公司法》《公司登记管理条例》有关规定，公司申请登记材料不是股东本人签字盖章，其他申请人隐瞒情况或者提供虚假材料导致登记错误的，登记机关可以在诉讼中依法予以纠正。登记机关拒不更正的，人民法院可以根据具体情况判决撤销登记行为、确认登记行为违法或者判决登记机关履行更正职责。但能够证明法定代表人、股东此前明知该情况却未提出异议，并在此基础上从事过相关管理和经营活动的，则对撤销登记的请求一般不予支持。该案中，在诉讼中利益相关人已经证明金某公司在申请公司登记时提供了虚假材料并要求撤销公司登记的情况下，某区市监局应当予以撤销。如此，既纠正了登记机关的错误登记行为，也保护了利害关系人的合法权益，更彰显了行政诉讼对市场经济秩序维护的功能。

案例4：2013年1月，汪某某代理某财公司申请企业名称预先核准并取得核准登记；1月29日，虞某某分两笔将1000万元出资款汇入某财公司账户，同日汪某某代理某财公司向某市监局申请设立登记并提交了由法定代表人"虞某某"签名的公司设立登记申请书、企业名称预先核准申请书、验资报告等材料。市监局经审核后作出核准登记并向虞某某出具准予设立登记通知书。某财公司设立后开展了相关经营和管理活动。后经司法鉴定，涉案的《公司设立登记申请书》《企业名称预先核准申请书》《法定代表人信息》中"虞某某"的签名均非虞某某所签。虞某某提起诉讼，请求撤销案涉公司的设立登记。法院经审理判决驳回虞某某的诉讼请求。

案例评析：该案争议的焦点为市监局作出的设立登记应否撤销。从双方提供的申请材料、司法鉴定意见书及当事人庭审陈述来看，申请材料中法定代表人"虞某某"的签名并非本人所签，故市监局依据上述申请材料作出准予设立登记证据不足。然而，该设立登记行为应否撤销，应当综合具体情况进行考量。根据市监局提供的从银行、会计师事务所取得的相关证据以及汪某某代理申请时能够提供的虞某某身份证原件的情形来看，虞某某对以其为法定代表人设立公司的情况系明知且未提出异议，而公司设立后也进行了借贷、货物买卖等经营管理活动。因此，虞某某要求撤销涉案工商登记行为的依据不足，法院驳回其诉讼请求并无不当。该案的判决体现了"放管服"改革大背景下，行政诉讼对维护市场经济秩序和规范市场主体行为的司法校正功能。

（二）市场监管行政登记案件相关法律适用及裁判规则

1. 关于市场监管部门审查职责的认定问题

（1）问题的由来及有关观点

因现行法律法规未对企业法定代表人及股东变更、企业设立及注销登记等审查标准作出明确规定，导致对市场监管部门应采取何种方式对相关申请材料进行审查存在较大争议，审判实践中也未形成统一认识和审查标准。第一种观点认为，应采用形式审查标准，即市场监管部门仅审查材料是否完整齐全、符合法定形式，对于申请材料的真实性不作审查。第二种观点认为，应采用实质审查标准，即市场监管部门既要对申请材料的形式合法性进行审查，也要对申请材料的内容真实性进行审查。第三种观点认为，应采用审慎审查标准，即市场监管部门不仅要审查材料是否完整齐全、是否符合法定形式，还要对申请材料是否符合真实性要求负有审慎审查的义务。

（2）关于市场监管部门审查职责认定的裁判规则

我们同意第三种观点，主要理由如下：第一，"放管服"改革背景下，出于对提高市场准入便利化程度及降低制度性交易成本考虑，实质审查的观念已无法适应市场经济发展的要求。第二，随着"放管服"改革进一步深化，审批门槛越来越低，市场准入越来越宽，随之而来的不诚信、不规范的市场行为逐渐增多，仅采用形式审查标准难以防止虚假登记行为。第三，审慎审查义务应以市场监管部门判断与识别能力为限度，在专业范围内履行。主观上，市场监管部门在履职时应负有比一般人更高的审慎义务，应以更加专业化的标准合理预见申请材料中可能存在的法律风险，否则属于存在过错；客观上，市场监管部门对可能的风险特别是关涉行政相对人或其他利害关系人重大利益时，应采取必要的措施防止损害结果的发生，应通过一定方法和手段，如核对笔迹、印章、就疑点进行询问等履行其合理谨慎的注意义务，否则即存在过错。

2. 关于以虚假材料获取公司相关登记的裁判问题

（1）问题的由来及有关观点

近年来，因申请人提交虚假材料或者采取欺诈手段取得公司相关登记而引起的纠纷、诉讼越发增加，由此引发了学界和实务界对以虚假材料获取公司相关登记应如何裁判的讨论和思考。第一种观点认为，只要法院经审理查明公司相关登记系以虚假材料获取的，就应判决撤销登记行为或确认登记行为违法，或判决市场监管部门履行更正职责。第二种观点认为，即便经法院审理查明公司相关登记系以虚假材料获取的，也不宜一概判决撤销或确认违法或履行法定职责，应结合具体案情作出相应裁判。

（2）关于以虚假材料获取公司相关登记的裁判规则

我们同意第二种观点，具体裁判规则如下：第一，对于因申请人故意以虚假材料获取公司相关登记且市场监管部门尽到审慎审查义务，市场监管部门在诉讼中依法予以更正，当事人不予撤诉的，应判决驳回诉讼请求。第二，对于因申请人故意以虚假材料获取公司相关登记，市场监管部门拒不更正的，应根据具体情况判决撤销登记行为、确认登记行为违法或者判决登记机关履行更正职责。第三，对于因申请人故意以虚假材料获取公司相关登记且市场监管部门尽到审慎审查义务，并能够证明当事人此前已明知但未提出异议，并在此基础上已开展相关管理和经营活动的，应判决驳回诉讼请求。

三、市场监管行政处罚案件裁判规则

（一）市场监管行政处罚案件审理情况及典型案例分析

1. 市场监管行政处罚案件审理情况

因"放管服"改革要求政府对市场的重心由干预转向监管，放宽市场准入门槛，在一定程度上优化了营商环境，但市场监管部门对相关市场主体在市场准入后的不规范市场行为进行事中、事后监管也引发了大量的行政诉讼。2018—2020年最高人民法院、全国各高级法院审理的与"放管服"改革相关的各类行政处罚案件中，有关市场监管行政处罚案件125件，其中涉过罚相当、处罚自由裁量权的案件40件，占比32%；涉违法经营食品、药品行政处罚案件30件，占比24%；涉虚假宣传行政处罚案件25件，占比20%；涉以虚假材料获取行政登记行政处罚案件20件，占比16%；其他行政处罚案件10件，占比8%。

2. 市场监管行政处罚典型案例分析

（1）市场监管行政处罚新旧法衔接期间适用法律不当典型案例

案例5：2018年4月，某市监局接到公安机关移送的某周公司涉嫌商业贿赂案件线索。经立案调查发现，该公司自2015年11月以来，为增加客源，向介绍游客去景区游览的人力三轮车夫按照15元/票的标准支付介绍费，属于《反不正当竞争法》所规定的商业贿赂行为，且该公司在2015年10月因商业贿赂行为受到行政处罚后直至2018年3月仍未停止，情节严重。根据《反不正当竞争法》第七条、第十九条以及《山东省规范行政处罚裁量办法》第十六条规定，对其作出罚款100万元、吊销营业执照的行政处罚决定。某周公司不服向法院起诉，要求撤销行政处罚决定。经审理，一审法院撤销了案涉行政处罚决定，并责令某市监局重新作出处理；二审法院撤销一审判决

并变更行政处罚决定内容为罚款40万元、吊销营业执照；再审法院撤销了二审判决，维持了一审判决。

案例评析：该案涉及新旧法衔接期间行政处罚的法律适用问题。该案经过一、二审及再审，亦反映出法院对审理此类案件存在不同的认识和理解。修订前后的《反不正当竞争法》对商业贿赂行为的处罚规定不尽相同，旧法规定的处罚相对较轻，新法规定的处罚相对较重，且增加了吊销营业执照的行政处罚。该案中，某周公司实施的违法行为开始于旧法实施期间，结束于新法生效之后，某市监局在适用法律上应当加以区分，对发生在2018年1月1日前的商业贿赂行为应按"旧法"处理，对发生在2018年1月1日后的行为应按"新法"处理，但某市监局在适用法律上并没有加以区分，直接适用了处罚相对较重的新法作出处罚，违反了"从旧兼从轻"的法律适用规则。二审法院虽然也认为某市监局作出行政处罚在适用法律上应当加以区分，但同时又决定保留了新法规定的吊销营业执照处罚，不符合"从旧兼从轻""法不溯及既往"的法律适用规则。

（2）市场监管行政处罚法律规范冲突的选择适用典型案例

案例6：2020年12月，某县市监局在多次现场执法检查中发现某商店销售的中盐某公司生产的食盐不能出示食盐销售单。2021年1月，某县市监局向中盐某公司送达了《行政处罚告知书》，告知其拟作出处罚的事实、理由、依据及处罚的内容，并告知其有陈述申辩的权利。2月1日，某县市监局在未经听证的情况下作出罚款3万元的行政处罚决定。该公司不服，向某县政府申请行政复议。某县政府受理后，于5月31日举行了听证会。6月28日，县政府作出复议维持决定。该公司不服诉至法院。经审理，一审法院判决驳回其诉讼请求，二审法院维持一审判决。中盐某公司不服申请再审，再审法院以行政程序违法为由判决撤销一、二审判决及行政处罚决定，并责令某县市监局重作。

案例评析：该案涉及市场监管行政处罚法律规范冲突的选择适用问题。该案经过一、二审及再审，亦反映出法院对审理此类案件存在不同的认识和理解。该案中，某县市监局依据《市场监督管理行政处罚听证暂行办法》第五条"市场监督管理部门作出下列行政处罚决定之前，应当告知当事人有要求举行听证的权利：（一）责令停产停业；（二）吊销许可证或者执照；（三）对自然人处以一万元以上、对法人或者其他组织处以十万元以上罚款；（四）

对自然人、法人或者其他组织作出没收违法所得和非法财物价值达到第三项所列数额的行政处罚。各省、自治区、直辖市人大常委会或者人民政府对前款第三项、第四项所列罚没数额有具体规定的，可以从其规定"的规定，未经听证直接作出罚款3万元的行政处罚决定。而某省《行政处罚听证程序规定》第二条规定："本省行政区域内各级行政机关或者法律、法规授权的组织对当事人依法作出下列行政处罚之前，应当告知当事人有要求举行听证的权利：……（三）对非经营活动中公民的违法行为处以500元以上、法人或者其他组织的违法行为处以2000元以上的罚款，对经营活动中的违法行为处以20000元以上的罚款……"该案涉及部门规章与地方性规章存在冲突且又规定了相互援引的情形下如何正确适用法律规范的问题。在市场监管行政处罚法律规范存在冲突的情况下，一般应按照保护当事人利益的原则选择适用。因此，该案中行政处罚金额听证标准应以有利于行政相对人为原则确定，本案应告知相应权利。

（二）市场监管行政处罚案件相关法律适用及裁判规则

1. 关于市场监管行政处罚新旧法衔接的问题

（1）不同观点及原因分析

在"放管服"改革大背景下，随着市场监管执法改革的深入，市场监管相关法律规范立改废工作也愈加频繁，由此导致行政执法与行政审判面临着新旧法衔接期间如何选择适用法律规范的问题。第一种观点认为，采用违法行为发生时的法律规定，即市场监管部门应以行为发生时的法律规范作为作出行政行为的依据。第二种观点认为，采用违法行为结束时的法律规定，即市场监管部门应以行为结束时的法律规范作为作出行政行为的依据。第三种观点认为，采用不同时段的法律规定，即如果违法行为可区分则区分新旧法衔接期间违法行为实施时间段进行处理。

（2）关于市场监管行政处罚新旧法衔接期间的适用法律规则

我们同意第三种观点，具体适用规则如下：第一，如果违法行为发生并结束于新法实施前，则遵循"法不溯及既往"原则，适用旧法作为作出行政处罚的依据。第二，如果违法行为发生于新法实施后，则适用新法作为行政处罚的依据。第三，如果违法行为有连续或者继续状态，则遵循"从旧兼从轻"原则，适用相应的法律规定。

2. 关于市场监管行政处罚法律规范冲突的问题

(1) 不同观点及原因分析

虽然《立法法》《最高人民法院关于审理行政案件适用法律规范问题的座谈会纪要》对规章间的效力位阶和规章冲突的选择适用作了原则性规定，但对于规章间均规定了相互援引，对于如何确定适用规范则存在不同观点。第一种观点认为，如果部门规章与地方政府规章之间对相同事项作了不同规定，且均作了相互援引的规定，则无论是适用部门规章还是地方政府规章均可。第二种观点认为，即便部门规章与地方政府规章就不同的内容均作了相互援引的规定，也应当以最有利于保护行政相对人利益为原则选择适用法律规范，如果部门规章的相关规定更有利于保护行政相对人利益，则适用部门规章；如果地方政府规章的相关规定更有利于保护行政相对人利益，则适用地方政府规章。

(2) 关于市场监管行政处罚法律规范冲突的选择适用规则

我们同意第二种观点。具体适用规则如下：第一，关于规章不冲突时的适用规则问题。根据《立法法》第一百零二条的规定，部门规章之间、部门规章与地方政府规章之间具有同等效力，在各自的权限范围内施行。在不存在冲突的情况下，可根据不同的权限范围选择适用部门规章和地方政府规章。第二，关于规章冲突且未作相互援引规定时的适用规则问题。《最高人民法院关于审理行政案件适用法律规范问题的座谈会纪要》对此作了较为详细的规定，可区分不同情形选择适用。第三，关于规章冲突且分别作出可以相互援引规定时的适用规则问题。仅从文意解释的角度，该情形下无论是适用部门规章还是地方政府规章均无不当，但从行政法治系通过规范行政权的行使以实现保护行政相对人合法权益的价值目标来看，该情形下应选择适用对保护行政相对人的合法权益更为有利的规定。

四、市场监管行政强制案件裁判规则

(一) 市场监管行政强制案件审理情况及典型案例分析

1. 市场监管行政强制案件审理情况

行政强制作为一项重要的行政权力，其设定和实施都必须遵循合法性原

则，做到依法行政。从概念上看，行政强制包括行政强制措施和行政强制执行。① 需要注意的是，并非所有的市场监管行政强制措施都具有可诉性，达到可诉性条件有二：一是判断该行政强制措施是否为依法单独存在的行政行为；二是判断该措施对行政相对人权利义务的影响。课题组以"市场监管""行政强制"关键词在"威科先行"网站中检索行政案件，② 共得到2950篇文书，案由多集中在涉及食品药品行政管理（155篇）、工商行政管理（142篇）、质量监督行政管理（108篇）。通过梳理上述裁判文书，发现市场监管败诉案件亦主要集中在前述行政管理领域。当市场监管行政强制案件进入法院，如何合理把握对市场监管行政行为的司法审查强度，如何服务和保障法治化营商环境，也是"放管服"改革背景下裁判者面临的重要问题。

2. 市场监管行政强制典型案例分析

（1）市场监管行政强制违反法定程序典型案例

案例7：某市监局执法人员现场检查时发现陈某肉摊上售卖的猪肉没有检验检疫印章，也不能提供检疫检验票据。因非洲猪瘟严重，经现场请示后，执法人员对陈某的猪肉进行扣押并在未称重的情况下进行无害化处理，但未当场制作文书。当日下午，某市监局对陈某作出查封（扣押）决定，并认定陈某涉嫌经营未按规定进行检疫的猪肉，依据《食品安全法》第一百二十三条规定，对猪肉予以扣押。陈某等不服，提起该案诉讼，请求撤销查封（扣押）决定。法院认为，某市监局在实施扣押时，没有当场对扣押的猪肉称重，导致扣押的猪肉数量不详，该行为不符合法律规定。

案例评析：该案涉及行政强制是否违反法定程序的认定问题。该案中，法院基于《行政强制法》第二十四条③规定，认定案涉查封（扣押）决定行

---

① 《行政强制法》第二条："本法所称行政强制，包括行政强制措施和行政强制执行。行政强制措施，是指行政机关在行政管理过程中，为制止违法行为、防止证据损毁、避免危害发生、控制危险扩大等情形，依法对公民的人身自由实施暂时性限制，或者对公民、法人或者其他组织的财物实施暂时性控制的行为。行政强制执行，是指行政机关或者行政机关申请人民法院，对不履行行政决定的公民、法人或者其他组织，依法强制履行义务的行为。"

② 检索方式：威科先行（法律序）—案例—裁判文书，检索关键词："市场监管""行政强制"，检索时间：2021年12月1日。

③ 《行政强制法》第二十四条："行政机关决定实施查封、扣押的，应当履行本法第十八条规定的程序，制作并当场交付查封、扣押决定书和清单。查封、扣押决定书应当载明下列事项：（一）当事人的姓名或者名称、地址；（二）查封、扣押的理由、依据和期限；（三）查封、扣押场所、设施或者财物的名称、数量等；（四）申请行政复议或者提起行政诉讼的途径和期限；（五）行政机关的名称、印章和日期。查封、扣押清单一式二份，由当事人和行政机关分别保存。"

为违法。某市监局则认为，现场执法时由于围观的群众较多，未及时当场书写文书，但当天已补充文书并向当事人出示，且工作人员对扣押的猪肉进行无害化处理，也是为了防控非洲猪瘟的工作需要，因此其执法过程符合法律规定。以上两种不同的认识，体现出法院与市场监督部门在是否违反法定程序的问题上存在分歧。需要注意的是，该案一、二审法院与市场监管部门观点不一致，该案系因检察院提出抗诉后，再审法院在查清事实的基础上予以改判，在个案的处理上，亦体现法院内部对该案中市场监管行政强制是否违反法定程序存在不同的理解和认识。

（2）市场监管行政强制超越职权典型案例

案例8：交警大队在服务区拦截检查曾某驾驶的运输车时发现，其涉嫌运输未按规定进行检疫的肉类。交警大队随即将案件移送市监局处理。市监局立案调查后，认定其运输的冷冻鸡爪是涉嫌未按规定进行检疫的肉类，决定扣押该批冷冻鸡爪。曾某不服向法院起诉，请求确认市监局的扣押行为违法，并判令其赔偿经济损失。法院认为，该案涉嫌违法行为的着手地、经过地、实施地、结果发生地均不在某县境内，该市监局对该行政处罚案件无管辖权。市监局通过交警大队协助某扣押曾某运输的冷冻鸡爪，其行政行为违反了地域管辖的相关法律规定，属于超越职权，应予确认违法。

案例评析：该案涉及"超越职权"即行政机关"无管辖权行为"的司法认定标准问题。现代市场活动涉及领域众多、形式繁杂，多样的经济活动必然要求不同的部门之间需进行分工协作。依据《行政处罚法》《食品安全法》《市场监督管理行政处罚程序暂行规定》相关规定，食品安全监督管理行政处罚案件一般应当由违法行为发生地的县级以上市场监督管理部门管辖。违法行为发生地包括违法行为着手地、经过地、实施（发生）地、结果发生地。该案中，市监局跨越地域执法权限，实施的扣押行政强制措施应认定为违法。

（二）市场监管行政强制案件相关法律适用及裁判规则

1. 关于市场监管行政强制"程序瑕疵"的认定问题

（1）问题的由来及有关观点

按照行政程序违法严重性程度，可分为程序违法和程序瑕疵，而程序违法又可分为严重性程序违法和一般性程序违法。对于何为程序瑕疵，学术界和实务界都存在不同认识。第一种观点认为，应采取实体性判断标准，即认定行政强制行为程序是否违法，应以是否影响实体认定为标准，如果程序问题不影响实体认定就不应认定程序违法，即便不符合相关规定也是程序瑕疵。第二种观点认为，应采取程序法定标准，即程序是否合法应以行政行为是否符合相关程序规定为标准，即便行政行为实体正确也不影响对行政程序违法性的认定。第三种观点认为，应采取权益影响标准，即以行政行为程序违反法律规定是否对行政相对人的实体及程序权利造成影响为认定标准，如果既没有影响行政相对人的实体性权益，也没有影响行政相对人的程序性权利，即可认定为程序瑕疵。

（2）关于市场监管行政强制"程序瑕疵"认定的裁判规则

我们同意第三种观点。主要理由如下：第一，市场监管部门违反法定程序可能影响行政相对人实体性权益的，无论该违反程序的行为是否严重均不应认定为程序瑕疵。正如上述典型案例中，市场监管部门实施扣押却未当场制作并当场交付扣押决定书和清单，对扣押物品的名称、数量未当场清点，即便事后进行了弥补，因可能对行政相对人实体权益造成损害，因而应确认为程序违法而非程序瑕疵。第二，市场监管部门违反法定程序可能损害行政相对人程序性权利的，亦应认定程序违法。有关行政程序的规定，有的涉及行政相对人的实体权益救济问题，如执法资格及执法人员要求、告知陈述申辩听证权等；有的更多属于规范行政机关的执法活动，如有关延长办案期限报批手续规定。违反前者规则应认定为程序违法，违反后者可视情形认定为程序瑕疵。

2. 关于市场监管部门行政强制管辖权的认定问题

（1）问题的由来及有关观点

关于市场监管部门行政强制管辖权问题，无论是行政强制法还是市场监管相关法律规范均未作出相关规定。参照《行政处罚法》关于行政处罚由违法行为发生地的县级以上地方人民政府具有行政处罚权的行政机关管辖的规定，行政强制亦应由违法行为发生地的县级以上地方人民政府具有行政强制权的行政机关管辖。实践中，有关"违法行为发生地"应如何理解存在不同的观点：第一种观点认为，应从广义上理解"违法行为发生地"，即不仅包括违法行为开始着手地和具体实施地，还包括行为经过地和结果发生地，也就是说包括了实施违法行为的各个阶段所经过的空间。第二种观点认为,应从狭义上理解"违法行为发生地",即仅指违法行为实施地,不包括其他地方。

(2) 关于市场监管部门行政强制管辖权认定的裁判规则

我们同意第一种观点,具体裁判规则如下:第一,行政强制的管辖应以行为发生地为依据,而违法行为地包括违法行为着手地、经过地、实施(发生)地和危害结果发生地。第二,行政强制管辖采取属地主义管辖原则,通常违法行为发现地的市场监管部门都有管辖权,但一般应由最先发现违法行为的市场监管部门管辖。第三,为了防止出现管辖空白,如果法律、行政法规有特别规定,则按特别规定认定管辖权。

五、市场监管投诉举报案件裁判规则

(一) 市场监管投诉举报案件审理情况及典型案例分析

1. 市场监管投诉举报案件审理情况

在投诉举报渠道日益畅通,公众参与社会治理机制完善的同时,司法实践中投诉举报类案件的数量也呈现出增长的态势。课题组以"市场监管""投诉举报"为关键词在"威科先行"网站检索行政案件,[①]共得出3993件案件,其中2021年460件、2020年1190件、2019年1104件、2018年574件、2017年及之前665件,且主要集中在质量监督检验检疫行政管理(722件)、工商行政管理(352件)、食品药品安全行政管理(261件)三个行政管理领域;上述数据反映出市场监管投诉举报案件主要有如下特点:一是2019年以来大量的投诉举报案件涌入法院,表明一方面向市场监管部门投诉举报的案件越来越多,另一方面该类案件处理的法律效果难以令投诉举报人满意,导致诉讼案件激增;二是投诉举报案件呈现多领域、多发特点,遍及各个市场监管行政领域;三是此类案件审理法院多集中在中、基层法院,亦表明市场监管部门随着"放管服"改革的深入监管重心下移、执法力量下沉,基层市场监管部门处在市场监管的一线面临的履职和应诉风险增大。

---

① 检索方式:威科先行(法律序)—案例—裁判文书,检索关键词:"市场监管""投诉举报",检索时间:2021年12月1日。

2. 市场监管投诉举报典型案例分析

（1）投诉举报人是否具有利害关系典型案例

案例9：甲某向某区市监局举报乙某（个体工商户）公示的信息隐瞒真实情况、弄虚作假，要求予以查处。因认为市监局收到举报后未及时告知其处理结果，甲某申请行政复议，请求责令市监局对其举报进行处理。甲某认为根据《个体工商户年度报告暂行办法》第十二条的规定，甲某作为举报人有权获得书面处理结果，甲某与举报处理结果之间有法律上的利害关系，其有权提起行政复议并要求市监局履行法定职责。复议机关认为甲某与市监局的行政行为无利害关系，决定对甲某的复议申请不予受理。甲某不服该不予受理之决定，遂提起行政诉讼。法院经审查认为，甲某与其举报事项之间没有利害关系，裁定驳回起诉。

案例评析：该案主要涉及企业信息公示领域举报处理结果与举报人之间是否存在利害关系的认定问题。[1] 对此存在两种不同观点，第一种观点认为，具名举报人享有知晓处理结果的权利，市场监管部门在作出处理结果后，有义务向具名举报人进行及时、准确地告知，不告知、怠于告知或告知不明确的，均属于履行法定职责不当，侵犯了举报人的合法权益。第二种观点认为，根据《个体工商户年度报告暂行办法》的规定，对于举报人反映市场主体公示的信息隐瞒真实情况、弄虚作假的，市场监管部门负有核查、处理的职责，但市场监管部门对举报是否作出处理、作出何种处理，系法律赋予市场监管部门对市场主体信息公示的公共管理职能，并未对举报人设定权利义务，对举报人合法权益亦不产生或不直接产生实际影响。《个体工商户年度报告暂行办法》规定将处理结果告知举报人，其本意应当是推动社会共治、鼓励公众监督，该告知程序并非赋予举报人对处理结果的行政救济权，市场监管部门依据该办法对举报事项进行的处理及相应告知行为，不属于行政复议或行政诉讼受案范围。法院支持了上述第二种观点。

（2）投诉举报奖励等级认定典型案例

案例10：2020年7月，杨某某在聚某公司网店购买了5包某品牌粉丝。8月5日，杨某某通过市监局投诉举报平台举报聚某公司经营不符合食品安全标

---

[1]《市场监督管理行政复议典型案例精解》编写组编著：《市场监督管理行政复议典型案例精解》，中国工商出版社2021年版，第15页。

准和要求的食品。8月13日，杨某某向市监局邮寄了书面的《投诉举报书》及所购商品实物一袋，举报聚某公司销售的该款粉丝标注的执行标准——Q/DMR0001S已过期作废，生产许可证属于无效的食品生产许可证。市监局经立案调查后向聚某公司下达处罚告知书。随后，杨某某向市监局提出举报奖励申请，市监局经审核，认定其举报属于三级举报奖励，给予奖励200元。杨某某以市监局奖励等级认定事实不清、适用法律错误，诉至法院。

案例评析：该案涉及举报奖励等级的认定问题。《江西省食品违法行为举报奖励办法》（现已失效）第十一条规定："举报奖励根据举报证据与违法事实查证结果，分为三个奖励等级：一级：提供被举报方的详细违法事实、线索及直接证据，举报内容与违法事实完全相符。二级：提供被举报方的违法事实、线索及部分证据，举报内容与违法事实相符。三级：提供被举报方的违法事实或者线索，举报内容与违法事实基本相符。"市监局收到杨某某的举报材料后，到聚某公司进行了现场检查，制作现场笔录，调取了相关营业执照、生产许可证、出库单、质检报告单，制作了询问笔录，以此认定了聚某公司经营销售某品牌粉丝食品标签不符合食品安全标准，故作出案涉行政处罚决定。杨某某提供的举报材料对违法事实的查证仅起到了线索作用，市监局认定杨某某的举报符合上述法律规定的三级举报奖励并无不当。

（二）市场监管投诉举报案件相关法律适用及裁判规则

1. 关于举报人与举报处理行为是否具有利害关系的认定问题

（1）问题的由来及有关观点

目前，关于举报人与行政机关作出的举报处理行为是否具有利害关系的认定标准，最高人民法院有着两种不同的观点，第一观点主张采用私益受害标准，即举报人是否就其自身合法权益受到侵害向行政机关进行举报。第二种观点主张采用保护规范标准，即行政机关作出举报处理行为所依据的实体法规范是否涉及保护举报人的个人利益。

（2）关于认定举报人与举报处理行为是否具有利害关系的裁判规则

虽然最高人民法院的上述两种认定标准确实存在较大差异，学界也指出了各自的局限性，[1]但透过审查视角可发现，最高人民法院的上述两种利害关系认定标准存在着共同的权利基础，即举报人的人身权、财产权等合法权

---

[1] 周雷：《投诉举报人原告资格认定的司法理性》，载《当代法学》2021年第3期。

益是否受到不利影响。对此需要从以下两方面予以分析：第一，就举报人的合法权益而言，一是客观上存在着一项合法权益，而非仅是一种可期待的权利或者利益，更不是一种不合法的利益；二是该合法权益归属于举报人，而非公共利益或其他人的合法权益。第二，就举报人受到的不利影响而言，一是举报事项对举报人造成的不利影响；二是行政机关作出的举报处理行为对举报人造成的不利影响。虽然目前关于举报人的合法权益应为公法权益还是私法权益，致害因素是举报事项还是举报处理行为尚存争议，但无论何种权益性质以及何种致害因素，举报人主张其与行政机关作出的举报处理行为存在利害关系必须符合的一个前提条件是，举报人存在某项具体的财产权、人身权等合法权益且受到了侵害，否则不具有利害关系。此亦符合"无损害即无救济"原则。

2. 关于举报人对其与举报处理行为具有利害关系的举证责任分配问题

（1）问题的由来及有关观点

随着举报行为的大幅增加，各级行政复议机关、人民法院受理的举报类行政案件越来越多。行政复议机关、人民法院审理此类行政案件的难点在于，如何判定举报人的行政复议申请人资格与行政诉讼原告资格，而判定举报人是否具有主体资格的关键在于，认定举报人与行政机关作出的举报处理行为是否具有利害关系，理论界和实务界对此进行了诸多讨论和思考。但通过梳理相关理论文献和裁判案例不难发现，学界和实务界的关注点基本集中在"与行政行为有利害关系"的认定标准方面，极少论及认定"与行政行为有利害关系"中的举证责任分配问题，而该问题事实上是认定举报人主体资格不可回避的首要问题。

（2）关于举报人对其与举报处理行为具有利害关系的举证责任分配的裁判规则

虽然无论是行政复议案件还是行政诉讼案件原则上适用的都是"举证责任倒置"的举证分配规则，但根据行政复议法及其实施条例、行政诉讼法有关受理条件的规定，举报人申请行政复议、提起行政诉讼应当就其合法权益受到侵害以及对其与行政机关作出的举报处理行为存在利害关系承担一定程度的举证责任，否则举报人的申请或起诉将因缺乏具体的理由和事实根据而不符合受理条件。关于举报人的举证责任，首先，举报人认为因其合法权益受到侵害，进而主张其与举报处理行为存在利害关系，举报人应当提供其某项具体的人身权、财产权等合法权益受到侵害的证据,举报人如未能提供相关证据,则依法不应认定其具有主体资格。其次,举报人负有的应为初步证明责任,即只要举报人的举证按照一般人正常思维可以成立的、存在可能性的,即可认定举报人完成了初步证明责任,而非要求其必须证明举报事项、举报处理行为事实上确实对其合法权益造成损害。

3. 关于举报人应获得的举报奖励等级的认定问题

(1) 问题的由来及有关观点

举报奖励制度中行政机关与举报人之间形成了一种类似于合同关系的法律关系,为鼓励社会公众积极行使举报权,以期提供更多的违法线索,很多监管领域的举报制度大多设置了奖励条款,甚至制定了专门的规范性文件如《价格违法行为举报奖励办法》(现已失效)等,总体而言,这些规范性文件层级较低、数量较大,各地做法也有所差异,行政机关与法院对应给予举报人的举报奖励等级的认识亦存在不同观点。

(2) 关于认定举报人应获得举报奖励等级的裁判规则

针对举报人就市场监管部门认定并给予的举报奖励等级不服提起的行政诉讼,应从以下几方面进行审查认定:第一,审查举报人提供的举报材料是否真实,如举报人举报事项经调查属实且符合应当予以奖励的法定条件,则举报人依法享有获得奖励权。第二,关于奖励标准的确定,人民法院应重点审查举报人提供的举报材料对市场监管部门查证市场主体违法事实所起到的作用,同时综合考虑市场监管部门调查取证情况、涉案货值、罚没款金额等因素,以确保市场监管部门公平公正行使自由裁量权。第三,虽然部分领域的奖励金额与罚款金额挂钩,行政机关罚款数额的高低也直接影响了举报人获得的奖励金额,但举报人在起诉举报奖励的诉讼案件中,以举报处理行为处罚不当为由要求审查举报处理行为合法性的,人民法院不予支持。

结语

随着新一轮机构改革、"放管服"改革及综合行政执法改革的不断深入,我国市场监管职权范围和执法领域越来越广泛,市场监管执法理念和执法方式也将不断更新。从客观上而言,有关市场监管行政案件裁判规则的研究,不可能穷尽当前所有的问题类型,也不能满足未来全部的规则需求。鉴于此,课题组在经过前期充分调研和听取意见的基础上，确定本课题仅选择实践中遇到的具有普遍性且亟须解决的、与当前我国改革实践密切相关的若干问题进行专题研究，并以此为基础形成相关裁判规则，而非针对所有问题进行面面俱到的研究，毕竟本课题随着改革实践的深入亦是一个"常研常新"的课题。

（作者单位：江西省高级人民法院）

农村宅基地审批及确权行政案件村委会法律地位问题研究

北京市高级人民法院行政庭课题组

【摘要】 宅基地是保障农民安居乐业和农村社会稳定的重要基础。加强宅基地管理、推进房地一体的宅基地使用权确权登记颁证工作，是中央和国家的工作部署和要求，对于保护农民权益、推进美丽乡村建设和实施乡村振兴战略具有十分重要的意义。在宅基地审批及确权程序中，村民委员会均承担了初步审核及上报的职能。近年来，北京法院受理了多起因宅基地审批及确权引发的行政案件。案件审理发现，有关村民委员会的行政法律地位以及法院司法审查与村民自治边界问题极易引发争议，裁判尺度亟待统一。

课题组梳理了村民委员会在宅基地审批及确权程序中的职责、村民委员会行政法律地位的争议情况以及主要观点及参考因素，结合村民委员会的法律属性、宅基地的特殊性质以及村民的救济途径等因素，对上述疑难问题提出了解决思路。

【关键词】 宅基地审批　村民委员会职能　村民救济

一、村民委员会在宅基地管理中的职能

根据《村民委员会组织法》第二条第一款及第十一条第一款的规定，村民委员会是村民自我管理、自我教育、自我服务的基层群众性自治组织，实行民主选举、民主决策、民主管理、民主监督。其主任、副主任和委员均由村民直接选举产生，并向村民会议、村民代表会议负责并报告工作。由此可知，村民委员会既是一个村民自治体，也是村民自治体的内部管理机构。

在《村民委员会组织法》层面，村民委员会的主要职能是办理本村的公共事务和公益事业，调解民间纠纷，协助维护社会治安，向人民政府反映村

民的意见、要求和提出建议,并协助乡、民族乡、镇的人民政府开展工作。虽然该法未直接赋予村民委员会在宅基地管理方面的职能,但其他法律规范却赋予了村民委员会此方面的职能,主要体现在宅基地审批以及宅基地确权两个方面。

(一) 宅基地审批方面的职能

1. 法律规范沿革。根据土地管理法的规定,宅基地的使用均由行政机关审批[①]。1991年制定的《土地管理法实施条例》首次将村民委员会引入了宅基地审批程序,赋予了村民委员会受理、召集会议及上报职能。在第二十五条规定,农村村民建住宅需要使用土地的,应当先向村农业集体经济组织或者村民委员会提出用地申请,经村民代表会或者村民大会讨论通过后,报人民政府批准。但该条例在1998年被新的《土地管理法实施条例》废止。

2004年11月2日,为落实《国务院关于深化改革严格土地管理的决定》(国发〔2004〕28号,以下简称28号决定)"改革和完善宅基地审批制度,加强农村宅基地管理"的工作要求,原国土资源部颁布《关于加强农村宅基地管理的意见》(国土资发〔2004〕234号,已失效,以下简称234号意见),重新将村民委员会引入审批程序,该意见"规范农村宅基地申请报批程序"中规定了村民委员会对宅基地申请的受理、公示及上报职能。2021年修订的《土地管理法实施条例》则将上述规定优化后上升为行政法规。

北京市人民政府则在2020年7月31日出台的《关于落实户有所居加强农村宅基地及房屋建设管理的指导意见》(京政发〔2020〕15号,以下简称北京市15号意见)对村民委员会的宅基地审批职能进行了规范。北京市农业农村局、北京市规划和自然资源委员会、北京市住房和城乡建设委员会于2020年9月23日印发了《关于进一步加强和规范农村宅基地及建房审批管理的通知》(以下简称宅基地建房审批通知),对农村宅基地申请审批程序进行了进一步地规范。

2. 主要职能。根据上述法律规范,村民委员会在宅基地审批程序中的职

---

① 如1986年的《土地管理法》第三十八条第一款规定,农村居民建住宅,应当使用原有的宅基地和村内空闲地。使用耕地的,经乡级人民政府审核后,报县级人民政府批准;使用原有的宅基地、村内空闲地和其他土地的,由乡级人民政府批准。2019年修正的《土地管理法》第六十二条第四款规定,农村村民住宅用地,由乡(镇)人民政府审核批准;其中,涉及占用农用地的,按照本法第四十四条的规定办理审批手续。

能包括：一是受理村民的宅基地使用申请职能。如《土地管理法实施条例》第三十四条第一款规定，农村村民申请宅基地的，应当以户为单位向农村集体经济组织提出申请；没有设立农村集体经济组织的，应当向所在的村民小组或者村民委员会提出申请。北京市15号意见则明确，村民申请宅基地应向村委会提出书面申请。

二是组织召开村民会议或村民授权的村民代表会议审议职能。上述法律规范中，《土地管理法实施条例》第三十四条第一款还规定，宅基地申请依法经农村村民集体讨论。北京市人民政府的15号意见进一步将集体讨论的形式明确为"村民会议或村民会议授权的村民代表会议"。

三是公示及异议处理职能。《土地管理法实施条例》第三十四条第一款规定，宅基地申请依法经农村村民集体讨论通过并在本集体范围内公示。北京市人民政府15号意见也规定了该程序，宅基地建房审批通知中则进一步明确了公示内容及异议处理程序：村集体审议通过后，村民委员会要及时将申请宅基地村民的共同居住家庭成员人数、申请理由、拟用地位置和面积、拟用地建房是否符合村庄规划等情况在本村张榜公示，征询本村村民意见，公示期不少于7天。张榜公示期间，村民对公示有异议的，由村委会进行调查，经调查异议成立的，撤销或修改宅基地分配方案，对修改后的分配方案需再次予以公示；村民对公示无异议或经查异议不成立的，村委会应当在《农村宅基地和建房（规划许可申请表）》中签署意见。

四是上报乡镇政府职能。《土地管理法实施条例》及北京市人民政府15号意见均明确，在村集体审议通过后，村民委员会应将村民的宅基地使用申请上报乡镇人民政府。北京市人民政府15号意见进一步规定，经依法批准的宅基地，村委会应及时将审批结果张榜公布。

（二）宅基地确权方面的职能

1. 中央的要求及相关规范。宅基地和集体建设用地使用权确权登记，是自2010年以来中央重点部署及推进的工作。《中共中央关于推进农村改革发展若干重大问题的决定》明确提出，"搞好农村土地确权、登记、颁证工作"。2010年以来，中央多个文件均对宅基地、集体建设用地使用权确权登记工作作出部署和要求。如2010年提出"加快农村集体土地所有权、宅基地使用权、集体建设用地使用权等确权登记颁证工作"；2018年提出，"扎实推进房地一体的农村集体建设用地和宅基地使用权确权登记颁证,加快推进宅基地'三权分置'改革";2019 年要求,"加快推进宅基地使用权确权登记颁证工作";2020 年强调,"扎实推进宅基地和集体建设用地使用权确权登记颁证"。①

为落实中央的部署要求,自 2001 年起,自然资源部等部门也相继出台了多个规范性文件,对农村集体土地确权登记发证工作进行了规范②。根据调研情况,北京市也在积极推进落实该项工作,已经成立了由各委办局参加的确权登记工作领导小组,2021 年 6 月,北京市人民政府正式批准了《北京市房地一体的宅基地、集体建设用地权籍调查和确权登记工作方案》。

2. 主要职能。根据上述规范性文件的规定,村委员会在宅基地登记确权工作的职能主要包括:

一是确认证明职能。《国土资源部关于进一步加快宅基地和集体建设用地确权登记发证有关问题的通知》(国土资发〔2016〕191 号,以下简称 191 号通知),该通知第十条规定"规范没有土地权属来源材料的宅基地、集体建设用地确权登记程序。对于没有权属来源材料的宅基地,应当查明土地历史使用情况和现状,由所在农民集体或村委会对宅地基使用权人、面积、四至范围等进行确认后,公告 30 天无异议,并出具证明,经乡(镇)人民政府审核,报县级人民政府审定,属于合法使用的,予以确权登记"。

类似职能体现为《关于农村集体土地确权登记发证的若干意见》(国土资发〔2011〕178 号)规定,"非农业户口居民(含华侨)原在农村合法取得的宅基地及房屋,房屋产权没有变化的,经该农民集体出具证明并公告无异议的,可依法办理土地登记,在《集体土地使用证》记事栏应注记'该权

---

① 参见《宅基地和集体建设用地使用权确权登记工作问答》(自然资办函〔2020〕1344 号)。
② 这些文件包括:2011 年 5 月原国土资源部、财政部、原农业部印发《关于加快推进农村集体土地确权登记发证工作的通知》(国土资发〔2011〕60 号);2011 年 11 月,原国土资源部、中央农村工作领导小组办公室、财政部、原农业部印发《关于农村集体土地确权登记发证的若干意见》(国土资发〔2011〕178 号);2013 年 9 月,原国土资源部印发《关于进一步加快农村地籍调查推进集体土地确权登记发证工作的通知》(国土资发〔2013〕97 号);2014 年 8 月,原国土资源部、财政部、住房和城乡建设部、原农业部、原国家林业局印发《关于进一步加快推进宅基地和集体建设用地使用权确权登记发证工作的通知》(国土资发〔2014〕101 号);2016 年 12 月,原国土资源部印发《关于进一步加快宅基地和集体建设用地确权登记发证有关问题的通知》(国土资发〔2016〕191 号);2018 年 7 月,自然资源部印发《关于全面推进不动产登记便民利民工作的通知》(自然资发〔2018〕60 号);2020 年 5 月,自然资源部印发《关于加快宅基地和集体建设用地使用权确权登记工作的通知》(自然资发〔2020〕84 号);2020 年 5 月,自然资源部印发《关于做好易地扶贫搬迁安置住房不动产登记工作的通知》(自然资办发〔2020〕25 号)等。

利人为非本农民集体成员'"。

二是公告职能。根据191号通知的规定，宅基地使用权应按照"一户一宅"要求，原则上确权登记到"户"。符合当地分户建房条件未分户，但未经批准另行建房分开居住的，其新建房屋占用的宅基地符合相关规划，经本农民集体经济组织同意并公告无异议或异议不成立的，可按规定补办有关用地手续后，依法予以确权登记。

《自然资源部关于加快宅基地和集体建设用地使用权确权登记工作的通知》（自然资发〔2020〕84号）规定："位于原城市、镇规划区外且在《城乡规划法》实施前建设的，在办理登记时可不提交符合规划或建设的相关材料；在《城乡规划法》实施后建设的，由村委会公告15天无异议，经乡（镇）人民政府审核后，按照审核结果办理登记。"

上述职能实际还包含了一项"组织召开村民会议或村民代表会议"，即在相关工作需要由村集体经济组织进行审议的情况下，需要由村民委员会召集村民会议或者村民代表会议，并根据讨论结果进行下一步工作。

二、行政争议的情况及存在的问题

近几年，北京市法院受理了多起村民因要求村民委员会履行宅基地相关职能引发的行政案件。案件基本为履行法定职责诉讼类型，数量虽不多，但呈现矛盾尖锐、纠纷实质解决困难的特点。围绕村民委员会是不是适格行政诉讼被告、相关争议是否属于法院受案范围问题，不同法院甚至同一法院在不同时期的裁判不一致。具体而言：

1. 行政争议类型

此类以村民委员会为被告的行政案件，争议的产生原因，基本均是村民向村民委员会提出宅基地审批或者登记确权的请求，村民委员会或者单纯不作为、不给予任何回复，或者以口头、书面形式告知村民不予办理。诉讼请求方面，可以分为以下两类：

（1）请求法院判决村民委员会履行法定职责

典型案例A：履行宅基地审批方面的职责。原告系北京市顺义区某村村民，其户籍登记在顺义区某村某街1号，该户登记的户主为原告的父亲杨某某。2016年11月24日，原告与朱某离婚。离婚后，原告从朱某家搬回自己家中居住。后，原告与父亲和弟弟因为居住问题发生纠纷，原告自家中搬出，在外面租房居住。2019年5月6日，原告向该村委会申请审批宅基地并提交了申请书、户口本复印件、离婚证复印件，该村委会未收取原告提交的申请材料。后在民警协调下，村委会于当日在未召开村民代表会议进行讨论表决的情况下向原告出具了一份证明，主要内容为：某村目前没有宅基地预留地，现村庄外全部是设施农用地、林地、耕地，不准许建房，因此村民申请宅基地无法办理。故原告诉至法院，请求判决撤销该村村委会于2019年5月6日作出的《证明》，并判决该村村委会针对原告的宅基地申请依法重新进行处理。

典型案例B：履行宅基地审批方面的职责。原告系某村村民，具有村民资格却长期未获得宅基地使用权，以至于无安家之处，且儿子已届结婚年龄，建房娶媳一事迫在眉睫。原告于2018年2月26日向被告提交了一份《宅基地申请书》，希望被告考虑原告的家庭情况，将原告的申请依法组织审议并履行相应的申报程序。但被告在收到原告申请后，至今未作任何的处理。原告认为，《村民委员会组织法》第五条第二款规定："村民委员会协助乡、民族乡、镇的人民政府开展工作。"第二十四条第一款规定："涉及村民利益的下列事项，经村民会议讨论决定方可办理：……（六）宅基地的使用方案……"据此，村委会在宅基地审批的行政许可中，负有协助乡镇政府办理相应的组织审议、上报等行政管理职责。该职责系法律、法规授权的职责。故，原告提起本案诉讼，请求法院判令被告对原告提交的宅基地申请一事依法作出处理。

典型案例C：履行宅基地登记确权方面的职责。原告于某、徐某为某村村民、夫妻关系。二十世纪九十年代，原告向被告某村村委会申请宅基地，被告同意并认可原告使用该村162号所在土地。2002年，原告在上述土地上建设房屋，且原告及家人的户口于2005年之前已经在此处落户。原告认为，根据《土地管理法》《国土资源部关于进一步加快宅基地和集体建设用地确权登记发证有关问题的通知》等相关规定，被告作为所属农村集体经济组织，应当在宅基地确权中办理相关手续，进行调查确认，并出具证明，履行应尽的职责。原告于2022年3月20日向被告邮寄《宅基地确权申请书》，请求被告依法确认宅基地权属，但被告于2022年3月21日签收后至今未作出答复。原告认为被告不履行法定职责的行为严重侵害了原告的合法权益，故提起本案诉讼，请求法院依法责令被告履行如下法定职责："接收原告提交的宅基地确权审批申请材料，查明土地历史使用情况和现状，对宅基地使用权人、面积、四至范围等进行确认后，公告 30 天，若无异议，则出具证明，报乡（镇）人民政府审核。"

（2）请求法院确认村民委员会不履行法定职责违法

典型案例 D：原告周某某诉称，原告系某村集体经济组织成员，1989 年与本村村民文某某结婚，后于 2001 年离婚，一直处于离异状态。由于周某某没有住房，且完全符合宅基地审批条件，于是在 2002 年作为无宅基地人员向被告提出了宅基地审批申请，并提交了相关证明材料，请求被告予以初审上报。但被告对于原告申请没有予以答复。2015 年，村委会口头应允"先盖房，手续可以后补"，于是原告便在该村路南盖有房屋 3 间。房屋盖好后，村委会派电工对涉案房屋进行通电。2017 年 11 月，该村因村民宅基地房屋腾退项目进行腾退拆迁，在拆迁过程中认定原告的房屋未取得宅基地使用权证，属于违建，几乎没有补偿，原告这才知晓被告在收到宅基地申请材料后，由于村委会换届，把所有材料都丢失了。原告认为，原告根据法律规定，提出宅基地申请，并且完全符合宅基地的审批条件，且在同时期本村其他村民均已获得宅基地批准。被告未对原告的宅基地审批申请予以初审讨论、上报、并进行书面答复，系怠于履行法定职责的行为，属于行政行为违法；并且由于被告原因，丢失原告的宅基地申请文件后，未及时告知原告补交材料，最终使得原告未能取得宅基地使用权，从而拆迁利益受损。故，原告提起本案诉讼，请求法院判决确认被告某村村委会未对原告的宅基地审批申请予以初审讨论、上报、并进行书面答复的不履行法定职责行为违法。

2. 裁判尺度存在的问题

调研发现，围绕村民委员会是不是适格行政诉讼被告、相关争议是否属于法院受案范围问题，不同法院甚至同一法院在不同时期的裁判不一致，亟待统一。总体而言，法院的裁判主要分为两种：

（1）肯定类裁判。此类裁判认为，村民委员会在宅基地审批工作中履行的是行政管理职权，对村民的申请作出审批是整个用地审批程序中不可或缺的基本环节，并直接影响村民能否使用宅基地，故相关争议也属于法院行政诉讼受案范围。此类案件法院基本判决村民委员会应履行法定职责，对村民的申请作出处理。

如在（2018）京 0114 行初 311 号案件中，昌平法院认为，村民委员会虽然不是一级政府机关，但可以协助乡、民族乡、镇的人民政府开展工作。在一定条件下，村民委员会承担部分行政管理职能。按照原国土资源部颁发的234号意见的相关规定，农村村民建住宅需要使用宅基地的，应向本集体经济组织提出申请，并在本集体经济组织或村民小组张榜公布。公布期满无异议的，报经乡（镇）审核后，报县（市）审批。因此，由作为集体组织执行机构的村民委员会对村民的申请作出审批是整个用地审批程序中不可或缺的基本环节，村民委员会的审批意见直接影响到村民能否使用宅基地。在本案中村委会可以作为行政诉讼被告，其行为应当纳入行政诉讼受案范围。据此，昌平法院判决村委会在判决生效之日起六十日内，对原告提出的宅基地使用申请作出处理。

在（2018）京0112行初25号案件中，法院同样判决认为，根据《最高人民法院关于适用〈中华人民共和国行政诉讼法〉的解释》第二十四条第一款规定，当事人对村民委员会依据法律、法规、规章的授权履行行政管理职责的行为不服提起诉讼的，以村民委员会为被告。根据原国土资源部颁发的234号意见的规定，申请宅基地首先需要向村委会提出申请，由村委会进行公布，村委会在此过程中履行着相关行政职能，村委会是否进行公布、是否形成异议意见均系宅基地申请的基本环节，因此村委会具有相应的职责，符合法定被告条件。同时，该判决认为，从234号意见相关规定来看，如村委会怠于履行法定职责将导致张某某的申请处于停滞阶段，直接对其权益造成影响，故村委会的行为应属于行政诉讼受案范围。

（2）否定类裁判。此类裁判认为，村民委员会属于村民自治组织，其在宅基地审批方面的职能不属于履行法律、法规或者规章授权行使行政管理职责的行为，故村民委员会不是适格行政诉讼的被告，相关争议也不属于法院行政诉讼的受案范围。此类裁判一般裁定驳回原告起诉。

如在（2021）京0114行初214号案件中，昌平法院认为，村委会是村民自我管理、自我教育、自我服务的基层群众性自治组织，并非行政机关。原告所诉对其宅基地申请的处理行为也不是村委会依据法律、法规、规章的授权履行行政管理职责的行为，不属于行政诉讼的受案范围。据此，昌平法院裁定驳回了原告的起诉。

（2021）京0113行初226号案件持同样理由裁定驳回了原告有关撤销村民委员会作出的《证明》并针对原告的宅基地申请依法重新进行处理的起诉。

三、观点分歧及相关考虑因素

调研发现，法院不同的裁判标准实质代表了不同的观点分歧，不同观点的考量因素各不相同。

1. 支持肯定类裁判的观点及考量因素。从调研情况看，部分学者及法院对肯定类裁判持支持观点。此类观点更多地考虑了村民委员会职能的行政管理属性和在宅基地审批程序中的重要性，同时考虑了对村民宅基地申请权通过行政诉讼途径予以救济的必要性。

如有学者认为，村民委员会在宅基地审批中的职能是原国土资源部234号意见以及《土地管理法实施条例》确定的，旨在贯彻国务院28号决定"加强农村宅基地管理"的目标，这里的管理应是行政管理而非自治管理。

有法院认为，村民委员会的职能在宅基地审批程序中处于最前端，如果不将其纳入行政诉讼受案范围，村民则无法寻求进一步的救济，影响其对宅基地的使用权利。

2. 支持否定类裁判的观点及考量因素。从调研情况看，国家立法部门、国家及北京市的行政执法和司法部门、最高人民法院及北京市多数法院均对否定类裁判持支持观点。此种观点更多考虑的是宅基地的集体财产性质、宅基地分配方案的自治属性以及村民委员会的自治组织性质，此观点同时还考虑到了民事救济途径的优先性。

如农业农村部认为，《土地管理法实施条例》第三十四条的规定应理解为村民原则上应向村集体经济组织提出宅基地使用申请，村民委员会仅是代行村集体经济组织对集体财产的管理权力，而宅基地的分配属于《村民委员会组织法》第二十四规定的村民自治事项，故村民委员会在宅基地审批及确权中行使的并非行政审批职能，村民应依据《村民委员会组织法》第三十六条的规定，寻求救济。

全国人大常委会法工委、自然资源部、北京市农业农村局、北京市规划和自然资源委员会以及北京市司法局均持同样的观点。

最高人民法院亦持该观点，同时认为，村民委员会在宅基地批准或确权程序中作出的行为，并不体现国家意志及意思表示，不是《行政诉讼法》规定的行政行为，而是自治行为，且对于自治权行使侵权的，《村民委员会组织法》设置了民事救济途径,行政诉讼不宜在民事途径可以解决争议的情况下过早介入。

调研发现,北京市高级人民法院在 2020 年 1 月 11 日印发的 2020 年第 11 期（总第 713 期）《立案动态》也持同样的观点,其第五条认为村民针对村委会提起行政诉讼,要求村委会履行宅基地认定职责的,不符合起诉条件。主要理由为两个：一是认为《最高人民法院关于适用〈中华人民共和国行政诉讼法〉的解释》第二十四条第一款规定："当事人对村民委员会或者居民委员会依据法律、法规、规章的授权履行行政管理职责的行为不服提起诉讼的,以村民委员会或者居民委员会为被告。"据此只有当村委会依据法律、法规、规章的授权履行行政管理职责时,才可能成为行政诉讼的被告。但原国土资源部 234 号意见属于规范性文件,不能据以认定村委会对村民提出的申请作出处理的行为系履行行政管理职责。二是认为,《村民委员会组织法》第二十四条规定,涉及村民宅基地使用方案的,经村民会议讨论决定方可办理。因此,村民会议对使用宅基地申请进行讨论,决定是否报乡（镇）审核属于村民自治行为。故村民向村委会提交宅基地使用申请后,以村委会未予办理为由提起行政诉讼,不符合起诉条件。

四、法律解决对策及建议

1. 法律解决对策。结合调研情况,课题组认为,村民委员会作为基层群众自治组织,在宅基地审批及确权工作中作出的受理、会议召集、证明、上报、公示等行为,属于对本村集体所有土地的管理行为,系自治行为,不属于《最高人民法院关于适用〈中华人民共和国行政诉讼法〉的解释》第二十四条规定的依据法律、法规、规章的授权履行行政管理职责的行为,引发的争议不属于人民法院行政诉讼的受案范围,村民委员会亦非行政诉讼的适格被告。公民、法人或其他组织以村民委员会为被告提起诉讼的,人民法院应不予受理,已经受理的应裁定驳回起诉。

具体理由在于：

一是上述行为属于村民委员会对村集体所有土地行使所有权的行为,与村民之间形成的并非行政法律关系。根据《民法典》第二百六十二条第一项的规定,对于集体所有的土地和森林、山岭、草原、荒地、滩涂等,属于村农民集体所有的，由村集体经济组织或者村民委员会依法代表集体行使所有权。《村民委员会组织法》第八条第二款规定，村民委员会依照法律规定，管理本村属于村农民集体所有的土地和其他财产。实践中，部分地区的村庄并无集体经济组织，村民委员会是代表集体行使所有权、管理集体所有土地的法律主体。在宅基地审批及确权工作中，村民委员会履行相关职能、作出相关行为，核心是宅基地的分配及使用问题，属于对村集体财产所有权的处分行为，与村民之间形成的是所有权人和使用权人之间的关系，并非行政法律关系。

二是上述行为涉及"宅基地使用方案"，属于村民自治事项范围，并非在行使法律法规或规章的授权。根据《村民委员会组织法》第二十四条第一款第六项的规定，宅基地的使用方案涉及村民利益，经村民会议讨论决定方可办理。第二款规定，村民会议可以授权村民代表会议讨论决定前款规定的事项。如前所言，在宅基地审批及登记确权程序中，村民委员会履行相关职能的实质均与宅基地的分配及使用问题，如是否确认证明宅地基使用权人、面积、四至范围，受理宅基地使用申请，召集村民会议或村民代表会议，村民会议或代表会议审议后公示或者上报等，均直接或间接与"宅基地使用方案"有关，或者是为召开村民会议或村民代表会议进行准备，或者在村民会议或村民代表会议形成决议后进行后续行为，实质均为村民自治行为，并非在行使法律法规或规章授权实施的行为。

三是上述行为不符合行政行为的意思表示要件，不属于《行政诉讼法》规定的可诉行政行为。理论上，行政行为具有处理行为的属性，是以实现某种法律后果为目的的意思表示，法律后果则表现为法律权利或者义务的设定、变更、解除或具有法律约束力的确认，可以被视为法律行为中的国家行为，是行政主体在公法上的意思表示，这种意思表示力图实现建立公共秩序的法律效果。[①] 如前所言，村民委员会在宅基地审批及确权程序中履行职能、作出行为，是代表所有权人实施的财产管理行为，属村民自治事项，并不具有国家意志，也不具有形成公法秩序的意思表示，并不属于可诉的行政行为。同时，课题组认为，尤其是上述行为中的公示行为，属于单纯的程序性行为，确认证明行为具有对客观事实记载的性质，带有"观念通知"属性，此类行为即便由行政机关作出，其本身也均不具有可诉性。

---

① 参见孙丽岩：《行政行为中的意思表示》，载《比较法研究》2009年第3期。

四是宅基地登记确权职能的规范来源并非规章以上的规范性文件，不符合《最高人民法院关于适用〈中华人民共和国行政诉讼法〉的解释》中规定的被告资格条件。就村民委员会在确权登记方面的职能而言，其规范来源基本是自然资源部、农业农村部或原国土资源部单独或联合发布的规范性文件，不属于规章及规章以上的规范性文件，不属于《最高人民法院关于适用〈中华人民共和国行政诉讼法〉的解释》第二十四条规定的法律、法规、规章的授权范围，村民委员会不属适格被告。

2. 村民救济途径的建议。课题组认为，村民针对村民委员会的行为，可依照《村民委员会组织法》规定的程序寻求民事程序的救济，不存在救济路径的障碍。

根据《村民委员会组织法》第二十七条规定，村民会议可以制定和修改村民自治章程、村规民约，并报乡、民族乡、镇的人民政府备案。村民自治章程、村规民约以及村民会议或者村民代表会议的决定不得与宪法、法律、法规和国家的政策相抵触，不得有侵犯村民的人身权利、民主权利和合法财产权利的内容。村民自治章程、村规民约以及村民会议或者村民代表会议的决定违反前款规定的，由乡、民族乡、镇的人民政府责令改正。该法第三十六条第一款、第二款同时规定，村民委员会或者村民委员会成员作出的决定侵害村民合法权益的，受侵害的村民可以申请人民法院予以撤销，责任人依法承担法律责任。村民委员会不依照法律、法规的规定履行法定义务的，由乡、民族乡、镇的人民政府责令改正。因此，对于村民委员会在宅基地审批或确权登记程序中作出的行为，村民如果认为侵犯了自己的合法权益，可依照上述法律规定提起民事诉讼，对于村民委员会未履行宅基地审批中的受理、会议召集、上报职能等不作为，村民如果认为侵犯了自己的合法权益，可以要求乡镇政府责令改正，乡镇政府未履行监督职责的，村民可提起行政诉讼，要求乡镇镇政府履行法定职责，不存在救济途径上的障碍。

（作者单位：北京市高级人民法院）

行政审判动态

河北省高级人民法院关于行政诉讼司法建议工作的报告

近年来,河北法院聚焦"公正与效率"工作主题,做深做实为大局服务、为人民司法,依法履行行政审判职责,不断满足人民群众司法需求,促进行政争议实质性化解,为打造更高水平法治河北提供有力司法保障。河北法院在行政审判工作中切实感受到,各级行政机关认真贯彻落实党的二十大关于坚持全面依法治国作出的重要部署,深入贯彻执行《法治政府建设实施纲要(2021—2025年)》,运用法治思维和法治方式深化改革、推动发展、化解矛盾、维护稳定,推进依法行政、建设法治政府取得了显著成绩。同时,从河北全省行政诉讼案件整体情况看,行政机关的行政管理和依法行政工作仍有提升空间,建议引起重视并研究解决。为深入践行"抓前端、治未病"理念,河北法院积极延伸司法职能,把开展行政诉讼司法建议工作作为预防化解行政争议、促进法治政府建设的重要抓手,聚焦助力河北行政机关健全依法行政制度机制,提出改进工作、完善治理的司法建议。2019—2023年,河北法院在各级行政机关支持配合下,制发行政诉讼司法建议分别为85件、107件、268件、638件、638件,各级行政机关反馈数量分别为42件、53件、196件、524件、606件,建议发出和反馈数量均持续增长,行政机关负责人出庭应诉率、行政争议化解数量大幅提升,行政机关败诉率呈现下降趋势。主要采取了以下做法:一是注重协调联动。河北法院针对开展行政诉讼司法建议工作中存在的问题,形成河北行政审判司法建议情况报告发送行政机关，并通过召开府院联席会议、发送行政审判白皮书等方式向河北行政机关通报相关情况，得到相关行政机关的高度重视和积极反馈。二是注重建章立制。河北高院研究制定《关于进一步加强和规范司法建议工作的若干意见》，规范司法建议的范围、类型、提出主体和发送对象等，并对司法建议的制作、审核、送达、跟踪督促落实等环节提出明确要求，有力推动司法建议工作的制度化、规范化。三是注重效果导向。河北法院主动融入党委领导、政府主抓的社会治理体系大格局，强化行政诉讼司法建议作用的发挥，通过开展培训、评选优秀司法建议等方式提升行政诉讼司法建议制作水平，同时加强提前谋划、主动对接、动态跟进，确保"落地见效"。

"一个案例胜过一沓文件。"为巩固、提升河北法院行政诉讼司法建议工作成果，发挥典型案例的示范引领作用，河北高院按照政治站位高、研判问题准、对策建议实、反馈落实到位的标准，评选出了河北法院十大优秀行政诉讼司法建议，并召开新闻发布会向社会发布。司法建议对象包括市、县、乡三级政府以及自然资源、社会保障等行政部门，范围涵盖招投标项目、企业注册登记、社会保障、违法建筑整治等多个领域，具有较强的典型性、针对性、规范性和时效性，对于提升河北行政机关依法行政水平、优化法治化营商环境、防范化解重大风险、保障人民群众合法权益，发挥了积极作用。同时，2023年河北法院一审行政案件仍呈增长态势，部分法院行政审判上诉率高、申请再审率高等问题仍较为突出。必须进一步加强源头治理，深化府院联动，做深做实行政诉讼司法建议工作，推动行政复议与行政诉讼相衔接，依法妥善处理行政争议，提升行政争议实质性化解水平，促进案结事了、政通人和。

下一步，河北法院将自觉践行"双赢多赢共赢理念"，在河北省人民政府大力支持下，充分发挥审判机关在国家和社会治理中的作用，切实增强做好行政诉讼司法建议工作的政治自觉、思想自觉、行动自觉，积极作为，有力推进法治河北建设，助力优化营商环境，为奋力谱写中国式现代化建设河北篇章作出新的更大的贡献

(作者单位：河北省高级人民法院)

规范性文件

最高人民法院行政审判庭
关于第三人善意取得的抵押权能否阻却人民法院
判决撤销房屋所有权登记请示的答复

（2022）最高法行他 6 号

甘肃省高级人民法院：

你院《关于第三人善意取得的抵押权能否阻却人民法院判决撤销房屋所有权登记的请示》收悉。经商中华人民共和国住房和城乡建设部，答复如下：

第三人善意取得的房屋抵押权不能阻却人民法院依法判决撤销房屋所有权登记。人民法院如果认定第三人善意取得抵押权的，房屋登记机关在重新办理房屋所有权登记时，应当保留该房屋上的抵押权登记。

此复。

二〇二二年十一月十八日

征 稿 启 事

《行政执法与行政审判》是最高人民法院为指导行政审判与沟通行政执法编写的分专题连续出版物，及时刊登行政法的理论研究成果及实务前沿问题，新司法解释、司法文件、司法政策及解读，具有典型和指导意义的审判案例及分析，行政执法与行政审判的调研信息及成果等内容，设有"权威观点""高端论坛""专题研究""理论与实践""案例分析""调查研究""优秀文书""司法文件"等栏目，对各级法院行政审判工作具有直接的指导作用，对各级行政机关和行政法、行政管理专业的专家学者具有较强的参考作用，受到行政审判法官、行政执法人员和专家学者的普遍欢迎和好评。现编委会竭诚向全国的行政执法和行政审判理论和实务工作者征稿。来稿要求：

一、稿件应属未公开发表的作品。请勿一稿两投。

二、优先发表在本书所涉领域有创见的、高水平的文章，来稿采用与否以理论和实务价值为标准。

三、稿件引文应当注明出处，注释体例参见本书"写作体例说明"。

四、稿件最好为附打印稿的 word 文件电子版。

五、稿件一经发表，文责自负，但编者保留对来稿进行技术性加工处理的权利。文章一经采用，由本编辑部统一付给稿酬。

六、本书已授予数据库电子版权，凡投稿的作者视为同意本书的授权，本书支付的稿酬中已包括上述著作权使用费；如不同意请在投稿时注明。

七、来稿请按以下联系方式寄送：
地址：北京市东城区东交民巷 27 号
　　　最高人民法院行政审判庭　章文英
邮编：100745
请在信封正面注明"《行政执法与行政审判》来稿"字样。
E-mail：zgfyxzt@sohu.com

《行政执法与行政审判》编委会

写作体例说明

一、交付稿件要求

（一）总体要求

齐（不缺页、不缺件）、清（稿面清楚）、定（已定稿的稿件）。提供稿件电子版，并附打印清样，出版社视清样为最终定稿。

（二）具体要求

纸样用 A4 纸，单面打印。

电子版内容一定要与提供的清样内容相同。

二、编辑体例

正文编码顺序按"一、（一）1.（1）①第一，其一"等来编排。

三、技术规范

数字用法：

统计数字、时间、物理量等均用阿拉伯数字（如：100kg　45.8 万元　11 个月　4.9 万册　12.4 亿人）；法条号尊重原文，即原文是汉字的用汉字，原文是阿拉伯数字的用阿拉伯数字。

注释方法：

1. 一般原则

（1）注释采取页下注，注释号每页重新起算；

（2）引注作品的，注释应完整；

（3）作者为三人或三人以上的，首次引用时应显示全部作者，重复出现时可在第一作者之后加"等"字样。

2. 著作引文注释范例

一般格式：作者/书名/出版社/出版年代/页码

如：×××/×××编著/×××主编：《×××》，××出版社××年版，第××页。

3. 文章引文注释范例

一般格式：作者/文章题目/引自何种出版物/出版时间/页码

（1）著作中文章

××：《文章名》，载××主编：《书名》，××出版社××年版，第××页。

（2）期刊中的文章

××：《文章名》，载《期刊名》××年第×期。

（3）报纸上的文章

××：《文章名》，载《报纸名》××年××月××日，第×版。

《行政执法与行政审判》征订单

最高人民法院行政审判庭 编

行政审判权威指导·依法行政重要参考

作为最高人民法院为指导行政审判与沟通行政执法编写的分专题连续出版物，及时刊登行政法的理论研究成果及实务前沿问题，新司法解释、司法文件、司法政策及解读，具有典型和指导意义的审判案例及分析，行政执法与行政审判的调研信息及成果等内容，设有"权威观点""高端论坛""专题研究""理论与实践""案例分析""调查研究""优秀文书""司法文件"等栏目，对各级法院行政审判工作具有直接的指导作用，对各级行政机关依法行政和行政法、行政管理专业的专家学者具有较强的参考作用，受到行政审判法官、行政执法人员和专家学者的普遍欢迎和好评。

现由中国法治出版社负责出版，每集68元，每年出版6集。

【征订流程】请详细填写下页征订回执，并将征订回执与支付凭证的电子文档（可直接拍照）一并发送至微信账号或是电子邮箱，我们收到征订回执和支付凭证后，第一时间安排发货与开票事宜，并于发货后一周左右发送发票（全部开电子发票），请经办人及时查收。如未收到发票，或有其他疑问，请及时与我单位联系。

征订联系：蒋　秀　010-63141633（工作日）　　微信账号（zhongguofazhicbs）
　　　　　　　　　　　　　　　　　　　　　　　　电子邮箱（jiangxiu@zgfzs.com）

汇款账号：户　名（中国法治出版社有限公司）　　开户行（工商银行北京长安支行）
　　　　　　账　号（0200 0033 0900 4647 576）　行　号（102100000337）

支付时请务必附言单位名称，支付完成后请截图或拍照发至微信账号或是电子邮箱

★请保留此页及汇款凭证直至图书、发票俱收，以备查询。

征订回执

<table>
<tr><td rowspan="3">收货信息</td><td>收货人</td><td></td><td>联系电话</td><td></td></tr>
<tr><td>总金额</td><td colspan="3"></td></tr>
<tr><td>送货地址（含邮编）</td><td colspan="3"></td></tr>
<tr><td rowspan="3">发票信息</td><td>开票单位名称</td><td colspan="3"></td></tr>
<tr><td>统一社会信用代码
或纳税人识别号</td><td colspan="3">（如财务报销不需要，请填"无"）</td></tr>
<tr><td>接收电子发票邮箱</td><td colspan="3"></td></tr>
</table>

订购详单

	出版物	每套定价	订数
全套征订	《行政执法与行政审判》总第97—102集	408元	
	《行政执法与行政审判》总第103—108集	408元	

单本补订（68元/集）

出版物	订数	出版物	订数
《行政执法与行政审判》总第67集		《行政执法与行政审判》总第79集	
《行政执法与行政审判》总第68集		《行政执法与行政审判》总第80集	
《行政执法与行政审判》总第69集		《行政执法与行政审判》总第81集	
《行政执法与行政审判》总第70集		《行政执法与行政审判》总第82集	
《行政执法与行政审判》总第71集		《行政执法与行政审判》总第83集	
《行政执法与行政审判》总第72集		《行政执法与行政审判》总第84集	
《行政执法与行政审判》总第73集		《行政执法与行政审判》总第85集	
《行政执法与行政审判》总第74集		《行政执法与行政审判》总第86集	
《行政执法与行政审判》总第75集		《行政执法与行政审判》总第87集	
《行政执法与行政审判》总第76集		《行政执法与行政审判》总第88集	
《行政执法与行政审判》总第77集		《行政执法与行政审判》总第89集	
《行政执法与行政审判》总第78集		《行政执法与行政审判》总第90集	